KB266450

AI 이후 일의 미래

AI 이후 일의 미래

생성형 AI가 바꾸는
비즈니스 미래 지도

시바타 나오키 지음 | 박수현 옮김

RHK
알에이치코리아

이 책은 챗GPT 등 거대 언어 모델**LLM**^(이하 LLM)의 사용법을 알려주는 실용서가 아닙니다. 비즈니스에서 생성형 AI를 활용하는 데 도움이 되는 '미래 지도'를 보여주는 비즈니스 서적입니다.

생성형 AI에 대해 회의적이었던 과거

필자는 2009년부터 2년 동안 스탠퍼드대학교의 컴퓨터 과학 관련 연구실에 객원 연구원으로 소속되어 연구했던 경험이 있습니다. 그래서 기계 학습과 인공지능에는 다소 자신이 있었습니다. 생성형 AI가 등장한 당시 LLM의 토대가 된 것은 신경망**Neural Network** 이었습니다. '그래봤자 신경망은 확률에 따른 예측 변환기일 뿐이며, 아무리 고차원으로 만든다 한들 인간의 일을 대체하기에는 걸맞지 않다.'라고 결론지었었죠.

그런데 2022년 말, 챗GPT가 등장합니다. 기록적인 속도로 사용자가 늘어나며 잡담뿐 아니라 코드 작성과 기획 제안까지 해내는 모습이 충격적이었습니다. 2024년 말에는 '추론reasoning'을 할 수 있게 되면서 '이과적인 추론은 서투르다'라는 제 생각을 또다시 부수었습니다.

이처럼 LLM의 진화 속도를 직접 눈으로 본 저는 관점을 180도 바꾸어 2023년부터 본격적으로 생성형 AI를 쫓기 시작했습니다. 저의 일은 벤처 캐피털의 파트너로서 실리콘밸리의 장래 유망한 펀드나 스타트업을 초기에 발굴하고 투자하는 일입니다. 벤처 캐피털에 참여하기 전부터도 엔젤 투자를 하며 수백 개의 생성형 AI 스타트업을 지켜봐 왔습니다. 그리고 500여 개 스타트업의 생성형 AI 성공 사례를 모은 '생성형 AI 사례집'을 일본 기업들에 유상으로 제공하고 있습니다.

지난 2년 가까이 실리콘밸리를 중심으로 1,000여 개의 생성형 AI 스타트업을 지켜봐 왔지요. 처음에는 회의적이었던 저도 이제는 비즈니스에서 생성형 AI를 활용하지 않는 일이야말로 가장 큰 위험이 된다고 확신하기에 이르렀습니다.

미국에서는 이미 일상이 된, 생성형 AI의 비즈니스 활용

실리콘밸리에서는 이미 비즈니스에 생성형 AI가 필수로 쓰입니다. 일본 대기업의 경영진을 상대로 '비즈니스에 생성형 AI를 활용하자'는 이야기를 꺼내면, '챗GPT를 업무에 어떻게 사용할 것인가?' 하는 이야기로 흘러가기 쉽지만, 생성형 AI 애플리케이션은 채팅 형식의 대화 말고도 아주 다양합니다.

얼마 전 제가 병원에서 진찰받았을 때의 일입니다. 의사와 나눈 대화를 AI가 실시간으로 글로 기록하고 진료 기록도 자동으로 생성하는 장면을 보았습니다. 의료진은 내용을 확인한 다음 '보내기' 버튼만 누르면 됩니다. 생성형 AI는 이미 채팅의 틀을 넘어 업무 과정 그 자체에 혁신을 일으키는 단계에 들어섰습니다.

실리콘밸리에서는 수천~수만 개에 이르는 생성형 AI 스타트업이 탄생했습니다. 그중에서도 의료, 법률, 건설, 제조 등 전통적인 산업 중에서 특정 직무와 산업에 특화된 '업계 맞춤형' 버티컬 AI **Vertical AI** 스타트업이 탄생한다는 특징을 보입니다.

초기에는 인간의 일을 도와주는 코파일럿 형태가 주류를 이루었지만, 이제는 점점 인간의 개입 없이 스스로 의사 결정부터 실행까지 완료하는 AI 에이전트가 대두되고 있습니다.

왜 일본에서는 생성형 AI가 뜨겁게 달아오르지 않을까

2023년 즈음부터 일본 대기업 경영진의 어드바이저를 맡게 되면서 "생성형 AI는 앞으로 어떻게 될 것 같은가요?" 하는 상담을 많이 받게 되었습니다.

뜨거운 미국의 상황과 비교하면 일본은 현시점에서도 여전히 반응이 낮은 상태입니다. 특히 최고 경영자의 자세에서 가장 큰 차이를 보입니다.

미국 경영자는 주가에 연동된 보수를 받는 경우가 많아 경쟁사보다 먼저 최신 기술을 도입하여 우위를 점하는 것을 사명으로 여깁니다. 따라서 강력하게 상의하달식으로 생성형 AI 도입을 추진하는 경우가 압도적으로 많습니다. 한편, 일본에서는 여전히 말로만 '일단 검토 중이다.'라고 할 뿐, 실제로는 '상황을 지켜보는 중'인 경영자가 대다수입니다. 도입 단계에 이르러도 보안과 리스크에 대한 검토가 앞서면서 결국 실행이 늦춰지고는 합니다.

업계 특화형 생성형 AI 애플리케이션의 주요 고객은 대기업입니다. 대기업이 적극적으로 움직이지 않으면 스타트업도 비즈니스가 성립되지 않아 전체 생태계가 활기를 띠기 어렵습니다. 이러한 구조적 요인으로 인해 일본의 생성형 AI 스타트업의 성장이 느린 것이 현실입니다.

과거, 인터넷과 클라우드가 등장한 초기에도 회의적인 반응은 같았습니다. 그럼에도 지금은 빼놓을 수 없는 인프라가 되었듯이, 생성형 AI도 '결국 필요하게 될지도 모른다' 단계를 이미 통과했습니다. 이 물결에 편승하지 못하면 기업으로서 반드시 큰 손실을 보게 될 것이라고, 저는 확신합니다.

특히 대기업에 기회가 있다

비즈니스에서 생성형 AI를 활용하는 데 뒤처진 일본의 상황을 저는 그다지 비관적으로 보지 않습니다.

일본은 세계에서 가장 먼저 저출산 고령화와 노동력 부족 문제에 맞닥뜨린 '과제 선진국'으로, 그 어느 나라보다 생산성 향상에 대한 절실함이 큽니다. 즉, 그 어느 나라보다도 생성형 AI로 해결해야 할 과제가 많은 곳이 일본이라고 할 수 있습니다.

덧붙여 생성형 AI는 인터넷과 클라우드처럼 IT 부서의 테두리 내에서 끝나지 않습니다. 제조 라인, 물류망, 콜센터, 백 오피스— 모든 현장에 직접 도입되어 일하는 방식 자체를 새롭게 바꿉니다. 대기업은 오랜 사업으로 축적한 영업, 설계, 고객 대응, 품질 관리 등 방대한 업무 데이터를 보유하고 있습니다. 생성형 AI를 비즈니스에서 활용하는 데 꼭 필요한 대량의 '고품질 학습 데이터'를 보유한 전통적인 기존 산업의 대기업이야말로 결정적으로 유리하다고 생각합니다.

대량의 업무 데이터를 보유하고 있는 전통적인 기존 산업의 대기업이기에, '과제 선진국'인 일본에서 생성형 AI를 비즈니스에 제대로 접목하게 되면, 큰 성장을 이룰 수 있습니다. 지금 필요한 것은 '상황을 지켜보는 태도'가 아니라 '실행하고 배우는 속도'입니다. 생성형 AI의 물결은 용기 있는 기업의 돛을 활짝 펼쳐 밀어주는 바람이 되어 줄 것입니다.

이 책의 구성

비즈니스에서 생성형 AI를 어떻게 응용할지 고려할 때는 다양한 각도에서 전체를 살펴보며 파악해야 합니다. 따라서 이 책에서는 다음과 같이 크게 세 가지 관점으로 나누어, 생성형 AI 비즈니스의 '미래 지도'를 정리했습니다.

첫째로, 생성형 AI로 인해 그동안 불가능했던 일들이 어떻게 가능해지는가 하는 기초 원리를 이해해야 합니다. 제1장(생성형 AI의 전모)과 제2장(AI 에이전트)에서는 생성형 AI의 기초를 자세히 다룹니다. 생성형 AI란 도대체 어떤 기술인가에 대한 궁금증을 풀어주는 데 도움이 될 것입니다.

특정 업계에 특화된 버티컬 AI의 예	제9장 헬스케어	제10장 핀테크	
업계를 불문하고 생성형 AI의 영향을 받는 '직종'	제6장 조직·HR 테크	제7장 모빌리티·로봇	제8장 거버넌스·보안
	제3장 고객 대응 고객 지원	제4장 마케팅 크리에이티브	제5장 영업·판매
생성형 AI의 기초	제1장 생성형 AI의 전모	제2장 AI 에이전트	

둘째로, 생성형 AI가 가져오는 혁신을 폭넓게 이해하기 위해 업계를 불문하고 크게 영향을 받는 직종을 하나씩 살펴봅니다. 제3장(고객 대응·고객 지원), 제4장(마케팅·크리에이티브), 제5장(영업·판매), 제6장(조직·HR 테크), 제7장(모빌리티·로봇), 제8장(거버넌스·보안), 이 모두 생성형 AI가 빠르게 침식 중인 직종입니다. '직종'을 축으로 생성형 AI가 미치는 영향을 이해하면, 앞으로 매일 하던 일이 어떻게 바뀔지 쉽게 상상될 것입니다.

마지막으로, 특정 업계에 특화된 버티컬 AI가 비즈니스에서 어떤 식으로 활용될지 쉽게 상상할 수 있도록 제9장(헬스케어), 제10장(핀테크)에서는 생성형 AI가 가장 빠르게 도입된 두 업계의 트렌드와 사례에 대해 해설합니다. 사례를 통해 생성형 AI가 각 '업계' 특유의 과제를 어떻게 해결해 나가는지를 이해하면, 제1장부터 제 8장의 내용이 더욱 깊이 있게 이해될 것입니다.

각 장에는 크게 세 가지 요소가 들어 있습니다. 테크놀로지 트 렌드, 실리콘밸리의 최첨단 사례와 더불어 일본 비즈니스 현장의 최전선에서 생성형 AI 활용에 힘쓰고 있는 IT 리더(각 장의 게스트 강사)들의 생생한 목소리, 이 세 가지를 기둥으로 삼아 현실감 넘치 는 생성형 AI의 '미래 지도'를 보여줍니다.

비즈니스에서 생성형 AI를 활용하게 된 이후에 다가올 'AI 이 후'. 그 미래 지도를 독자 여러분이 이 책을 통해 조금이나마 구체 적으로 상상할 수 있게 되기를, 그리고 내일부터 내딛는 작은 발걸 음으로 이어지기를 바랍니다.

실리콘밸리의 자택에서

시바타 나오키

Contents

9 | **헬스케어**

10 | **핀테크**

Chapter 01

생성형 AI의 전모

지금 무슨 일이 일어나고 있는가?

모리모토 노리시게

일본 IBM 이사 겸 부사장 집행임원, 최고기술책임자

1987년 일본 IBM에 입사하였으며, 1995년 매사추세츠공과대학교MIT 석사 과정을 수료했다. 같은 해에 IBM 도쿄 기초연구소에 들어가, 2006년에 뉴욕의 IBM 왓슨 연구소에 부임했다. 2009년 IBM 도쿄 기초연구소 소장 자리에 올랐다. 2015년 IBM 아시아퍼시픽 CTO(싱가포르)를 거쳐 2021년 일본 IBM 상무 집행임원 CTO 겸 연구 개발 담당, 2023년 부사장 집행임원 CTO 겸 연구 개발 담당, 2024년 이사 부사장 집행임원 CTO 겸 연구 개발 담당을 역임했다. 2025년 7월부터 현재까지 대학원대학 시젠칸 특임교수, 템플대학교 이사, 경제산업성 반도체 디지털 전략회의 위원 등도 맡고 있다.

이 장의 포인트

---

❶ 생성형 AI, 버즈워드에서 DX 인프라로

'"생성형 AI"라는 말이 단순한 유행어였던 시기를 지나 "어떻게 사용할 것인가"를 구체적으로 검토하는 단계에 접어들었다.' → **p.19**

❷ 생성형 AI가 일으킨 '다섯 번의 물결' 어디서 올라타야 할까

'실제로 중요한 것은 어디서 싸움을 일으키고 어느 물결에 편승할 것인가 하는 전략이다.' → **p.27**

❸ 생성형 AI가 일으키는 '중력 같은 변화'는 거부할 수 없다

'"이미 세계는 낙하하고 있다." "어느 방향으로 낙하할 지는 이미 정해져 있다."' '떨어지는 속도보다 더 빨리 혁신을 이루어야 한다는 사실을 명심해야 한다.' → **p.29**

❹ 무어의 법칙을 뛰어넘는 AI의 성장과 대중화^{commodity}

'"AI'의 지능은 점진적으로 저변을 넓혀간다. 하드웨어가 그렇게 옮겨가면 그 위에서 작동하는 AI 기반 모델과 애플리케이션도 더욱 확대되어 커다란 역삼각형 피라미드가 완성될 미래를 상상할 수 있다."' → **p.49**

❺ 생성형 AI의 미래를 결정하는 '전력'과 '학습 데이터'

'한 나라의 최대 노동 생산성은 AI를 구동하는 데 공급 가능한 최대 전력에 따라 좌우된다.' → **p.51**

'생성형 AI가 만든 데이터가 천연 데이터를 초과하는 위험성.' → **p.52**

생성형 AI가 세상에 나타나면서 산업과 사회에 대한 AI의 위상이 크게 변화했다. AI는 산업 혁신을 일으킬 만한 실력을 갖추었고, 분명 'AI 이후'의 세계로 향하는 중력이 발생하고 있다. 우리는 그 중력의 방향을 잘 보고, 중력에 앞서 AI 이후의 세계로 착지해야만 살아남을 수 있다. 생성형 AI가 산업과 사회에 얼마나 많은 변화를 일으키는지, 그 뒤에 다가올 미래에서는 어떠한 게임 체인지가 일어날 것인지, 새로운 세계의 문을 열어보자.

01

생성형 AI에
주목하는 이유

/// 가속되는 AI와 디지털 전환

기업이 비즈니스에 생성형 AI를 활용하는 일이 점차 보편화되고 있다. 그동안은 IT 벤더 측에서 '생성형 AI를 활용해 보세요.'라고 고객사에 권해야 했지만, 이제는 반대로 고객사에서 먼저 '생성형 AI를 활용할 아이디어가 없을까요?' 하고 먼저 묻는 양상을 보인다고 한다. '생성형 AI'라는 말이 단순한 유행어에 불과했던 시기를 지나 '어떻게 사용할 것인가'를 구체적으로 검토하는 단계에 접어든 것이다.

2022년 11월, 오픈AI는 생성형 AI의 대표 주자인 챗GPT를 출시했다. 그동안 생성형 AI는 진화하며 점차 생활과 비즈니스에 스며들었다. AI는 왜 그렇게 인기를 끌었을까? 전체적인 관점에서 보면, 디지털 전환DX을 가속할 수 있기 때문이다. 그 궁극적인 목표는 디지털 전환을 위한 무기로써 AI를 활용하고자 함이다.

AI 자체도 끊임없이 혁신이 이루어지고 있다. 이에 관하여 미국

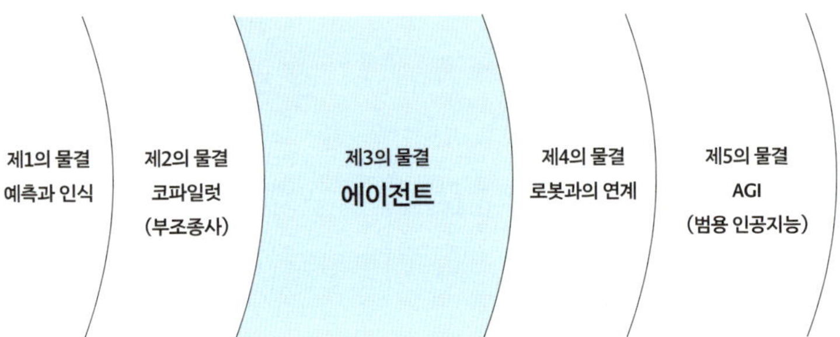

Dreamforce 2024 Main Keynote with Marc Benioff | Welcome to Agentforce | Salesforce, https://www.youtube.com/watch?v=_CsxTQeGfo를 바탕으로 작성.

소프트웨어 기업 세일즈포스Salesforce에서 설명한 바가 있다. 쉽게 말하자면, AI 혁신은 크게 다섯 번의 물결로 이루어진다. 제1의 물결은 예측과 인식이었다. 그다음으로 제2의 물결에서는 코파일럿Copilot, 부조종사로서 우리가 목적지에 향할 수 있도록 보조하는 식의 사용법이 등장했다. 2024년 즈음부터 시작된 제3의 물결에서는 AI가 에이전트로서 인간을 대신하고 인간과 연동하여 움직이게 되었다. 이것이 현주소다.

앞으로는 제4의 물결, 즉 로봇과 연계하여 AI가 물리적인 차원에서 도움을 주는 세상이 올 것이다. 그리고 마지막에는 거의 모든 인간의 문제를 해결할 수 있는 범용 인공지능AGI의 세상이 올 것이라고 한다. 바로 제5의 물결인 셈이다.

이러한 흐름을 살펴보면, AI의 가속은 인간에게 큰 혁신으로 다

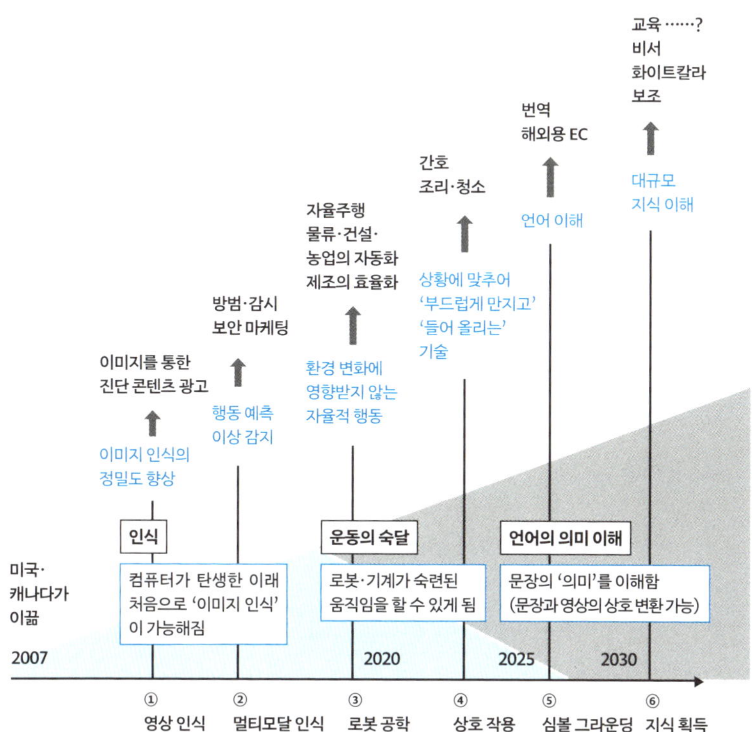

딥러닝을 기반으로 하는 AI의 기술적 발전

일본 내각부 자료 '인공지능 기술의 발전과 사회에 미치는 영향'을 바탕으로 작성.

가올 것으로 보인다. 순다르 피차이 구글 CEO는 "AI는 인류가 직면하는 가장 중요한 기술이 될 것입니다. 그것은 핵과 전기처럼 근본적인 기술 혁신을 일으킬 것입니다."라고 말했다. 우리는 그래픽을 이용한 유저 인터페이스[vi] 덕분에 누구나 쉽게 컴퓨터를 사용할 수 있게 되었다. 지금은 생성형 AI를 통해 컴퓨터를 대화 형태로 사용할 수 있게 되면서 변화를 겪고 있다. 게다가 AI는 앞으로도 계속 진화할 것이다. 그 예로, EV(전기차)를 제조하는 테슬라는 자신의 '자동차'가 로보택시가 되어 운전자가 이용하지 않는 시간에 AI가 알아서 자율주행을 하며 돈을 벌어다 주는 미래도 제시했다.

그렇다면 생성형 AI 혁명이라고 할 수 있는 이러한 시대가 오리라고 아무도 예측하지 못했을까? 생성형 AI에 관한 일본의 제일인자, 도쿄대학 대학원의 마쓰오 유타카 교수가 2015년에 향후의 변화를 예측한 자료가 있다. 이에 따르면, AI는 2025년 즈음부터 말의 의미를 이해하기 시작하고, 2030년쯤 대규모 지식 이해가 가능해질 것으로 예측했다. 지금으로 보면 생성형 AI의 핵심인 LLM을 예측한 것이다. 요컨대 마쓰오 교수가 예측한 시기보다 약 8년 일찍 생성형 AI의 세상이 도래한 셈이다.

여기서 예측이 8년 빗나갔다고 지적하는 일은 중요하지 않다. 10년, 20년이라는 기간으로 보면, AI의 세계가 어떻게 발전하고 사회에 어떤 영향을 미치는가 하는 관점에서 마쓰오 교수는 2015년 당시 중력의 방향성을 제대로 이해하고 있었다. 중력은 분명히 생성형 AI가 도래하는 세상으로 향하고 있었던 셈이다. 다만, 그 진화 속도가 예측을 뛰어넘었기에 어떻게 대응해야 할지를 고심하게 되었을 뿐이다.

한편, 생성형 AI에도 '순조롭게' 환멸 단계가 찾아올 것이라는 이야기도 있다. 리서치 기관 가트너^{Gartner}가 매년 발표하는 하이프 사이클의 2024년 7월 보고서에 따르면, 생성형 AI는 2024년 붐의 정점을 찍어 이제는 내리막길 앞에 서 있다. 바로 지금 롤러코스터에 탄 모두가 만세를 한 채 내려가기를 기다리는 그 순간에 와 있다는 것이다. 그렇게 생각하면 지금까지 해온 AI에 대한 투자가 과하다고 볼 수도 있다. 실제로 지나치게 커진 투자금을 회수하는 움직임이 나타나면서 AI 기업의 주가가 불안정해지는 일이 일어나고 있다.

여기서는 큰 흐름을 읽는 것이 중요하다. 실리콘 밸리에는 이런 표현이 있다. '1년의 진화를 과대평가하고, 10년의 진화를 과소평가한다.' 이게 무슨 뜻인가 하면, 붐을 일으킨 기술은 기대가 너무 부풀고, 변화가 너무 많아서 다들 질려 버린다는 말이다. 그렇기에 '이 기술은 별거 아니었던 게 아닐까.'라고 느껴져 과소평가하게 된다. 하지만 이 환멸 단계에서 기술이 조용히 사회 인프라에 정착해서 사회 개혁이 끝나 버리는 일도 있다. 정신을 차리고 보니, 다들 스마트폰을 들고 다니면서 생활이 편리해졌다거나, 온라인 주문과 모바일 결제가 가능해진 세상이 도래했다는 식이다. 가트너의 하이프 사이클이 시사하는 바는, 바로 환멸 단계 동안 사회에 안착시킬 수 있게 제대로 준비한 기업만이 그 과실을 얻을 수 있다는 것이다. 10년간의 진화를 제대로 평가해야 한다.

돌이켜 보면, 일본도 기존의 2G폰 시절에는 모바일 업계를 이끌고 있었다. 애플의 아이폰이 등장했을 때만 해도 일본의 대기업은 앞으로 미칠 영향을 대수롭지 않게 보았다. 그러다가 사회 인프라로 자리 잡기 시작한 세계 스마트폰 시장에서 일본은 그 존재감을 잃고 말았다. 일본도 생성형 AI 분야에서 뒤처지지 않도록 해야 하는 것은 맞지만, 한편으로 일본의 기업이 이제 와서 오픈AI나 엔비디아가 될 수 있는가 하면 그렇지 않다. 중요한 것은 우리가 물결을 만드는 것이 아니라 나아가는 방향을 정확히 이해하고 물결에 편승하는 것이다. AI라는 물결이 어떻게 산업을 파괴하고 진화시켜 나가는가를 파악하면 된다. 그것이 AI 이후 세계의 전모를 파악하는 기본 방법이다.

✔ 이미 일어나고 있는 AI로 인한 산업 혁신

AI라는 물결이 미치는 영향은 이미 곳곳에서 볼 수 있다. 세계적으로 AI 드리븐 컴퍼니라고 부를 만한 기업이 여기저기서 나타났다.

여기서 질문을 하나 해 보겠다. 여러분이 즐겨 보는 동영상 스트리밍 서비스, 넷플릭스는 첫 페이지를 만드는 데 AI를 얼마나 이용했을까? 이런 질문을 던질 정도면 50%일까, 70%일까, 그렇게 상상했을 수도 있다. 하지만 실제로는 거의 100%를 AI로 만든다. 첫 페이지 상단에 크게 뜨는 추천 콘텐츠뿐만 아니라 인기 순위와 카테고리 등 표시하는 순서, 심지어 드라마의 썸네일과 소개 영상조차도 그 사람의 취향에 맞추어 최적화되어 있다. 사용자 경험UX 에 AI가 탑재된 것이다. 숏폼 동영상 서비스인 틱톡도 AI 드리븐 컴퍼니로 이미 15억 명이 넘는 가입자 수를 자랑한다. 틱톡 시청 시간이 유튜브 시청 시간을 넘어섰듯이(센서타워•의 조사에 따르면 2020년 3분기에 넘어섰다고 한다) AI는 점차 게임 체인저 역할을 하고 있다.

AI가 게임 체인저로 활약한 사례를 하나 더 소개하겠다. 여러분은 패스트 패션으로 유명한 쉬인SHEIN을 아는가? 중국에서 옷을 저렴하게 만들어서 인기가 많다고 생각하지만, 그것은 잘못된 인식이다. 쉬인은 AI 프로세스를 중시함으로써 그 힘을 발휘하고 있다. 패션 트렌드에 맞춰 옷을 생산할 뿐만 아니라, 패션 트렌드를 알아내서 실제로 제품을 만드는 데도 AI를 활용하고 있다. 틱톡이나 인스타그램을 모니터링해 트렌드를 먼저 읽고 정확한 수요와 공급을 예측할 수 있기에 매번 매진되는 것이다. 그 결과, 쉬인은 미국 패스트 패션 매출의 과반을 차지하는 파괴적인 혁신을 일으키고 있다.

• Sensor Tower, 글로벌 마켓 인텔리전스 기업

/// 생성형 AI를 구조적으로 이해하는 다섯 번의 물결

여기서 생성형 AI를 구조적으로 이해하기 위해 다섯 번의 물결을 차례로 짚어보자. '생성형 AI의 가속적 진화', '범용 인공지능AGI, 초인공지능ASI 싱귤래러티Singularity, 특이점', 'AI 네이티브친화적 스타트업', '빅테크BIGTECH', '기존 산업 내 경쟁' 다섯 가지다.

그 첫 번째는 마쓰오 교수의 예측을 뛰어넘은 생성형 AI의 진화 속도다. 두 번째는 범용 인공지능과 인간을 초월하는 초인공지능 등 싱귤래러티다. 이로 인해 에너지 혁신이 일어나거나, 바이오 소

생성형 AI의 트렌드를 구조적으로 이해하기

빅테크
규모의 경제, 한계 이익 제로
Gate Keeper, 데이터 상류
AI Self Appliance
vs 국가

생성형 AI 가속적 진화
창발적 진화
피터 틸의 10배 원칙
AI×DX

기존 산업 내 경쟁
AI로 인한 언어 차이의 흡수
인플레이션과 엔화 약세로 인한 경쟁력 감소?
쇼와 시대(1926-1989) 100년의 벽
조직적 무능

AGI, ASI, 싱귤래러티
Exponential 지능 폭발
양자, 새로운 에너지,
Bio, 소재

AI 네이티브 스타트업
혁신의 딜레마
개발 비용↓, 속도↑
AI Native BPR, VC $$$

재로 수명이 연장되는 등 큰 변화가 일어난다. 세 번째는 AI 네이티브 스타트업으로, 효율적이고 고속으로 개발이 이루어진다. 벤처 캐피털의 지원을 받고 기존 산업을 공격해 올 수도 있다. 반대로 오픈AI 같은 선도 대기업에서 이런 일이 이루어져 관련 AI 스타트업 여러 곳이 도산하는 빅테크의 영향이 네 번째다. 다섯 번째로, 기존 산업 내에서도 경쟁이 심해진다. 지금까지 일본어라는 벽에 보호받던 일본 기업은 언어의 벽이 사라지고 나서 파괴적 혁신의 필요성을 깨닫게 될지도 모른다.

일본에서는 챗GPT를 얼마나 효율적으로 사용하는가의 관점에서 주로 생각하는 경향을 보인다. 그러한 관점에서 보더라도, 세계적으로 이미 75% 정도의 기업이 생성형 AI를 효과적으로 사용하고 있는데, 일본은 40% 정도에 그친다. 이마저도 효율화라는 전술적인 측면에서 내놓은 숫자에 불과하다. 인간을 대체하는 AI라는 측면에서만 따진 것이다. 실제로 중요한 것은 어디서 싸움을 일으키고, 어느 물결에 편승할 것인가 하는 전략이다. 이 점을 착각해서는 안 된다.

/// 게임 체인지 엔진

전략을 생각하기에 앞서 생성형 AI가 가져온 변화의 핵심을 정리해 보자. 생성형 AI의 기술적인 구조 혁신을 이해하면 쉽게 알 수 있다.

AI는 기본적으로는 인간의 지능을 흉내 내는 것이었다. 옛날에는 규칙을 정하고 인간과 똑같이 움직이게 하는 AI가 존재했다. 그러다가 기계 학습(머신러닝)이라는 최적화 기술이 개발되고, 더 나아가 심층 학습(딥러닝)이 발명되면서 다양한 것을 인식하고 예측할 수 있게 되었다.

이 딥러닝의 연장선상에 트랜스포머Transformer라는 새로운 모델이 탄생했다. 트랜스포머는 문장 다음에 무엇을 대답할지, 어떤 단어로 이어나가는 것이 그럴싸할지, 이러한 처리를 통해 정답에 가까운 답변을 도출하는 기술이다. 흔히 '챗GPT에 질문해도 재미없는 답만 한다.'라고들 하는데, 이는 당연한 일이다. 가장 무난한 답을 내놓는 것이 트랜스포머를 이용한 LLM의 특징이기 때문이다.

다만, LLM이 대단한 점은 더 큰 학습 모델을 써서 대량으로 학습시키다 보면, 점점 더 정답에 가까운 답을 도출해 낸다는 것이다. 10의 20제곱에서 22제곱 정도의 데이터를 학습시키면, 맥락에 맞춰 설명할 줄 알게 된다. 이를 10의 25제곱에서 28제곱 정도까지 진행하면, 어쩌면 범용 인공지능에 도달할지도 모른다. 우리는 이미 그러한 시점에 와 있다.

이러한 AI의 진화에서 주목할 점이 있다. 앞서 설명했듯이 이전처럼 사람이나 일을 대체할 뿐만 아니라, 새로운 비즈니스가 생겨난다는 점이다. 그동안 데이터로 사용할 수 없었던 비정형 데이터를 분석에 사용하거나, 예외적인 데이터를 만들어 냄으로써 학습이 진행되거나, 사용자 개개인에 맞춘 초개인화Hyper-personalization

같은 서비스를 제공하게 되는 일 등을 예로 들 수 있다. 비용 절감과 효율화를 넘어 다양한 새로운 비즈니스를 낳는 바탕이 되는 셈이다.

지정학적 관점에서 보면, 지금까지 오픈AI나 엔비디아가 독식하던 분야가 난전으로 변하기 시작했다는 점을 들 수 있다. 무엇보다도 폐쇄적인 모델에서 개방적인 모델로 바뀌고 있다는 점은 중요한 요소다. 그동안 성장을 이끌어 온 프라이빗한 폐쇄적인 모델을 개방적인 모델이 급성장하며 따라잡기 시작했다. 유럽의 미스트랄 AI와 메타의 라마^{LLaMA}는 개방적인 모델로서 전문적인 AI 학습도 허용했다. 지금까지 오픈AI의 챗GPT에서는 전문 모델을 이용할 수 없었던 상황에서 이제는 전문 모델을 활용할 수 있게 되면서 끊임없이 진화가 이루어지고 있다.

비용 절감 면에서도 또 다른 변화를 보이고 있다. 예를 들어, 최근 2년간 챗GPT를 이용하는 비용이 1,000분의 1로 줄어들었다. 가령 처음에는 1회 300엔이 들어서 인건비보다 비싸게 여겨졌던 작업을 0.3엔에 할 수 있게 되면, 비즈니스에 다양하게 활용할 수 있다.

이러한 변화에 대해 가장 이야기하고 싶은 점은, '이미 세계는 낙하하고 있다.' '어느 방향으로 낙하할 지는 이미 정해져 있다.'라는 점이다. 기득권층 사람들이 방해한다고 해도 그것은 중력에 저항하는 셈이니 큰 흐름으로 보면 별 영향을 미치지 않는다. 우리는 물결의 방향을 알아내서 세계가 떨어지는 속도보다 먼저 떨어져야

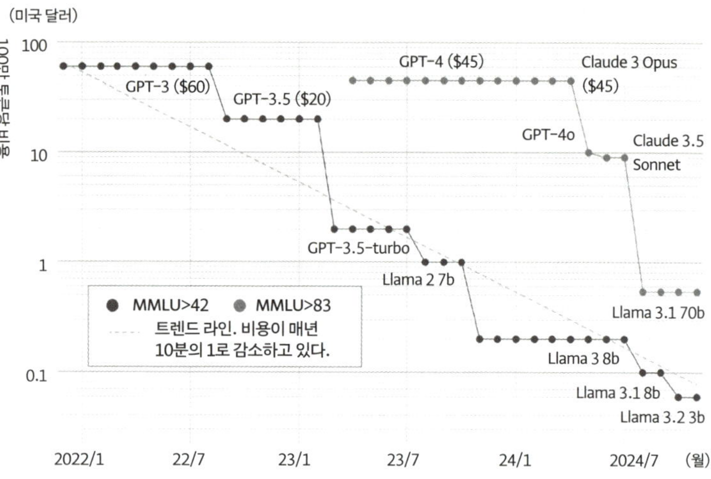

Andreessen Horowitz의 조사(https://a16z.com/llmflation-llm-inference-cost/)를 바탕으로 작성.

한다. 다섯 번의 물결을 잘 보고 떨어지는 속도보다 빠르게 혁신을 이루어야 함을 마음에 새기길 바란다.

02

변화하는
AI 스타트업

/// 생성형 AI 비즈니스의 다섯 개의 레이어

생성형 AI로 인한 변화를 보려면, 생성형 AI 관련 비즈니스를 제공하는 기업의 동향을 알아야 한다. 생성형 AI의 전모를 분류한 다섯 번의 물결 중에서 '빅테크'와 'AI 네이티브 스타트업'의 관점에서 보는 것이다. 여기서도 다섯 개의 레이어로 나누어 생각하면, 생성형 AI의 트렌드가 보이기 시작한다.

가장 아래 레이어가 'GPU/칩'이다. 엔비디아와 AMD, 인텔, IBM 등이 속한 레이어다. 그 위에 칩을 움직이기 위한 서버 등 '인프라·머신러닝 운영 MLOps·도구' 레이어가 있다. 아마존웹서비스 AWS, 애저 Azure, 구글 클라우드, 데이터브릭스 등이 이 레이어에 속한다. 그리고 그 위가 LLM 모델이다. 대표적인 기업으로 오픈AI와 앤트로픽 등이 있다. LLM 모델 위에는 애플리케이션 레이어가 온다. '범용형 애플리케이션'과 스타트업을 중심으로 한 '업계 특화형 애플리케이션'이 여기에 속한다.

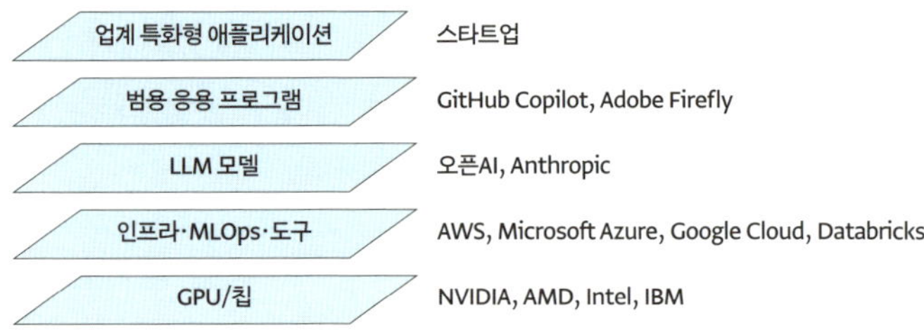

2023년에 챗GPT가 보급되었을 때 가장 분위기가 고조된 것은 LLM 레이어였다. 그 트렌드와 함께 칩이 필요해지면서 GPU/칩 레이어가 달아올랐다. 그로부터 조금 뒤늦게 범용형 애플리케이션인 깃허브 코파일럿과 어도비 파이어플라이, 세일즈포스 등 규모가 큰 서비스형 소프트웨어^{SaaS}가 점차 AI를 추가했다. 그 후, 2024년에는 업계 특화형 애플리케이션과 인프라·머신러닝 운영·도구 레이어에서는 보안과 관련하여 많은 관심을 보였다.

하위 세 개 레이어에 대해서 조금 더 자세히 살펴보도록 하겠다. GPU/칩은 크게 네 종류로 나눌 수 있다. 학습^{Training}과 추론/실행^{Inference}의 각각에 '데이터 센터', '에지'라는 용도가 있는 구성이다. 시장에서는 데이터 센터와 에지 모두 실행/추론 쪽이 압도적으로 큰 상황이다. 이 실행/추론의 칩으로 예를 들자면, 그록^{Groq}이라는 스타트업이 있다. LLM을 고속으로 실행할 수 있는 GPU를 만드는 회사다. 범용 칩과 비교해 같은 요청을 하면, 그록의 칩은 바로 처리를 완료한다. 요컨대 LLM을 고속으로 실행할 수 있는 칩을 만들고 있을 뿐이지만 강렬한 임팩트가 있는 기업이다. 물론 이와 비슷한 고속 칩을 만들려고 하는 스타트업이 우후죽순으로 나오고 있다.

두 번째인 인프라·머신러닝 운영·도구 레이어에서는 AWS, 애저, 구글 클라우드의 3빅이 매우 강력한데, 여기에 데이터브릭스와 스노우플레이크의 두 회사가 참전했다. 그리고 최근에는 AI 보안 관련 스타트업이 상당수 등장했다.

세 번째인 LLM은 챗GPT가 등장한 지 2년여 만에 기능과 품질 등에서 차이가 없는 대중화가 상당히 진행되었다. LLM 간의 경쟁이 격화되면서 비용 저하와 성능 향상이 동시에 이루어지고 있기 때문이다. 사용자 입장에서는 그저 고마울 따름이다. 대중화가 진행되는 한편, LLM은 지금도 계속 진화 중이다. AI가 진화해 온 역사를 돌아보면 10여 년 전 딥러닝이 등장했고, 본 것을 '이해'할 수 있게 되었다. 그리고 GPT의 등장으로 '흉내 내기' 실력이 늘었다. 그 후 오픈AI에서 챗GPT o1이 등장했는데, 이 AI는 '사고'를 할 수 있게 되었다. '흉내 내기'와 '사고' 사이에는 큰 차이가 있다. o1, 그리고 그 후에 출시된 o3는 혁명적인 기술로 기록될 것이다.

LLM은 이미 대중화가 진행되어 사고하는 능력도 갖추었다. 우리가 생성형 AI에 대응할 방도는 새롭게 LLM을 만들거나 그 성능을 향상시키는 것이 아니다. 그보다도 전문가가 가진 업무 지식을 LLM이 학습하기 쉽도록 변환하여, LLM에 적극적으로 업무를 맡김으로써 새로운 가치를 만들어 내는 것이 중요하다.

/// 스타트업을 통해 보는 생성형 AI 전략

그렇다면 생성형 AI는 지금까지 어떤 직종과 산업에서 사용되어 왔을까. 맥킨지의 자료에 따르면, 생성형 AI와 궁합이 좋은 직종으로, '마케팅 & 판매', '고객 대응', '제품·연구 개발', '소프트웨어 엔지니어링'이 특히 영향을 받기 쉽다고 한다. 많은 산업이 서로 매트릭스처럼 얽힌 가운데 '어느 산업의 특정 직종'이 특히 생성형 AI의 영향을 받는다는 사실을 알 수 있다.

여기서 생성형 AI 스타트업의 전략에 잠시 주목해 보자. 생성형 AI의 스타트업은 산업과 직종으로 이루어진 매트릭스의 특정한 한 칸에 자리 잡고서 업계 특화형 애플리케이션을 제공하는 경우가 많다. 그러한 '특정 분야'에 특화된 애플리케이션으로 시작해서 매트릭스로 치면 상하(서로 다른 산업의 같은 직종)나 좌우(같은 산업의 서로 다른 직종)로 점점 칸을 넓혀 가는 전략을 취한다. 각각의 칸마다 학습해야 하는 업계 지식이 다르기 때문에 갑자기 범용 애플리케이션을 만들기란 어렵다. 우선은 특정 산업의 특정 직종이라는 셀(전문 분야)을 겨냥하여 LLM에 지식을 학습시키고 인간의 업무를 조금씩 대체할 수 있도록 한다. 그런 다음에 옆이나 위아래의 셀로 확장하는 것이 성공적인 생성형 AI 스타트업의 전략이다.

이러한 전략은 스타트업에만 적용되지 않는다. 대기업이 생성형 AI를 도입하는 과정도 플레이북으로 정리하면, 비슷한 전략이 효과적이라는 사실을 알 수 있다. 우선 생성형 AI를 도입하여 성과를 내기 쉬운 업무를 특정한다. 그런 다음 사내의 업무 지식을 특

생성형 AI의 사용 사례는 산업계 전체에 걸쳐 각 비즈니스 기능에 다양한 효과를 보일 것으로 예상된다.

비즈니스 기능별, 생성형 AI에 의한 생산성 개선 효과[1]

낮은 효과 ▬▬▬▬ 높은 효과

비즈니스 기능별 합계(십억 달러) — 각 열의 효과는 색 농도(낮은 효과→높은 효과)로 표시됨:

비즈니스 기능	합계, 십억 달러
마케팅 & 판매 (고객 대응)	760–1,200
고객 대응	340–470
제품·연구 개발	230–420
소프트웨어 엔지니어링	580–1,200
서플라이 체인·운용	280–530
리스크 관리·법무	180–260
전략·재무	120–260
사내 IT[2]	40–50
인재·조직	60–90

업종·직종	합계, 각 업계 전체의 수익에서 차지하는 비율(%)	합계, 십억 달러
관리·전문 서비스	0.9–1.4	150–250
첨단 전자, 반도체	1.3–2.3	100–170
첨단 제조업[3]	1.4–2.4	170–290
농업	0.6–1.0	40–70
은행	2.8–4.7	200–340
기초 소재	0.7–1.2	120–200
화학품	0.8–1.3	80–140
건설	0.7–1.2	90–150
소비재	1.4–2.3	160–270
교육	2.2–4.0	120–230
에너지	1.0–1.6	150–240
헬스케어	1.8–3.2	150–260
하이테크놀로지	4.8–9.3	240–460
보험	1.8–2.8	50–70
미디어·엔터테인먼트	1.5–2.6	60–110
제약·의료기기	2.6–4.5	60–110
공공·사회 섹터	0.5–0.9	70–110
부동산	1.0–1.7	110–180
소매[4]	1.2–1.9	240–390
통신	2.3–3.7	60–100
교통, 운수, 물류	1.2–2.0	180–300
		2,600–4,400

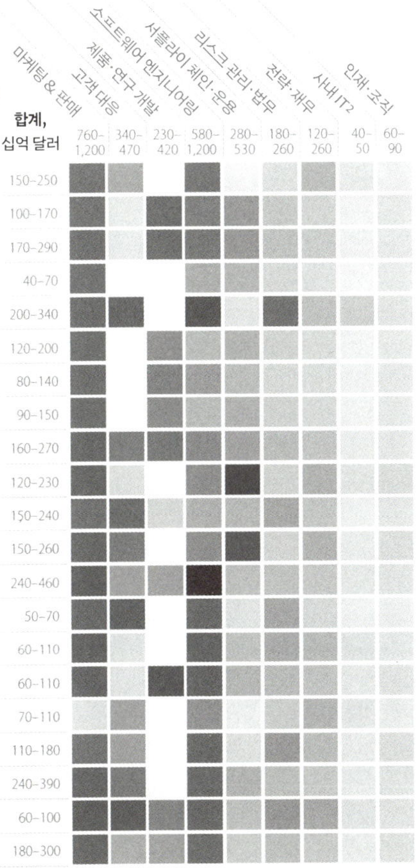

참고 : 우수리로 인해 합계가 100%가 되지 않을 수 있음

1 구축 비용(학습, 라이선스 등) 제외   **2** 소프트웨어 엔지니어링 제외
3 항공 우주, 방위, 자동차 제조 포함   **4** 자동차 판매 포함

자료 : Comparative Industry Service(CIS), IHS Markit; Oxford Economics; McKinsey Corporate and Business Functions database; McKinsey Manufacturing and Supply Chain 360; McKinsey Sales Navigator; Ignité, 맥킨지 데이터베이스; 맥킨지 분석

맥킨지앤컴퍼니의 보고서 '생성형 AI가 가저올 잠재적 경제 효과' (2023년 6월)에서 인용.

1. 특정 업계의 특정 직종(특정 분야)에서부터 시작한다
2. 주변 셀로 확장해 간다

이유

각 셀마다 학습해야 할 업계 지식이 다르기 때문에

정하여 LLM에 학습시키기 쉬운 형태로 변환한 다음 LLM에 추가 학습(파인 튜닝)을 시킨다. 이제는 오로지 업무 지식을 변환하여 파인 튜닝을 반복할 뿐이다. 업무를 특정하는 단계에서 업무 지식을 특정하는 단계까지는 '영업' 요소가 강하고, 업무 지식의 특정 단계에서 학습하기 쉬운 형태로의 변환은 '데이터' 측면이 강하다. 마지막으로 추가 학습의 반복은 '기술'의 영역이다. 이 세 가지를 잘 조합하면 생성형 AI를 잘 활용할 수 있다.

/// 학습 데이터 생성 분야에서 유니콘이 탄생한다

여기서 일단 스타트업을 주시하면 우리가 취해야 할 전략이 보인다. 학습 데이터 생성에 특화된 생성형 AI 스타트업 중 주목하고 있는 미국의 유니콘 두 곳을 소개한다. 스케일 AI Scale.ai와 튜링 TURING이다. 두 회사 모두 비슷한 서비스를 제공하고 있다.

스케일 AI는 비교적 간단한 데이터 라벨링 작업을 한다. 예를

들어, 도로 이미지에서 차선이나 교차로, 안전지대 등에 라벨링을 하는 작업이다. 고도의 기술은 필요 없는 작업이지만, LLM에 학습시키는 데이터로서 라벨링한 데이터가 굉장히 많이 필요하기 때문에 유저 기업이나 오픈AI 등 LLM 개발 기업에 데이터를 제공하는 사업을 하고 있다. 더불어 대기업으로부터 업무 관련 생성형 AI 앱 개발을 수탁하는 업무도 하고 있다.

튜링은 스케일 AI보다 전문성이 높은 데이터 생성을 중심으로 다룬다. 소스 코드 작성법과 의사의 진찰 방법 등 전문성이 높은 고도의 지식을 LLM이 학습할 수 있도록 생성하여 제공한다. 그 외에도 기업에 맞춤 제작한 생성형 AI 앱을 제공하는 데도 손을 뻗고 있다.

이 두 회사 모두 상당한 속도로 성장 중이다. 생성형 AI의 가치를 창출하는 것은 기본적으로는 데이터다. 따라서 LLM을 제작하는 오픈AI 등 일부 기업 외에는 LLM의 성능으로 승부하지 않고 업무 지식을 어떻게 LLM이 학습하기 쉬운 형태로 생성할 것인가 하는 지혜를 짜내어 가치를 제공하는 데 주력한다. 이는 두 회사의 급성장을 보면 알 수 있을 것이다. 생성형 AI 비즈니스를 창출하는 스타트업에서도, 생성형 AI를 활용하는 유저 기업에서도, LLM을 파인 튜닝하기 위한 학습 데이터를 어떻게 생성하느냐가 시험대에 오르고 있다.

사진은 https://scale.com/에서 인용.

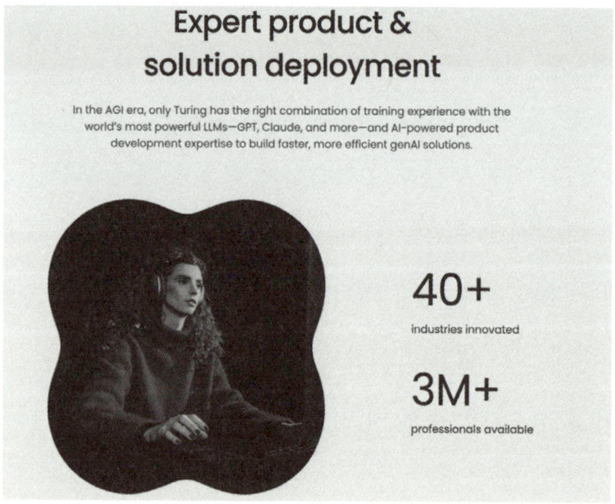

사진은 https://www.turing.com/에서 인용.

/// 앞으로 생성형 AI로 돈을 버는 것은

스타트업의 동향을 살펴봤는데, 그러면 앞으로 생성형 AI 업계에서 누가 돈을 벌 것인가를 생각해 보자. 역사를 조금 되돌아보면, 예를 들어 클라우드 업계에서는 초기 무렵에 반도체 제조사나 AWS, 구글 클라우드 등 인프라 레이어가 성장률도 높고 돈도 많이 벌었지만(아래 그림의 피라미드형 삼각형), 그 이후에는 그 클라우드 인프라 위에서 애플리케이션을 구축하는 서비스형 소프트웨어 기업이 다수 출현하면서 수익을 내는 주류가 이쪽으로 옮겨갔다(아래 그림의 역피라미드형 삼각형).

한편, 생성형 AI 업계는 아직도 엔비디아 같은 반도체 제조사가 가장 큰 매출과 이익을 내고 있는 상황이다.

생성형 AI도 지금은 반도체가 돈을 버는 피라미드형 구조이지

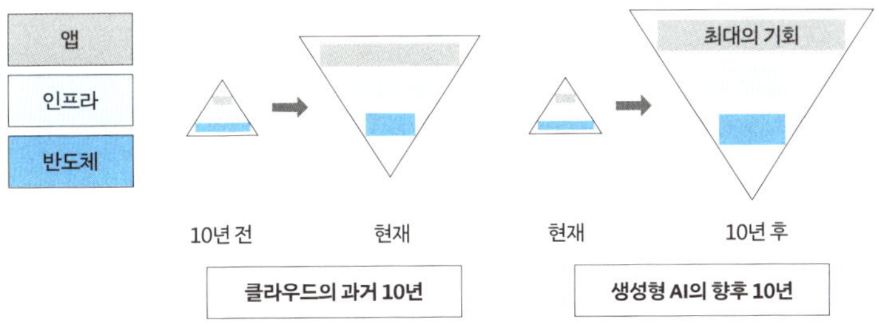

https://apoorv03.com/p/the-economics-of-generative-ai를 바탕으로 작성.

만, 10년에 걸쳐 점점 상위 레이어인 애플리케이션이 더 돈을 버는 역피라미드형 구조가 되리라고 예상할 수 있다. 향후의 생성형 AI 업계를 볼 때는 하위 레이어에서 상위 레이어로 중심이 옮겨가면서 업계 규모가 점점 확대되는 미래를 염두에 두어야 한다.

03 AI가 개척하는 미래 컴퓨팅의 세계

/// AI 대중화 가설이 내다보는 미래

AI가 고성능화되고 동시에 저렴한 비용으로 이용할 수 있게 되면서 대중화가 이루어지고 있다고 앞서 이야기했다. 이는 하루아침에 일어난 변화가 아니다. 일본 IBM에서 CTO(최고기술책임자)를 맡는 모리모토 노리시게 씨는 "AI에는 기술로 보면 50년이 넘는 역사가 있으며, 그동안 끊임없이 진보해 왔습니다. 한편 고성능 AI 모델을 저렴한 비용으로 다룰 수 있게 되면서 사용자 인터페이스[UI]가 자연어로 바뀌는 큰 변화가 일어났습니다. 이로 인해 폭발적으로 많은 사람이 생성형 AI를 접할 수 있게 되었죠. 자연어 영역에서 생각하면, AI는 50년에 걸쳐 인간의 말하기, 쓰기 능력을 뒤쫓아 오다 이제 거의 따라잡은 셈입니다. 그러면 따라잡으면 어떻게 되는가 하면, 인간과 동등해진 채 멈춘다는 기술의 벽에 부딪힙니다. 기술의 벽에 부딪히면, 어떤 AI 모델을 사용해도 똑같이 높은 성능을 얻을 수 있을 테니 저렴하게 사용할 수 있는 모델을 선택하면 되는 셈입니다. 대중화가 진행되는 것은 당연한 일이겠죠."라고 지적한다.

인간으로 비유하면 읽고 쓰고 셈을 할 수 있게 되어 대중화된 AI는 다시 성장할 것이다. "인간이라면 기본적인 공부를 마친 뒤에 프로그래머가 된다거나, 은행원이 된다거나, 의사나 과학자가 되는 등 전문적인 학습을 합니다. 그와 마찬가지로 AI도 앞으로 무엇을 할지가 중요해집니다. 일반적인 기능을 갖춘 후에 구체적으로 도움이 되는 작업을 실행하는 단계로 옮겨 가리라고 생각해요." AI 모델의 성능 향상이나 비용 절감보다 비즈니스에서 도움이 되는 것이 더 중요해진다는 말이다.

여기서 폐쇄적인 AI 모델과 개방적인 AI 모델에 대해 시야를 넓혀 보자. 폐쇄적인 AI 모델을 이용한 챗GPT 등은 전 세계인이 같은 'AI'에 질문을 던지고 답을 구하는 상태다. 사내 정보 등 그 'AI'의 기반 모델에 있어서 외부 정보를 조합하는 검색 증강 생성 **Retrieval Augmented Generation, RAG(이하 RAG)**•이라는 기법이 있지만, 질문에 대해 답할 뿐이라는 구도에는 변함없다. 한편, 개방적인 AI 모델에서는 질문에 대한 답을 구할 뿐만 아니라 추가 학습을 하거나, 감시, 평가를 할 수 있다. 게다가 오픈 소스 애플리케이션처럼 커뮤니티에 올라온 개발자들의 지식을 조합하여 능력을 향상시킬 수도 있다.

• 외부 지식 베이스에서 관련 정보를 검색하여 활용하는 기술

학습 데이터나 개발 자체 모두 비공개하는 폐쇄적인 AI 모델에 반해
개방적인 AI 모델은 커스터마이징이 가능하고, 자사 데이터와 운용 규칙을 입력하여
유연하고 안전한 자사 AI를 만들 수 있다.

폐쇄적인 AI 모델
폐쇄형 AI라고 불리는 모델

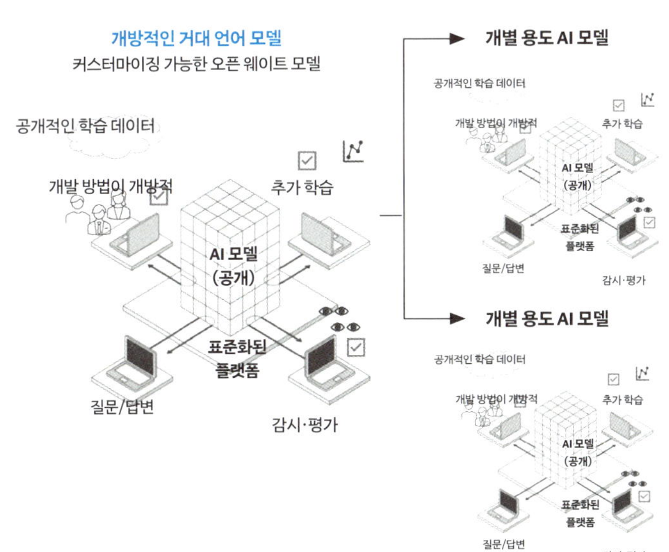

개방적인 AI를 사용함으로써 자사 데이터와 운용 규칙을 적용하여 유연하고 안전한 AI를 만들 수 있으며, 나아가 다른 곳과의 호환성과 확장성이 있는 자사 AI로 함께 키우고 성장할 수 있다

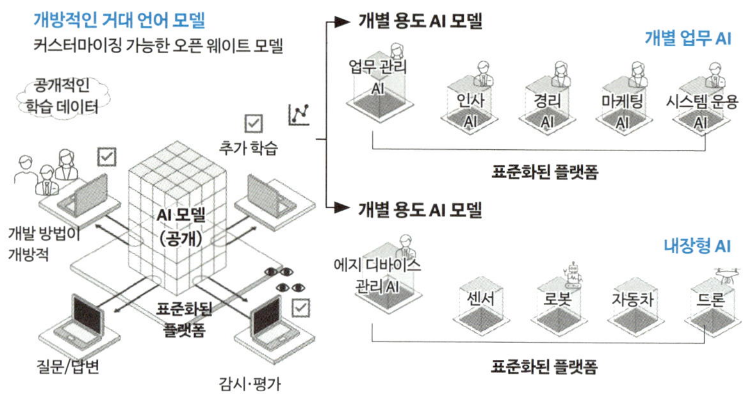

모리모토 씨는 현재 상황을 이렇게 분석한다. "이미 개방적인 AI 모델의 능력은 챗GPT 등 폐쇄적인 AI 모델에 버금가는 수준에 이르렀습니다. LLM이라는 AI 모델을 열심히 개발하는 것이 아니라, 대중화된 개방적인 AI 모델을 활용해서 자신들의 비즈니스에 도움이 되는 'AI'를 개발하는 편이 더 낫다고 생각할 수 있습니다."

개별 전용 생성형 AI를 만들 때의 중력을 생각하면, 당연히 오픈 웨이트**Open Weights**•로 모델 자체를 수정할 수 있는 기반 모델**LLM**을 사용하게 된다. 중력보다 앞서가기 위해서는 이 물결을 인지해야 한다.

• 오픈소스와 폐쇄형의 중간 단계의 AI 모델로 가중치가 공개된다

/// 자기 회사에 대해 모르는 사람에게 일을 맡기지 마라

왜 개별 전용 생성형 AI가 필요할까? 개방적인 일반 AI 모델은 세상의 일반 상식을 대량으로 학습한다. 일반 상식으로 대응할 수 있는 업무라면, 개방적인 AI 모델로 대응할 수 있다. 하지만 자사의 비즈니스와 보다 직결된 업무라면, 회사에 대해 잘 모르는 아르바이트생에게 중요한 일을 맡기는 셈임을 알 수 있을 것이다. 폭넓은 일반 상식은 있지만, 자사에 대해서는 모르니 말이다.

모리모토 씨는 "개별 용도의 'AI'는 어떤 업무의 전문 컨설턴트에게 일을 의뢰하는 상황과 마찬가지입니다. 하는 방법을 알려주고 내 회사의 데이터도 비공개 상태로 집어넣어 업무를 진행하기 때문에 실제 업무에서 도움이 되는 작업을 해 줍니다. 게다가 그다음에는 각각의 특정 업무를 수행하는 'AI'가 생기고, 그것들이 서로 연계되어 움직이게 됩니다."라고 설명한다.

생성형 AI의 비용은 등장한 지 약 2년 만에 1,000분의 1 정도로까지 낮아져 1트랜잭션당 1엔 아래로 크게 떨어졌다. 이는 서비스로 이용할 경우 마진을 포함하기 때문에 온프레미스^{On-Premiss•}로 생성형 AI를 갖추면 더 저렴한 비용으로 운용할 수 있게 된다. 그렇게 되면 직원을 고용하는 것보다 훨씬 저렴하게 일할 수 있는 세계가 보이기 시작한다.

• 기업이 자체 서버를 직접 운영하는 방식

/// 무어의 법칙을 뛰어넘는 AI의 성장

오랫동안 AI의 복잡도, 똑똑함의 향상은 컴퓨터의 성능 향상과 결부되어 있었다. 유명한 무어의 법칙에 따라 1.5년마다 약 두 배씩 성장해 온 역사가 있다. 그런데 딥러닝, 그리고 LLM 시대에 접어들자 리소스(자원)를 잔뜩 쏟아부어서 파라미터 수를 늘리면 이유는 모르지만 AI가 똑똑해지게 되었다. 이제는 모두가 리소스를 쏟아붓는다. 그러자 AI의 복잡도를 나타내는 그래프와 무어의 법칙의 기울기가 크게 달라졌다. 무어의 법칙에 따르면 30년에 100만 배 자릿수로 성장하지만, 최근 15년 사이 AI의 복잡도는 1억 배나 부풀었다. 이대로는 컴퓨터 리소스가 부족하다고 한다. 그러한 이유로 AI와 관련된 하드웨어도 계속해서 진보하고 있다.

하드웨어의 진보는 거의 10년 주기마다 획기적인 것들이 나왔으며, 지금은 엔비디아의 GPU가 시장을 석권하고 있다. 그러면 지금처럼 엔비디아의 GPU와 LLM의 조합이 미래에도 영원히 계속되는가 하면 그런 일은 없을 것이다. "지금부터 갑자기 인간이 성장을 멈추어 10년 후에 아무런 일도 일어나지 않는 일은, 그동안의 역사를 되돌아보면 상상할 수 없기 때문입니다. 틀림없이 새로운 컴퓨팅의 패러다임이 발생하고, 그 위에서 작동하는 AI 알고리즘이나 데이터 보유 기술이 등장해서 새로운 비즈니스 가치가 창출될 것입니다." (모리모토).

현재는 LLM과 같은 AI 기반 모델을 학습하는 AI 슈퍼컴퓨터와도 같은 영역이 하드웨어의 주요 전쟁터다. 그다음에는 예를 들어

AI의 능력은 이용 가능한 계산 자원의 증가와 함께 진화하여, 최근에는 거대 언어 모델의 개발 확대에 따라 그 수요가 더욱 빠른 속도로 늘었다.

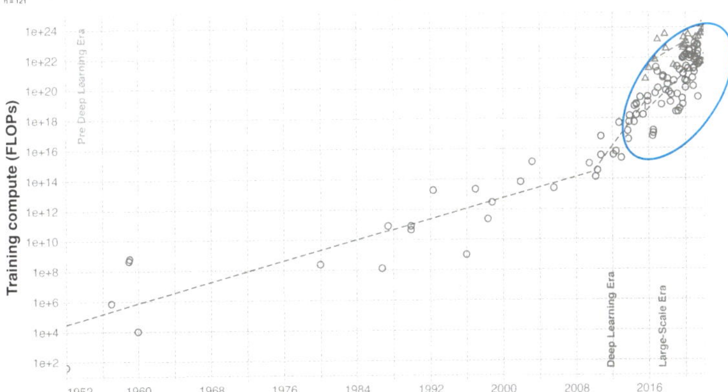

Parameter, Compute and Data Trends in Machine Learning by Jaime Sevilla, Pablo Villalobos, Juan Felipe Cerón, Matthew Burtell, Lennart Heim, Amogh B. Nanjajjar, Anson Ho, Tamay Besiroglu and Marius Hobbhahn; 2021. https://arxiv.org/pdf/2202.05924.pdf를 바탕으로 작성.

생성형 AI로 읽고 쓰고 글을 요약하는 이외의 용도로 고성능 AI로 추론하는 AI 서버 관련 비즈니스가 부각되리라고 예측해 볼 수 있다. 그다음으로는 개별 용도에 특화된 중소형 생성형 AI를 사무실이나 가정 등 다양한 곳에서 이용하는 AI 기기가 나오면, 데이터 센터용 AI 서버보다 훨씬 많은 하드웨어가 나오게 될 것이다.

2025년부터 가까운 미래를 내다보면 업무 특화형 AI가 다수 등장할 것이다. 컨설턴트 같은 생성형 AI 모델을 이용하게 될 것이다. 이러한 용도로 쓸 때는 클라우드 기반으로 제공되는 서비스를 이용할 테니 데이터 센터의 추론형 AI 서버에서 처리하는 형태가 주류를 이룰 것이다. 이러한 업무 특화형 AI의 발전을 내다본 하드웨어나 소프트웨어, 서비스가 성장하여 투자로 이어지는 상황이 예상된다.

앞으로 세상에 생길 변화에 대해서 모리모토 씨는 이렇게 전망한다. "업무 특화형 'AI'의 이용이 정형화되어, 그마저도 대중화되는 세상이 펼쳐질 것입니다. 그렇게 되면 범용형 클라우드 서비스로 이용할 필요가 없어지겠죠. 서비스로 이용하는 것은 변동성이나 유연성이 필요한 경우니까요. 고정된 일이라면 전용 하드웨어 기기로 충분하죠. 각 직장이나 가정에 작은 상자로 된 'AI' 기기가 생기는 형태를 예상할 수 있습니다."

AI의 하드웨어의 수요는 학습용인 강력하고 거대한 AI에 더해 **처리량과 확장성을 중시한 추론용 AI 서버와 에지, 내장용 초저전력, 초소형 AI 칩**까지 폭넓게 확산되리라 예상된다.

AI 기반 모델의 학습 (AI 슈퍼컴퓨터)	AI 서비스·추론 (AI 서버)	개인 회사 AI (AI 기기)	내장형 AI (AI 디바이스)
초고성능 AI 슈퍼컴퓨터	고성능 AI 서버 (데이터 센터용)	AI 기능 포함 기기 (온프레미스, 오피스용)	전용 내장형 AI 칩 (내장형 디바이스)
✓ 대규모 LLM 학습 ✓ 초고성능 AI 학습 ✓ 높은 처리량 ✓ 높은 신뢰성	✓ 고성능 AI 추론 ✓ 많은 처리량 ✓ 높은 신뢰성 ✓ 확장성 ✓ 오픈 아키텍처	✓ 저전력, 저렴한 가격 ✓ 범용, 간단한 사용법 ✓ 높은 확장성 ✓ 보안 ✓ 오픈 아키텍처	✓ 초소형으로 저렴함 ✓ 초저전력 ✓ 상호 연결성 ✓ 보안 ✓ 오픈 아키텍처

결국 다양한 기기에 탑재되는 내장형 AI용 디바이스 활용이 확대된다면, 하드웨어 수는 그야말로 수십억 단위로 늘어날 것으로 예상된다.

이처럼 'AI'의 지능은 점진적으로 저변을 넓혀간다. 하드웨어가 그렇게 옮겨가면 그 위에서 작동하는 AI 기반 모델과 애플리케이션도 더욱 확대되어 커다란 역삼각형 피라미드가 완성될 미래를 상상할 수 있다.

/// AI를 움직이는 전력이 국력을 결정한다

이러한 역삼각형 피라미드를 키워가는 아름다운 미래를 실현하려면, 반도체의 미세화와 저전력화가 필수다. 그런데 반도체의 미세화로 얻을 수 있는 저전력의 이점은 칩의 집적도가 올라감에 따라 향후 서서히 희미해져 간다. AI 컴퓨팅 수요와의 격차가 벌어질 가능성이 커지기 때문이다. 그래서 이러한 격차를 메우는 첨단 기술로서 AI 특화형 3차원 패키지, 양자 컴퓨터나 인간의 뇌에서 힌트를 얻은 프로세서 개발 등이 진행되고 있다.

이러한 미세화나 연산량의 벽 외에 통신의 벽도 있다. 프로세서의 능력이 좋아져도 그 사이의 커뮤니케이션 채널이 느리면 병목 현상이 일어나게 된다. 그런데다 벽의 토대가 되는 전력의 벽이 떡 버티고 서 있다. 결국 전력의 비용과 공급량이 AI의 성능을 결정하

발전의 앞에 선 네 개의 벽

미세화의 벽

• 반도체의 단순 미세화에도 한계가 온다

3차원, 칩렛화

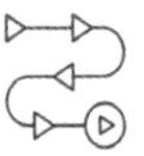

통신 용량의 벽

• Processor 간의 통신 능력이 병목 현상을 일으킨다

광 인터페이스, 광전 융합

계산량의 벽

• 연산량은 점점 늘어난다
• 양적으로 연산 불가능한 영역이 도래한다

보다 효율적인 AI 연산이 필요

전력의 벽

• 미세화, 통신 용량, 계산량의 복합적인 이유로 에너지 소비량이 증대된다

초저소비 전력화 아키텍처

는 사태가 벌어질 것으로 예상된다. '전력의 벽'이다.

"AI 이후의 세계를 부감할 때 가장 중요한 벽이 바로 이 전력의 벽입니다. 미세화나 저전력화를 진행해도 인류는 그 여력이 생기는 만큼 전력을 사용해서 AI를 가동합니다. 마음껏 AI를 사용할 수 있는 동안에는 괜찮지만, 그 뒤에는 최대 전력의 제한에 부딪혀 AI를 가동하는 데 제한이 생기는 미래도 예상됩니다."(모리모토). 그렇게 되면 '검색 같은 평범한 용도로는 생성형 AI를 사용하지 말라'는 규제가 생길지도 모른다. AI는 정말 필요한 곳에만 사용하도록 최적화가 일어난다는 시나리오다.

다른 하나는 전력의 총량을 늘려 대응하는 시나리오다. 전력이 부족해서 AI의 물결에 편승하지 못하는 주객이 전도된 사태를 일으키지 않기 위해서도 국가 차원에서 전력의 총량을 늘려 AI에서 사용할 수 있는 지력知力을 늘릴 생각도 해야 한다. GAFAM(구글, 애플, 메타, 아마존, 마이크로소프트)이 원자력 발전소를 구매하려고 한다는 소식에 화제가 되었었는데, 그 정도로 전력 쟁탈전이 벌어지게 될 것을 상정해 두어야 한다.

모리모토 씨는 또 다른 관점으로도 볼 수 있다고 말한다. 향후 전력 공급이 순조롭게 늘어난다면, 소비 전력을 줄인 'AI'를 점점 저렴하게 이용할 수 있게 된다. 'AI'의 이용 비용이 인간의 비용을 밑돌면, 이 일도, 저 일도, 모두 AI에 맡기게 되는 미래가 그려진다. 그렇게 되면 한 나라의 노동 생산 상한은 AI를 구동하는 데 공급 가능한 전력의 상한에 좌우되는 셈이다. '전력=지력, 지력=국력'이

될 가능성도 있다. AI 이후의 세계를 생각할 때 전력이 떼려야 뗄 수 없는 벽이자 요소임을 마음에 새겨 두도록 하자.

/// 생성형 AI가 만든 데이터가 천연 데이터보다 많아지는 리스크

생성형 AI를 더 많이 이용하게 되면, 하드웨어로 인한 벽 외에도 운용 방법에서 비롯된 리스크도 발생한다. 생성형 AI가 만든 데이터가 증가하는 데서 비롯된 리스크다.

넷플릭스의 첫 페이지가 이미 거의 100% AI로 생성된다는 사실을 이 장의 전반부에서 이야기했다. 그러한 흐름은 이미지 생성에서도 일어나고 있다. 통계에 따르면 이미 1년 동안 150억 장에 이르는 이미지가 생성형 AI로 만들어졌다고 한다. 이 이미지의 양은 인스타그램에 저장된 전체 이미지의 3분의 1과 맞먹는다고 한다. 그리고 앞으로는 더욱 속도가 붙으며 증가할 것으로 예상된다.

그러다 보면 인터넷이나 SNS에서 본 이미지 중 촬영한 사진이나 인간이 그린 일러스트 등 '천연' 이미지보다 생성형 AI가 만든 이미지가 많아지는 시점이 온다. 그러한 역전 현상도 리스크 중 하나이지만, 더 심각한 리스크도 예견된다. 모리모토 씨는 "AI는 인터넷상의 데이터를 크롤링해서 학습하기 때문입니다. 학습하는 이미지 중에서 천연 이미지보다 AI가 생성한 이미지의 비율이 높아지게 되면, 다음에 생성하는 이미지가 생성형 AI에 의해서 만들어

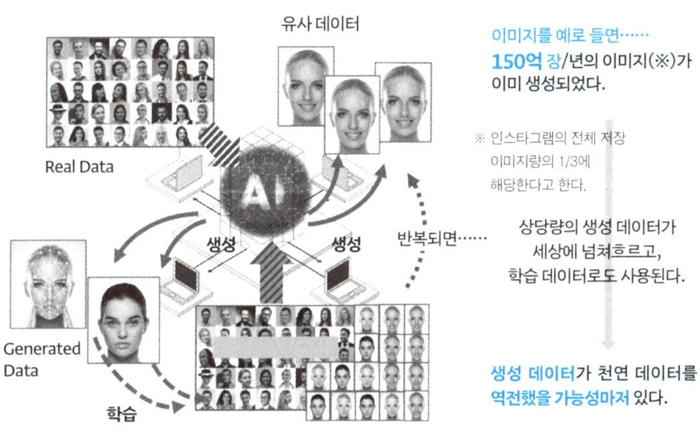

얼굴 이미지 출처 : Adobe Stock

진 이미지에 의존하는 비율이 높아집니다. 어딘가에서 생긴 편견이 AI 모델에 점점 축적될 리스크가 있습니다."라고 이야기한다.

그럴싸하지만 논리에 오류가 있는 듯한 글도 많이 생겨나고 있다. 이를 재학습하다 보면 AI가 자가중독을 일으키듯 오류가 확대되며 재생산되는 사태에 빠질 수 있다. 따라서 학습시키는 데이터의 클렌징과 품질의 담보가 점점 더 중요해진다. 이를 위해서는 컴퓨팅 파워가 더욱더 필요해지므로 앞으로도 하드웨어 개발이 계속 이어질 것이다. 역삼각형의 토대에 있는 하드웨어 부분이 커지면서 전체 시장 규모가 점차 확대될 것으로 기대된다.

/// 광범위한 변화를 AI가 일으킨다
—전력 상한이 국가의 혁신 능력을 결정하는 시대?

현시점에서 생성형 AI를 포함한 AI는 발달 중인 기술이며, 이를 밑받침하는 하드웨어와 소프트웨어, 인프라 등에 대해서도 변화가 요구된다. 게다가 앞으로 AI의 용도가 얼마나 다양해질지, 특히 비즈니스에서 AI를 어떻게 활용해야 할지 조금 생각해 보도록 하겠다.

비즈니스에서 AI가 일찍부터 활용될 분야로 하나를 꼽자면 금융 분야가 아닐까. 조금이라도 이익을 많이 창출하기 위해서 AI를 활용하지 않을 이유가 없다. 다채로운 파라미터를 취급하는 마케팅 분야에서도 AI를 활용한다. 더불어 업종 업태를 불문하고 복잡한 데이터를 다루며 상시 모니터링이 필요한 업무에서도 AI를 이용하기에 적합하다. 기계화, 자동화가 진행되는 분야, 반복적인 작업도 이른 시점부터 활용될 분야다.

그 후에 점차 활용하게 될 분야는 재료나 물성 과학을 연구하는 분야다. 컴퓨터나 데이터의 능력을 이용하여 재료 개발을 가속하는 소재 정보학에 AI를 활용하게 된다. 이미지나 그래프 등 멀티모달multimodal* 데이터를 AI가 취급할 수 있게 되면서 화학식이나 분자구조 등을 분석하거나 학습할 수 있게 되었기 때문이다.

이러한 장래를 살펴보다 보면, 전력이 AI 노동량에 제약을 걸

---

* 텍스트, 이미지, 음성 등 서로 다른 형태의 정보를 동시에 이해하고 처리하는 방식

수도 있다는 관계성이 보였듯이, 전력이 학술 연구의 벽이 되거나, 반대로 많은 AI 연구를 가동할 수 있을 만큼 전력을 확보한 나라는 금융 분야에서 약진할 수 있다든가 하는 새로운 가능성도 보인다. 물론, 약진에 이르기까지는 비용과의 균형이 큰 장벽이 되겠지만 효과가 비용을 웃도는 순간 점점 달라질 미래가 보일 것이다.

즉, 기업에서 흔히 접하는 AI가 노동력을 대체한다는 이야기는 AI의 초보적인 활용 이야기임을 알 수 있다. "그동안 5년, 10년 걸렸던 재료 개발이나 의약품 개발이 AI로 인해 3일 만에 할 수 있게 되면, 표면적인 비용 절감과는 차원이 다른 효과를 발휘하게 됩니다. 소리 높여 비용 절감을 외치는 동안에는 아직 본격적으로 AI를 활용하지 못하고 있다고 해도 좋을 정도입니다."(모리모토). 생성형 AI를 활용하여 직원 1인당 매출이 극적으로 늘거나, 경쟁사보다 압도적으로 빠르게 신제품을 만들게 되었을 때 비로소 세상의 생성형 AI 활용 수준을 따라잡게 되는지도 모른다.

Chapter 02

AI 에이전트

홋타 하지메

시나몬 공동 창업자

게이오기주쿠대학 대학원 이공학연구과를 졸업하고 박사 학위를 취득했다. 신경망 등을 연구하였고, 재학 중에 시리우스 테크놀로지스에 참가하여 수석 과학자로서 위치 연동형 광고 배포 시스템 개발을 이끌었다. 2005년, 2006년에 IPA 미토 소프트웨어 창조 사업에 두 번 채택되었다. 현재는 문서 이해+검색증강생성 기술 관련 스타트업인 시나몬 AI^{Cinnamon AI}의 공동 설립자를 맡는 한편, 에이전트/공감 기반 AI에 관해서도 연구 중이다. 저서로 『더블 하베스트』 등이 있다.

이 장의 포인트

❶ AI 에이전트에 일본의 노동력 감소를 보완하는 역할을 기대하다

'부가가치 향상이 실현되는 미래를 위해서는 노동하는 인간 대신에 일을 해 주는 존재가 필요하며, 앞으로 일본은 AI 에이전트 등에 힘을 쏟아야 한다.' → **p.60**

❷ AI 에이전트는 코파일럿과는 본질적으로 다르다(사용하는 것에서 맡기는 것으로)

'코파일럿은 어디까지나 인간을 지원하는 것이다. 한편 AI 에이전트는 인간 없이도 작업을 수행할 수 있다.' → **p.61**

❸ 전문성을 가진 여러 명의 팀을 AI로 구현하는 멀티 에이전트

'여러 에이전트가 역할을 분담하게 함으로써 복잡한 요청을 처리할 수 있도록 하는 것이 멀티 에이전트의 개념이다.' → **p.65**

❹ 많은 롱테일의 비정형 업무를 자동화할 수 있는 AI 에이전트

'회사에는 자동화에 대한 투자 대비 효과(ROI)를 기대할 수 없는 롱테일 업무가 수만, 수십만 가지나 된다. 그로 인해 자동화가 진행되지 않는다.' → **p.81**

❺ 일본 개발자의 문화는 고품질 AI 에이전트 개발에 적합하다

'일본 개발자는 섬세하고 치밀하게 만드는 기질이 있다고 생각한다. AI 에이전트를 만들 때 역시 높은 퀄리티로 만들 수 있겠다는 인상을 점점 더 강하게 받는다.'
→ **p.91**

일본 전반으로 인력 부족 현상이 현저히 높고, 인구 감소도 계속 이어지고 있다. 지금과 같은 생산성에 머무른다면 미래의 일본은 점점 경제가 위축될 것이다. 'AI 에이전트'가 성장하여 인간 대신 일하며 1인당 생산성을 늘려 주기를 기대한다. 과제가 많은 일본이기에 코파일럿(부조종사)으로서 인간을 지원하는 것보다는 자율적으로 일하는 AI 에이전트의 효과가 더 크게 다가온다. AI 이후의 세계를 내다보는 하나의 열쇠로써 AI 에이전트의 지금과 미래를 살펴보자.

인간의 개입 없이 업무를 수행하는 AI 에이전트

/// 일본이 부가가치를 창출하는 방법

일본은 인구 감소에 제동을 걸지 못하는 상태다. 이는 이미 누구나 잘 아는 사실이다. 인구 피라미드를 봐도 젊은 층이 많은 피라미드 형과는 반대로 고령자가 많고 젊은 층이 적어 머리가 튀어나온 형태를 띠고 있다. 이는 무엇을 의미하는가. 현실적으로 향후 25년 사이에 노동자 인구가 1,000만 명 줄어들 것으로 확정된 나라라는 뜻이다. 이러한 나라는 전 세계에서 찾아봐도 아직 유례가 없다.

1,000만 명의 노동자 인구가 사라지면, 설령 1인당 노동 생산성이 지금 그대로 유지된다고 해도 노동자 인구가 감소한 만큼 GDP가 줄어들게 된다. 요컨대, 110조 엔의 GDP가 사라지게 되는 것이다. 상황이 이대로 계속되면 확정될 미래다. 이래서는 나라가 점점 쇠퇴해 갈 뿐이다. 내각부는 앞으로 1인당 부가가치를 배로 늘릴 테니 노동자 인구가 줄어도 GDP는 오히려 늘어날 것이라고 이야기한다. 1인당 노동생산성이 배가 되면 GDP는 100조 엔

동력 인구·완전 실업자 수. 비노동자 : 노동자 이외

※ 노동자 수의 추계는 국립사회보장·인구문제연구소 '2023년 추계', 총무성 통계국 '노동력 조사(기본 집계) 2023년(레이와 5년) 평균 결과의 요약을 바탕으로 소프트뱅크가 작성.

'SoftBank World 2024 미야카와 준이치 기조 강연 AI 공존 사회를 향해서 ~AI는 일자리를 빼앗는가, 창출하는가', https://www.youtube.com/watch?v=OFSe8c_un5E&t=2288s에서 인용.

가량 늘어날 것으로 추산된다.

'그렇구나, 그렇다면 안심되네.' 하고 간단히 풀릴 이야기가 아니다. 어떻게 부가가치를 늘릴 것인가가 문제다. 노동자 인구가 줄어드는 가운데 부가가치를 높이려면 무언가 도구가 필요하다. 그중 하나로 주목받고 있는 것이 로봇과 AI 에이전트인 셈이다. 부가가치 향상이 실현된 미래를 위해서는 노동하는 인간 대신에 일을 해 주는 존재가 반드시 있어야 하며, 앞으로 일본은 AI 에이전트 등에 힘을 쏟아야 한다.

노동자 인구 감소를 지탱해 줄 도구로 기대받는 AI 에이전트. 갑자기 화제에 오른 유행어처럼 느끼는 사람도 많을 것이다. 왜 이렇게 화제에 오르게 되었을까. 이유는 두 가지다. 하나는 기술적인 혁신이 도래하여 인간 대신 일을 맡길 수 있는 AI 에이전트가 점점 구체화되었기 때문이다. 다른 하나는 다양한 AI 활용 기법 중에서도 인간이 하는 특정한 일을 대신 하는 AI 에이전트의 도입이 쉽게 상상되기 때문이다. 조금 더 정확하게 설명하자면, "이 업무는 AI 에이전트에게 맡깁시다."라고 말할 수 있다면, AI 서비스를 제공하는 벤더 등도 판매하기 쉬울 것이다. 여하튼 AI 에이전트가 등장하면서 업무 생산성을 높이고 부가가치를 높일 수 있는 하나의 실마리가 보이기 시작한 것이다.

/// AI 에이전트란

AI 에이전트라는 말을 지금까지 명확하게 정의하지 않은 채 사용해 왔다. 흔히 인간의 개입 없이 특정 작업을 수행하는 자율적이고 지능적인 시스템이라는 식으로 설명되고는 한다. 그런 의미에서 자율형 에이전틱 AI[autonomous Agentic AI]라는 표현이 그 실태를 가장 정확하게 보여주는 듯하다.

다만, 엄밀하게 정의를 내렸다고 말하기 어려운 것도 사실이다. 이번 장을 진행하는 데 있어서 AI 에이전트에 대한 인식의 큰 틀은 다음과 같다. 바로 AI 에이전트와 대비되는 개념이 코파일럿[Co-pilot]이라는 점이다. 코파일럿은 어디까지나 인간을 지원하는 것이다. 한편 AI 에이전트는 인간이 없어도 작업을 수행할 수 있다. 이처럼 인간의 개입 여부로 명확하게 대조하여 생각하면, AI 에이전트의 위치가 쉽게 이해될 것이다.

/// 1인 만능형 천재 vs 특화된 전문성을 갖춘 여러 명으로 이루어진 팀

AI 에이전트의 위치를 이해하기 위해 여기서 잠시 기업들이 LLM 앱을 제작하거나, 생성형 AI를 워크플로에 도입할 때 어떤 단계에서 어떤 일을 하는지 유형별로 정리해 보겠다. 이 단계를 파악하면 AI 에이전트가 어떤 역할을 하는지 잘 알게 될 것이다.

기업에서 생성형 AI나 LLM을 도입할 때 일반적으로 처음에는 범용 도구를 도입한다.

챗GPT나 깃허브 코파일럿 GitHub Copilot을 도입하여 업무 효율성을 높이고자 하는 경우다. 이것만으로도 사내 사람들을 설득하기 힘들었던 경험을 한 사람도 많겠지만, 그 뒤에 오는 단계에 비하면 도입은 훨씬 수월하다. 범용 도구를 도입할 때는 AI를 매우 똑똑하다고 여겨서 느닷없이 바로 실전에서 활약하기를 기대하게 된다. 명문대 출신 천재 신입사원을 채용하여 바로 실전에서 활약하기를 바라는 셈이다. 범용 도구나 천재 신입사원이 바로 능력을 발휘하는 경우도 있을 수 있겠지만, 좀처럼 기대하던 성과를 내지 못할 수도 있다. 제1단계에서부터 벽에 부딪히게 된다. 이 단계에서 생성형 AI를 실제 비즈니스에 도입하기에는 아직 이르다고 섣부른

결론을 내려 버리는 안타까운 일도 있다.

범용 도구로 별 소득을 보지 못하면, 이번에는 외부 정보를 검색해서 LLM을 통해 텍스트 생성을 보완하는 'RAG **Retrieval Augmented Generation**'를 사용하자는 이야기가 나온다. 간단히 말하면, 챗GPT에 복잡한 요청을 할 수 있게 된다는 말이다. API를 사용하면 실용서 10권 분량에 해당하는 100만 토큰의 정보를 턱 하고 LLM에 던져넣고 요청할 수 있게 된다. LLM이 명문대 출신 천재 신입 사원이라고 치면, 실용서를 10권 쌓아 두고 내일 아침까지 전부 읽고 이러이러한 자료를 만들어 달라고 지시하는 것과 같다. 벼락치기로 억지로 공부를 시키는 격이다. 눈앞에 있는 이 신입 사원은 명문대 출신으로 아직 젊고 우수해서 열심히 이 지시를 해낸다. 범용 도구를 사용할 때보다 상당히 좋은 답을 구하게 되는 경우도 많아졌다.

단, RAG를 이용할 때도 문제는 생긴다. 지시를 내리는 상사의 설명, 즉 요청의 질이 결과에 큰 영향을 미친다. 더불어 신입 사원도 소모되면 점점 응답이 느려진다. 게다가 책 10권에서 읽은 정보는 잘 참조하지만, 학습된 LLM과 주어진 책의 내용이 아닌 그 밖의 요청에는 오답을 내놓거나 적당히 대답하기도 한다.

RAG의 벽에 부딪히면 기업은 조금 더 제대로 LLM을 손보려고 한다. 바로 파인 튜닝(추가 학습)이다. 기존의 LLM에 추가 데이터를 주고 학습시켜서 자사의 업무에 적절한 LLM을 만들자는 것이다. 인간에 비유한다면, 벼락치기만 시켜서는 불쌍하니 제대로 된 연수를 받게 해 주려고 하는 셈이다. 명문대 출신의 신입사원에게 제대로 된 연수를 해 주면 업무에 도움이 될 것이다.

파인 튜닝을 위한 첫 번째 과제는 바로 학습 데이터의 생성이다. 인간으로 치면 연수용 자료를 만드는 작업으로, 적절한 자료를 만들기란 매우 어렵다. 게다가 오래된 정보는 업데이트해야 한다. 그뿐인가. 새로운 LLM 모델이 나올 때마다 추가 학습을 시켜야 한다. 신입사원에게 매년 연수를 계속해 줘야 하는 것이다.

여기까지가 일반적으로 생성형 AI를 활용할 때 일어나는 일련의 일들이다. 그러면 이다음에는 어떻게 할까. 여기서 크게 두 가지 패턴으로 나뉜다. 하나는 할 수 있는 파인 튜닝을 다 해서 더는 성능을 향상시키기 어려워진 경우다. 그러니 LLM 모델을 자사용으로 커스터마이징해서 제대로 만들자는 이야기로 흘러간다. 자사의 사업 도메인에 특화된 소규모의, 즉 파라미터 수가 적은 LLM을 만드는 경우가 여기에 해당한다. 인간에 비유하면, 일반 교양 같은 것은 별로 없어도 되니 특정 분야의 전문 지식을 가진 인재를 채용하거나 육성하고자 하는 셈이다.

또 다른 패턴에서 드디어 AI 에이전트가 등장한다. 보통 이런 생각으로 AI 에이전트에 도달하게 된다. 명문대 출신 천재 신입 사원 한 명보다 명문대 출신은 아니지만 전문성이 높은 사람 여럿을 한 팀으로 만들어 투입하는 편이 더 좋은 전력이 되어 주지 않을까 하는 생각이다. 어떤 기능을 충족하는 소스 코드를 작성하는 작업이 있다고 치자. 이때 하나의 LLM에 맡기는 것이 아니라 두 개의

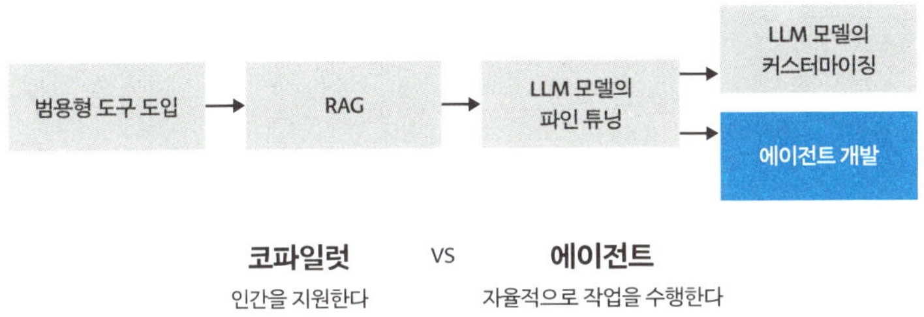

LLM을 AI 에이전트로써 투입하는 것이다. 하나는 코더(코딩 인력) 에이전트로서 실제로 소스 코드를 작성하는 LLM이다. 다른 하나는 크리틱(평가) 에이전트로서 소스 코드를 리뷰하는 LLM이다. 코더 에이전트가 '소스 코드를 완성했습니다.'라고 하면 크리틱 에이전트가 리뷰하고 '5번째 줄에 버그가 있으니 수정해 주세요.'라고 한다. 코더 에이전트가 '수정하여 버전 2를 작성하였습니다.'라고 하면, '테스트해 보니 3번째 줄에서 오류가 발생하여 작동하지 않으니 확인해 주세요.' 하고 크리틱 에이전트가 코멘트하면, 또 버전 3을 만드는 식이다.

이처럼 여러 LLM이 다른 역할을 맡아 작업을 진행하면, 큰 실수가 줄어들거나 응답의 정확도가 올라가는 일이 있다. 여러 에이전트에게 역할을 분담시켜 복잡한 지시를 처리할 수 있도록 하는 것이 바로 멀티 에이전트의 개념이다. 실제로 회사 업무에서도 고객이 요청하면 부장이나 과장이 팀을 편성하고 이 부분은 A 씨가,

여기는 B 씨가 해 주세요, 같은 식으로 진행하듯이 역할 분담을 하여 복잡한 문제에 대응한다. 생성형 AI로도 팀을 이루어 답을 내놓을 수 있게 되고, 그것이 AI 에이전트의 특징 중 하나인 셈이다.

/// 역할 분담으로 고도화되는 AI

AI 에이전트가 역할 분담을 하면 정말 효과가 올라가는가에 대해서는 컴퓨터 과학자인 앤드루 응 교수 등이 이미 증명했다. 예를 들어 업무 흐름 내에서 여러 AI가 역할을 분담하고 열심히 배우고 수련하면 AI의 성능이 향상된다고 한다. 실제로 예전에 챗GPT에서 사용되던 GPT-3.5 수준의 LLM에 역할 분담을 시키자 정답률이 2배에서 2.5배로 상승하는 결과를 얻었다.

왜 그러한가 하면 답은 의외로 간단하다. LLM을 엔진으로 둔 AI는 프롬프트에서 준 역할을 다하려는 성질이 있다. 아이디어를 내라고 하면 창의적으로 다양한 각도에서 답을 찾는다. 그렇게 답을 찾기 위해 다양한 각도에서 사고하게 된 LLM에 다음으로 어떤 것을 검토해 달라고 하면, 다양한 각도에서 사고하게 된 상태에서 검토하기 때문에 잘하지 못한다. 인간도 마찬가지지만, 자기 불일치가 일어나는 것이다. 그렇다면 다양한 각도에서 아이디어를 내는 LLM과 끈덕지게 검토하는 LLM에 역할을 분담시켜서 서로 반추시키는 편이 고도화될 수 있다는 이야기다.

멀티 에이전트에서는 역할 분담을 통해 점점 고도의 일을 할 수

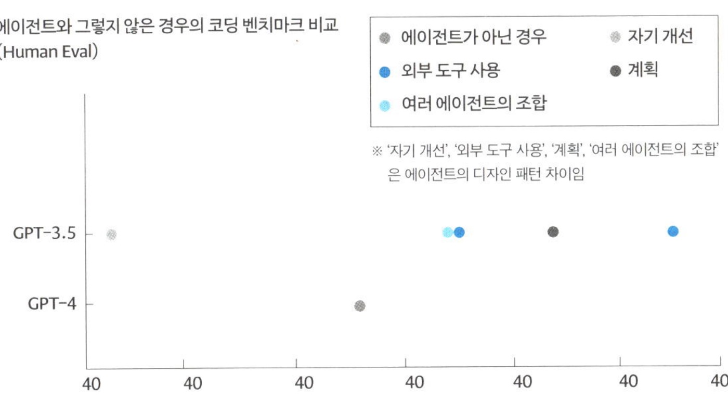

Andrew Ng On AI Agentic Workflows And Their Potential For Driving AI Progress, https://www.youtube.com/watch?v=q1XFm21I-VQ를 바탕으로 작성.

있게 된다. 계획하는 에이전트, 실제로 글이나 코드를 작성하는 에이전트, 내용을 검토하는 에이전트, 그 여러 에이전트를 감독하는 에이전트 등 전문으로 만들어 역할을 분담하면, 범용 도구처럼 대규모 AI가 아닌 소형 AI로도 논문을 쓸 수 있게 되는 고도의 사용법을 구사할 수 있게 된다.

/// AI 에이전트가 초래하는 세 가지 효과

AI 에이전트는 우리에게 업무 혁신을 일으켜 줄 도구다. 하지만 아직도 AI 에이전트가 어떤 것인지, 어떤 효과를 줄 것인지에 대해 다양한 의견이 존재하는 것도 사실이다.

예를 들어 세일즈포스는 세일즈포스의 서비스에 포함된 AI 에이전트를 이용하면 당신이 일하기 쉬워진다는 식으로 말한다. AI 에이전트가 지금 하는 업무를 자율적으로 처리해 주기 때문에 인간의 업무를 대체할 수 있다는 표현이다. 이는 세일즈포스가 제품을 판매하기 위해 하는 말일 수도 있지만, AI 에이전트 도입 효과에 대한 관점 중 하나이기도 하다.

한편, 오픈AI는 AI 에이전트를 인간이 하는 업무의 대체보다 업무의 확장을 목표로 하는 측면을 내세워 표현한다. 인간은 300시간 연속으로 깊이 생각할 수도, 고객의 SNS에 대응하기 위해 1,000만 가지 개별적인 메시지를 작성할 수도 없다. 그러나 AI 에이전트라면 인간을 뛰어넘는 부가가치를 제공할 수 있다는 맥락이

1. 지금 있는 업무에 투입하는 AI 에이전트
　→ 인간의 대체 내지는 조수(세일즈포스의 주장)
　→ 도입하는 측에서 이해하기 쉽다

2. AI 에이전트이기에 가능한 부가가치 확장
　→ 오픈AI의 정의
　→ 300시간에 걸쳐 깊게 생각하기, 고객의 SNS에 1,000만 가지 DM으로 대응하기 등

3. Agent2Agent
　→ 다른 AI 에이전트끼리 유기적으로 연계하는 세계

다. 이 역시 AI 에이전트가 가져오는 효과 중 하나일 것이다.

게다가 AI 에이전트가 발전함에 따라 멀티 에이전트로서 에이전트와 에이전트가 알아서 명령을 주고받으면서 다양한 일을 하며 자율적으로 처리하게 될 것으로 보는 견해도 있다.

현시점에서 대다수는 AI 에이전트의 효용을 전자인 인간의 대체라고 생각하지 않을까. 그러나 그 너머에는 인간의 확장, 더불어 멀티 에이전트에 의한 자율적인 일 처리가 존재함을 잊지 말아야 한다.

/// 60%의 일을 대신하는 것만으로도 부가가치를 창출한다

앞서 AI 에이전트는 업무에 있어서 세 가지 활용 단계가 있다고 소개했다. 어떤 단계이든 AI 에이전트에 지금 당장 일을 맡길 수

있는 것일까. 실제로 AI 에이전트를 활용하더라도 도입한 즉시 기대한 효과를 거두지 못하는 '콜드 스타트 문제'가 가로막는다. 곧바로 100% 기대에 부응할 수 없다.

한편, AI 에이전트 도입 초기라 해도, 누구에게나 대답할 수 있는 문제를 비롯해 60%의 답을 구할 수 있는 경우도 있다. 그렇다면 처음에는 AI 에이전트를 그 60% 부분에서 활용하겠다고 생각하는 것이 중요하다. AI 에이전트를 사용하지 않는 것에 비하면 60%의 답을 구할 수 있는 AI 에이전트를 사용하는 지금, 최대 60%의 비용 절감이 가능하다. 콜드 스타트 문제가 있더라도 도입은 할 수 있는 것이다.

AI 에이전트가 답할 수 없었던 40%에 대해서는 답을 아는 인간이 이어받아 기대하는 답의 데이터를 축적할 수 있다. 이 데이터를 학습함으로써 정답이 60%에서 65%, 70%로 올라가는 것을 기대할 수 있다. 이렇게 해서 AI 에이전트를 활용할 수 있는 범위가 확대되어 가는 순환이 만들어지면서 점점 비즈니스의 부가가치가 올라간다.

결국 AI 에이전트는 인간의 업무를 대체하게 될 것이며, 비즈니스상의 변화를 가장 쉽게 알아챌 수 있는 도구이다. 변화하는 방향을 제대로 판단하고 사람의 대체인지, 업무의 확장인지, AI 에이전트에 의한 자율적인 업무 수행인지, 효과와 대조하면서 우리는 세상의 속도보다 빠르게 혁신을 이루어야 한다. 생성형 AI의 발전에 따라 언어 장벽이 점점 낮아지고 있음을 여러분도 체감하고 있을 것이다. 그렇게 되면 국내에 해외의 AI 에이전트가 들어오기 쉬워진다. 그보다 먼저 국내 기업이 AI 에이전트를 활용하여 혁신을 이루어야 한다는 점을 다시 한번 명심하기를 바란다.

앱 제작부터 백오피스 자동화까지 이루어진다

/// AI 에이전트 관련 스타트업에 대한 투자 증가

화제가 됐던 만큼 실리콘밸리에서도 AI 에이전트를 개발 및 제공하는 스타트업의 동향이 활발해지고 있다. 특히 2024년부터 AI 에이전트 스타트업에 대한 투자가 눈에 띄게 늘어난 모습을 볼 수 있다. AI를 연구 개발하는 회사나 연구자로서는 AI 에이전트를 만들고 싶다는 생각이 굉장히 강하고, 관련 스타트업이 속속 등장하면서 자금 면에서도 투자가 이루어지고 있는 상황이다. 이러한 추세는 2025년 이후에도 이어질 것으로 본다.

/// 앱을 제작하는 AI 에이전트

스타트업이 개발한 AI 에이전트 중에서 데빈Devin의 에이전트가 가장 이해하기 쉬울 것이다. 데빈은 소스 코드를 작성하고 앱을 만들어 주는 에이전트다.

요컨대, 소프트웨어 엔지니어 역할을 하는 AI 에이전트를 제공하는 셈이다.

구체적으로는 '이러이러한 앱을 만들어 줘.'라고 프롬프트에 자연어로 입력하면 요건 등을 되묻는 등 대화를 통해 실제로 앱을 만들어 준다. 앱을 제작하고 끝이 아니라 AI가 확실하게 디버깅도 해 준다. 인간이 자연어로 지시만 하면, AI가 소프트웨어를 제작해 주는 정말 꿈같은 세계가 현실로 다가왔다.

그렇다면 꿈은 어디까지 현실로 다가와 있을까. 인간의 개입 없이 AI 에이전트가 일을 해결할 수 있는가가 하나의 지표다. 데빈은

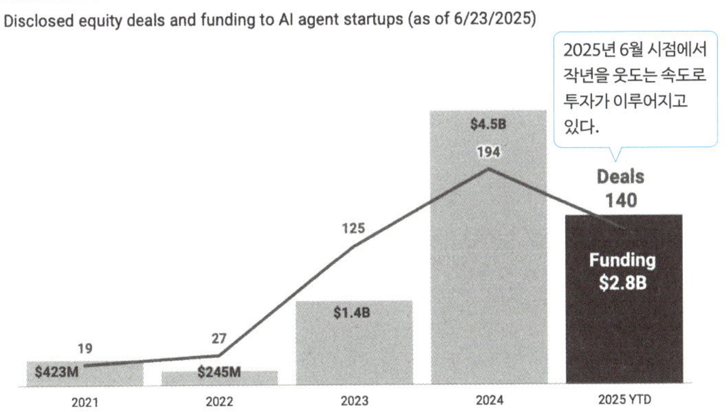

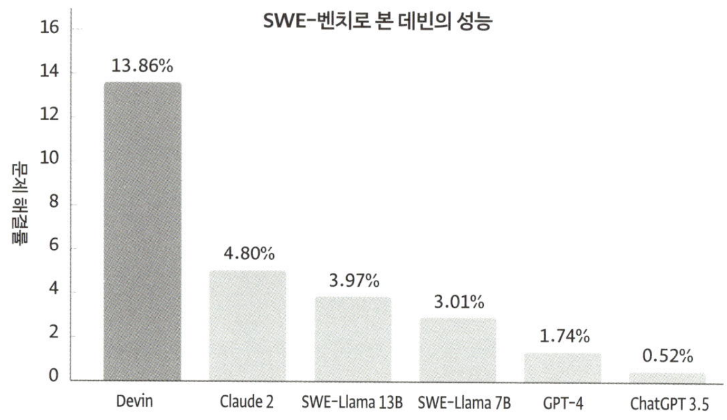

Introducing Devin, the first AI software engineer, https://cognition.ai/blog/introducing-devin#devins-performance를 바탕으로 작성.

소프트웨어 제작 작업에 관해서는 다른 LLM보다는 훨씬 고성능으로 만들어졌다. 예를 들어 깃허브에서 공개 저장소repository에 올라와 있는 이슈(과제)를 데빈의 AI 에이전트가 어느 정도 해결할 수 있는지 시험해 보았다. 그러자 지금은 인간의 손을 거치지 않고 14% 정도의 이슈를 해결할 수 있었다. 깃허브에 있는 다양한 이슈 중 14%나 해결 가능해진 것이다.

물론 데빈의 AI 에이전트를 사용해도 아직 80% 이상은 해결할 수 없지만, 깃허브에는 정말 많은 다양한 이슈가 올라와 있다. 그 중 14%나 해결할 수 있게 되었다고 생각하면 꿈에 부풀게 된다. 이 데이터가 공개된 이후에도 데빈은 진화하고 있으며, 다른 LLM

도 진화하고 있다. 그러니 앞으로는 문제 해결률이 더욱 올라갈 것이다. AI 에이전트에 앱 제작 작업을 맡기는 세상이 코앞까지 왔다고 할 수 있다.

/// 고객 지원에 대한 AI 에이전트의 요구

소프트웨어 개발, 앱 제작 분야 다음으로 AI 에이전트에 대한 요구가 높은 비즈니스 분야는 고객 지원이다. 고객 지원에 관해서는 제3장에서 자세히 다룰 테니 자세한 내용은 뒤에서 다시 설명하겠지만, AI 에이전트 관련 스타트업도 힘을 쏟고 있는 분야이기도 하다. 그중 하나가 시에라^{Sierra}라는 스타트업이다.

시에라는 대화형 AI 에이전트를 제공하고 있으며, 인간과의 의사소통을 대체한다는 분명한 효능이 있다. 실제로 시에라의 AI 에이전트의 과제 해결률이 이미 60% 정도에 이른다는 데이터가 있다. 완벽주의자가 보면, '40%는 못한다는 말이잖아!' 하고 부정할수도 있다. 하지만 인간의 개입 없이 60%의 과제를 해결할 수 있고, 비용 절감이나 생산성 향상, 고객 만족도 향상으로 이어진다고생각하면 기대가 커질 수밖에 없다.

시에라의 AI 에이전트가 실제 고객을 상대로 사용되는 방식을 보면서 흥미로웠던 점이 있다. 대기업 사례였는데, 음성 대응, 즉고객 지원 전화 응대를 AI 에이전트에게 맡기겠다는 솔루션이었다. 이 기업에서 어떻게 사용하고자 했는가 하면, 인간 고객 지원을 단기적으로 대체하는 것이 아니라 인간 고객 지원이 운영되지 않는 시간에 이용하고 싶다고 했다. 아주 재미있는 생각이었다. 비용 절감이 아닌 고객 경험과 고객 만족도의 향상, 2.1에서 설명했던 '업무의 확장'에 사용하고자 했다. 9시~18시까지밖에 제공하지 못하는 고객 지원을 비록 해결률이 60%밖에 되지 않지만, 24시간 대응하게 되면 사용자 경험UX을 향상할 수 있다는 생각에서였다. 경쟁사보다 더 나은 서비스와 더 나은 경험을 제공하여 비즈니스를 성장시키겠다는 발상이다. 물론 AI 에이전트에는 인원을 대체하여 비용 절감을 노리는 용도도 있지만, 이처럼 이미 사용자 경험 향상 등의 공격적인 도구로 사용하는 기업도 있다. AI 에이전트 도입을 고려 중이라면 기억해 두었으면 한다.

/// 백오피스 업무를 AI 에이전트로 자동화

소프트웨어 개발, 고객 지원에 이어 AI 에이전트 관련 스타트업이 등장하는 분야 중 하나로 백오피스 업무의 자동화가 있다. 포지Forge라는 회사는 경리를 중심으로 한 백오피스 업무를 AI 에이전트로 수행하는 서비스를 제공한다.

포지의 AI 에이전트는 번잡한 경리 관련 업무를 대신 처리해 준다. 그뿐만 아니라 고객 획득을 위한 시장 진입Go-to-Market 전략의 자동화도 AI가 해 준다.

실리콘 밸리에서 관찰한 미국 스타트업의 상황을 보면, AI 에이전트는 점차 다양한 분야에서 만들어지고 있다. 앞으로는 더욱 폭넓은 분야에서 성능이 향상된 AI 에이전트가 등장할 것으로 보여 AI 에이전트의 최신 정보에서 눈을 뗄 수 없는 상황이다.

03

ROI에 걸맞지 않은 롱테일 업무의 자동화가 가능해진다

/// 현장에서 본 AI화의 세 가지 단계

제2장의 게스트 강사는 자동화 그 자체의 '번거로움'도 AI에 맡기는 것을 목표로, 인간과 함께 성장하는 AI를 제공하는 시나몬의 공동 창업자 홋타 하지메 씨다. AI 에이전트가 비즈니스 현장에서 어떻게 도입되고 있는지 이야기를 들어보았다.

홋타 씨는 AI 도입을 세 가지 단계로 생각하면 된다고 한다.

"1단계는 기존 AI입니다. 로봇 프로세스 자동화robotic process autom-ation, RPA(이하 RPA)나 서비스나우 등 워크플로, AI-OCR(광학 문자 인식) 등의 정형, 단일기능적인 자동화를 합니다. 그러다 2단계인 생성형 AI가 도입되면, AI가 자연어로 이해할 수 있게 되면서 유연성이 향상됩니다. 자동화가 상당히 진행되는 단계이죠. 2단계에 RAG 등도 포함됩니다. 그리고 3단계에서는 AI 에이전트를 더욱 활용합니다. 3단계에서는 완전 자동화와 완전 자율화의 세계를 목표로 합니다."

기존의 단일기능 AI에 더해 코파일럿으로서 인간의 업무를 지원하는 생성형 AI가 등장하고, 더 나아가 AI 에이전트로 인해 사람의 손을 거치지 않는 자동화 세계가 찾아올 것이라고 분류한다. 이번 장에서 설명한 AI 에이전트의 위상과 개념의 기본은 같다. 그렇다고 해서 AI 에이전트를 사용하면 바로 완전 자동화가 이루어지느냐 하면, 앞서 설명했던 것처럼 기술은 발전 중이며 아직 불가능한 일도 많다. 그것을 현재의 기술로 활용하면서 어떻게 적은 투자로 많은 수익을 낼 것인가가 포인트다.

홋타 씨가 개발 현장에서 느낀 바로는 "사용자 환경^{UI}, 사용자

AI 도입의 3단계가 'AI 에이전트'

AI 에이전트
LLM 기반 지능을 핵으로 삼아 외부 도구와 API를 통합하여 시스템 전체를 조감하고 실행까지 자율적으로 수행한다. 완전 자동화(Full Automation)를 실현하여 의사 결정 프로세스 자체에 혁신을 일으킨다.

Lv.3

'정보 생성·지원'에서 '자율 실행·최적화'로 패러다임 이행.
AI 에이전트는 여러 도구·시스템에 접속하여 엔드 투 엔드로 의사 결정과 실행까지 수행한다.
의사 결정을 포함한 완전 자동화가 실현되어 조직 운영 모델, 고객 접점, 가치 창출의 근본을 뒤집는다.

Lv.2

생성형 AI
자연어 이해·생성을 활용하여 유연성을 향상한다. 하지만 아직 정보 취득·생성 단계가 주를 이루며 실행 주체로서 인간이 남는다.

'정형적·정적 자동화'에서 'LLM에 의한 유연한 지적 지원'으로 이행.
기존에는 인간이 수동으로 하던 정보 해석·요약을 LLM이 지원하고 업무 개선 사이클을 고속화한다.
'자동화 범위의 확대와 이해력 향상'을 통해 업무 효율 및 고객 대응 품질이 대폭 개선된다.

Lv.1

기존 AI
기존의 RPA, 서비스나우(ServiceNow) 등의 워크플로, AI-OCR 등의 정형·단일기능적 자동화

경험UX에 관련된 세세한 이해와 지시, 테스트, 그리고 데이터 형태 정의 등에는 아직 사람 손이 필요합니다. 이러한 것들은 아직 AI 에이전트로 하기 어렵다는 인상을 받았지만, 반대로 말하면 이러한 특정 업무가 아니라면 상당 부분 AI 에이전트에 맡길 수 있게 되었습니다."라고 설명했다.

현재는 2단계에서 3단계로 넘어가는 시기라고 생각하면 된다고 한다. "AI 에이전트를 사용해서 코드를 작성할 때 텍스트 상자를 하나 만들고 나서 '이것을 세 개 더 만들어.'라고 프롬프트로 지시하면 네 개의 텍스트 상자가 만들어집니다. 그리고 '세 번째를 조금 더 왼쪽으로.'라고 지시하면 이동한 코드를 작성할 수 있습니다. 마치 대화하는 듯한 형태로 개발할 수 있게끔 되어 있는데, 이 것은 코파일럿의 세계관이기는 합니다. 처음에는 보조 도구로 사용했지만, 개발자로서 AI 에이전트가 차차 모든 과정을 자동화하겠구나, 하고 실감하는 중입니다. 이것이 점점 다양한 업무에 적용될 미래가 보이기 시작해서 3단계를 목표로 하자고 말했습니다."(홋타).

/// 롱테일 비정형 업무의 자동화

AI 에이전트를 사용하는 3단계가 비즈니스에서 어떤 식으로 효과를 보일까? 본래 IT든 AI든 특정 업무를 손쉽게 만들어 효율을 높이는 데 목적이 있었다.

실제 업무 중에서도 업무량이 많은 곳에서는 이미 로봇 프로세스 자동화나 영업 지원 시스템, 서비스나우 등의 조합으로 업무 효율화가 실현되었다. 한편, 소소한 업무가 많은 데다 아침 5분간 이메일 확인처럼 업무로 정의되지 않은 세세한 작업에 정신없이 치이는 경우도 있다. 그럼 이메일 확인용 봇 개발에 2,000만 엔이 든다면 어떻게 될까? 그렇다면 자동화는 하지 말자고 하기 십상이다. 이에 대해 홋타 씨는 다음과 같이 지적한다. "이처럼 회사에는 자동화에 대한 ROI(투자 대비 효과)를 기대할 수 없는 롱테일 업무가 수만, 수십만 가지나 됩니다. 그로 인해 자동화가 진행되지 않는다는 점에 주의해야 합니다."

초자동화라는 맥락에서 비즈니스 효과를 고려했을 때 처음에는

양이 적은 롱테일 업무일수록 자동화가 어렵다

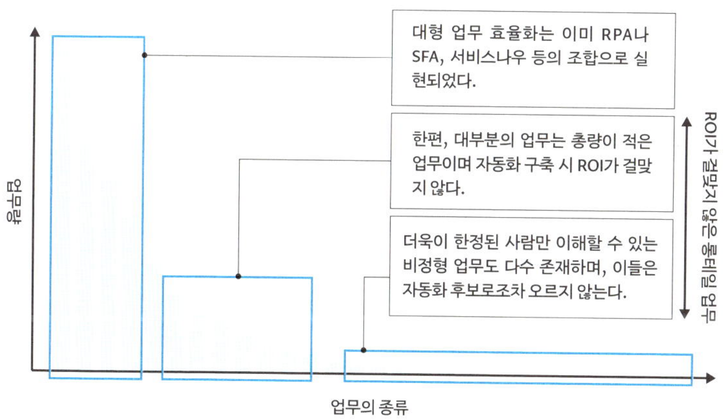

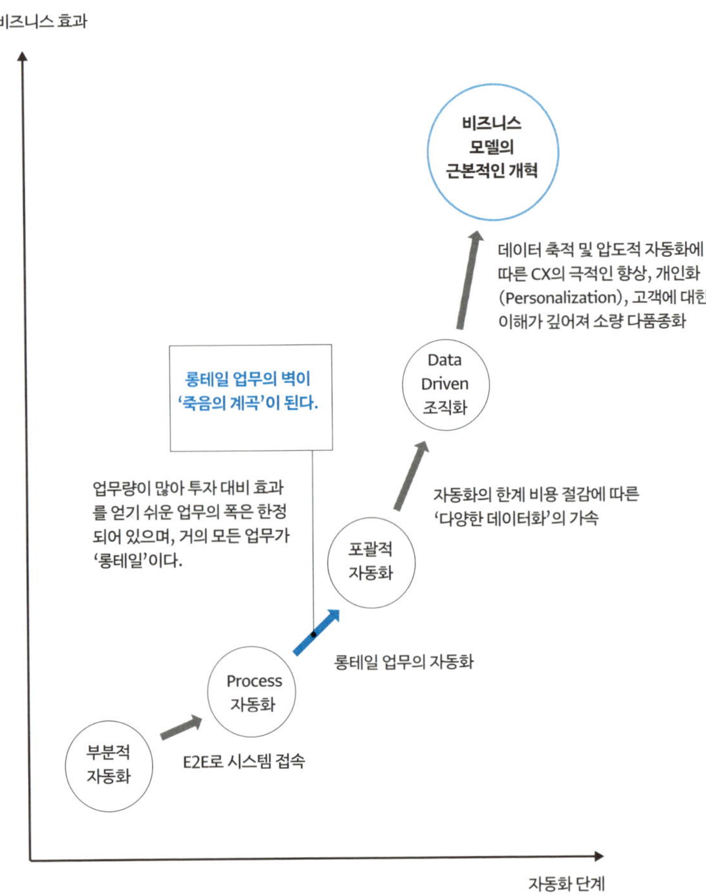

비즈니스 효과
비즈니스 모델의 근본적인 개혁
데이터 축적 및 압도적 자동화에 따른 CX의 극적인 향상, 개인화(Personalization), 고객에 대한 이해가 깊어져 소량 다품종화
롱테일 업무의 벽이 '죽음의 계곡'이 된다.
Data Driven 조직화
업무량이 많아 투자 대비 효과를 얻기 쉬운 업무의 폭은 한정되어 있으며, 거의 모든 업무가 '롱테일'이다.
자동화의 한계 비용 절감에 따른 '다양한 데이터화'의 가속
포괄적 자동화
롱테일 업무의 자동화
Process 자동화
부분적 자동화
E2E로 시스템 접속
자동화 단계

부분적인 자동화로 시작하여 프로세스의 자동화로 진행되고, 그 후에 포괄적인 자동화가 이루어지며, 더 나아가 데이터 드리븐(데이터 기반 의사 결정) 조직의 구축, 전면적인 자동화에 의한 비즈니스 모델의 근본적인 개혁 단계를 밟는다. 이 중에서 프로세스의 자동화 정도까지는 할 수 있어도 포괄적인 자동화보다 앞으로 나아가려고 할 때 롱테일 업무가 너무 많아 자동화 추진을 가로막는 '죽음의 계곡'이 되어 버린다.

이 죽음의 계곡을 돌파할 위력이 있는 도구로 기대를 모으는 것이 바로 AI 에이전트다. 세세한 업무 다발이 있어 기존에는 각각의 업무 자동화에 대해 ROI가 걸맞지 않더라도 AI 에이전트를 조합함으로써 자동화가 가능해진다. 엔지니어가 30분만에 이 에이전트와 저 에이전트를 조합하여 간단히 메일 확인기 만들기가 실현되기도 한다. 지금까지는 몇백만 엔을 들여 개념 증명^{PoC}을 해야만 했던 일이 몇만 엔으로 자동화할 수 있다면, 자동화를 가로막는 롱테일 업무라는 죽음의 계곡을 넘을 가능성이 커진다. 홋타 씨는 AI 에이전트가 완수해야 할 역할에 대해 다음과 같이 설명한다. "최종적인 비즈니스 모델의 근본적인 개혁을 향해서 죽음의 계곡을 넘는 열쇠가 되는 것이 바로 AI 에이전트입니다."

• 개발하려는 시스템의 컨셉이 실제 실현 가능한지를 검증하는 작업

The AI Opportunity Radar

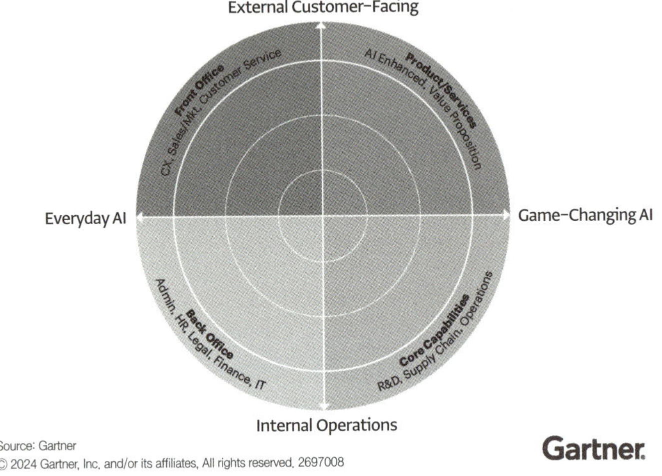

/// 네 가지 업무 기회로 보는 AI 도입의 3단계

가트너가 AI화할 기회를 표로 정리했다. 이를 바탕으로 각 AI 도입 단계의 진전을 살펴보자. 표는 왼쪽이 '에브리데이 AI(매일 쓰는 AI)', 오른쪽이 '게임 체인저 AI(게임 체인지로 이어지는 AI)'로, AI의 용도를 나타낸다. 그리고 위쪽이 고객 경험 창출 등 '조직 외, 고객용', 아래쪽이 '조직 내 운영' 축이다. 이 축들에 따라 네 개의 영역으로 나뉘고, 각각의 영역에서 어떻게 하면 AI 에이전트의 혜택을 얻을 수 있는지를 생각해 보는 것이다.

A. 에브리데이 AI × 조직 내 운영 Back office

경리 등 일상 업무에서 AI를 활용하는 영역이다. 1단계에서는 RPA 등을 통해 고정 플로를 점차 대체한다. 단, 예외로 처리되는 것이 많아 사람 손으로 대응할 필요가 있다. 사내용 챗봇을 만들려면 사람이 손으로 모든 규칙을 입력해야 해서 조금 편해지자고 엄청난 품이 들어가는 상황이 펼쳐졌었다. 2단계가 되면 챗봇이 문서를 읽고 자동으로 시나리오를 만들게 하는 발전을 보인다. 자연어를 이용하여 유연한 정보 처리가 가능해지기 때문이다. 그러나 예외 처리나 의사 결정까지는 도달하지 못한다.

AI 에이전트를 활용하는 3단계가 되면 업무 요건의 변화 등을 자율적으로 감지해서 대응할 수 있게 된다. 예를 들면, '올해부터 세법이 바뀌었습니다', '급여 정책이 바뀌었습니다', '복리후생의 규정이 바뀌었습니다' 등 이와 같은 일이 생기면, AI 에이전트가 자동으로 정보를 수집하여 경리 업무 내용이나 프로세스 등을 자율적으로 최적화하는 세계다. 이렇게 되면 정말 사람 손이 필요 없어진다.

B. 에브리데이 AI × 조직 외, 고객용 Front office

일상 업무에서 AI를 외적 대응에 활용하는 영역에서도 비슷한 단계를 거친다. 첫 번째 1단계는 FAQ를 챗봇으로 만들어 제공하는 단계다. 2단계에서는 LLM 등을 사용하여 사용자가 던진 질문의 맥락을 이해하고 FAQ를 동적으로 검색할 수 있게 되어 성능이 점점 향상된다.

그러나 그다음의 3단계에서는 AI 에이전트끼리 조합함으로써 각각의 고객에 대해 다르게 대응할 수 있게 된다. AI 에이전트가 고객의 속성 프로파일과 재고 시스템, 결제 게이트웨이 등의 정보를 결합하여 반품과 추가 주문 등도 아우르는 완결된 서비스를 자율적으로 제공할 수 있다. 홋타 씨는 현재 상황을 다음과 같이 결론 내렸다. "AI 에이전트를 활용한 3단계의 세계관이 점차 그 윤곽을 드러내고 있는데, 정말로 3단계가 실행되었는가 하면, 이제부터가 시작인 시점입니다. 2단계에서 3단계로 이행하는 시기가 도래했다고 보면 되겠습니다."

C. 게임 체인저 AI × 조직 내 운영 Core Capabilities

게임 체인지 측면에서도 우선 내부 운용부터 AI 활용 단계를 살펴보도록 하겠다. 홋타 씨는 "고객에게 직접 접점이 없는 내부 운용에서 AI가 게임 체인지에 공헌하는 대표적인 분야가 R&D와 서플라이 체인이 아닐까 합니다."라고 설명한다. 1단계 기존형 자동화에서는 R&D의 데이터 정리와 서플라이 체인의 발주 처리, 재고 조회 등 양이 많은 업무는 RPA가 대행할 수 있었다. 이것이 2단계에 들어서면 LLM이 논문이나 외부 데이터 등을 이해하고 요약, 통찰하여 시사해 준다. 상당히 편리한 지원 도구다.

3단계에서는 AI 에이전트를 조합함으로써 큰 변화가 생긴다. R&D에서는 AI 에이전트가 초기 프로토타입을 만들거나, 디지털 트윈**Digital Twin**•상에서 자율적으로 실험도 수행할 수 있게 된다. R&D에서 가장 중요한 점은 AI 에이전트가 관여함으로써 예상치 못한 영역에서 새로운 질서가 만들어지는 일일 것이다. 서플라이 체인에서는 궁극적으로 자율적인 환경 적응이 가능해진다. 다양한 AI 에이전트가 협력함으로써 가령 날씨 변화에 따라 계약이나 재고, 물류 등 서플라이 체인 전체를 자율적으로 재구축할 수 있게 된다.

D. 게임 체인저 AI × 조직 외, 고객용 Product/Services

AI를 활용한 외부용 게임 체인지는 1단계 기존의 자동화, 즉 마케팅 자동화를 이용한 정형적인 고객 대응이 이미 널리 보급되었다. 2단계에서는 고객 문의의 맥락을 이해하고 답변을 생성하는 등 LLM을 통해 유연한 대응이 가능해졌다. 이것이 지금 우리가 마주하고 있는 현실이다.

3단계가 되면 AI 에이전트가 연계하면서 예상치 못한 사용자 경험을 창출할 수 있게 된다. 고객 행동이나 외부 환경, 시장 트렌드 등을 실시간으로 분석하여 바로 서비스와 제품에 반영하고 진화시키는 모습이다. AI 에이전트가 수집하는 다양한 데이터를 바탕으로 여행을 가고 싶다, 건강을 개선하고 싶다 등 고객의 니즈를 미리 분석하고 제안하는 데 활용할 수도 있을 것이다. 사용자가 제

• 가상 공간에 동일하게 구현한 디지털 복제본

품을 이용하는 동안 데이터와 리뷰, 트렌드 등을 분석하여 AI 에이전트가 새로운 제품의 공동 가치 창출에 참여하게 될 가능성도 커지고 있다.

/// AI 에이전트 활용의 네 가지 포인트

실제로 AI 에이전트를 활용하고자 할 때 어떤 점에 주의하면 좋을까. 이에 홋타 씨는 네 가지 포인트를 꼽는다.

첫 번째는 '정보 수집과 고객 경험CX을 비롯한 품질, 규정 계열 업무에서는 빠른 AI 에이전트 도입이 가능하니 바로 대응한다'는 것이다. "정보 수집 계열로는 개인도 사용할 수 있는 디파이Dify라는, 생성형 AI 프로그램을 구축하는 앱 개발 도구가 있습니다. 이제 여기를 검색하고 요약해서 슬랙Slack 채널에 올리는, 이런 일련의 작업을 코딩 없이 할 수 있게 되었죠. 개인도 이용할 수 있고, 저렴하기도 하니 바로 사용하기를 권장합니다."(홋타).

품질이나 규정 계열에서는 예를 들면, 고객에게 메일을 보낼 때 메일의 내용을 AI 에이전트에게 평가받는 식으로 사용할 수 있다. AI 에이전트의 의견을 한 번 듣고 개선한 다음에 전송하는 것만으로도 효율이 훅 올라간다.

두 번째는 '에이전틱 프로세스 오토메이션 체인을 의식하여 업무와 밸류 체인Value Chain을 재검토하는' 것이다. 프로세스를 자동화할 때 아무래도 인간이 담당해야만 하는 업무가 일부 섞이기도 한다. 하지만 이 프로세스를 한 번 분해하여 퍼즐처럼 재조합하면 모든 업무를 AI 에이전트에 맡길 수 있는 프로세스 체인이 만들어지기도 한다. 즉 AI 에이전트에 맡길 프로세스 오토메이션을 전제로 한 워크플로와 밸류 체인을 재정비하는 것이 AI 에이전트를 활용하는 포인트다.

세 번째는 '분산형 decentralize 디지털 전환으로의 조직적 전환'이다. 홋타 씨는 "IT 부서의 주도하에 DX를 할 때 많은 기업에서 하향식 의사 결정을 하는 경향을 보입니다. 하지만 하향식으로 해서는 현장의 세세한 업무를 반영할 수 없습니다. AI 에이전트를 도입하여 죽음의 계곡을 넘기 위해 중요한 것은 롱테일 업무를 얼마나 많이 해결하느냐입니다. 이럴 때는 현장에서 주도하여 AI 에이전트를 활용하는 것이 중요합니다."라고 설명한다. AI 에이전트를 사용하는 프로세스를 만들 때도 대전제로 ERP(업무 시스템)와의 접속을 깔고 가면, 활용할 수 있게 되는 데까지 몇 년 이상 시간이 걸릴 수도 있다. "부서 내에서 완결되는 가벼운 데이터 풀 등을 만들고, 그중에서 AI 에이전트에 맡길 프로세스 자동화PA를 하나씩 실행해 나가는 식으로, 즉 반드시 분산형 디지털 전환으로 대처해야 합니다."(홋타).

네 번째는 "'게임 체인지×외부'로의 AI 활용을 고려한 '데이터 수집'을 지금부터 준비하는" 것이다. AI 에이전트를 활용하여 비즈니스 모델의 근본적인 개혁으로 이어지는 게임 체인지를 목표로 한다면, 지금부터 데이터 수집에 공을 들여야 한다고 지적한다. AI

❶ **정보 수집·품질(고객 경험 포함)·규정 계열은 빠르게 도입할 수 있으므로 바로 시작한다.**
의사 결정 원리의 '언어화'가 가능해지면, 현 단계에서도 의사 결정에 대한 부하가 대폭 줄어든다.

❷ **에이전틱 프로세스 자동화 체인을 의식하여 업무/밸류 체인을 재검토한다.**
데이터와 프로세스를 'AI-친화적(Friendly)'으로 만들면 효과가 비약적으로 높아진다.

❸ **분산형 DX로의 조직적 전환**
　—현장에서 주도하여 AI 에이전트 활용안을 추진하는 것이 조직의 역할
기업 내의 데이터가 전부 통합되지 않고 부서 내에서만 완결되어도 충분하고도 남을 정도로 효과가 있다.

❹ **게임 체인지×외부를 노리기 위한 '데이터 수집'을 지금부터 준비한다.**
소소한 이점만 제공해도 OK.

에이전트 그 자체가 앞으로 대중화되는 가운데 차별점을 두기 위해서는 꾸준히 데이터를 수집해 두는 것이 가장 좋은 방법이 될 것이다.

이 네 가지 포인트를 지금부터 잘 알아두고서 AI 에이전트를 활용할 방안을 생각하도록 하자. 그러면 앞으로 AI 에이전트가 진화하거나 기업과 비즈니스에 변화가 찾아왔을 때, AI 에이전트 활용에 대해 조감하는 관점에서 볼 수 있을 것이다.

/// AI 에이전트의 세계관과 일본의 특성

여기까지 AI 활용과 업무 자동화를 통해 AI 에이전트가 어떤 효과를 내는지 정리해 보았다. 부분적인 업무를 전문으로 하는 AI 에이전트가 연계하여 멀티 에이전트 형태로 일함으로써 기존에는 하기 어려웠던 포괄적인 자동화를 구축할 수 있는 세상이 다가오기 시작했다. 특히 미국을 중심으로 이러한 조류가 흐르는 가운데 일본에는 어떤 존재 가치가 있을까.

홋타 씨는 AI 에이전트와 공감형 AI^{Empathic AI} 등을 연구 개발하면서 때때로 일본의 우위성을 느낀다고 한다. "일본 개발자들은 섬세하고 치밀하게 공들여 만드는 기질이 있는 것 같습니다. AI 에이전트를 만들 때 역시 높은 퀄리티로 만들 수 있겠다는 인상이 점점 더 강해지고 있습니다." (홋타). 회사 전체의 디지털 전환^{DX} 등 큰 틀에서 보면 반드시 우위에 있는 능력은 아닐지도 모르지만, 롱테일인 작은 업무를 AI 에이전트로 자동화할 때는 일본 개발자의 기질이 효과적으로 작용한다는 견해를 밝혔다.

이른바 재팬 트래디셔널 컴퍼니^{JTC}로, 부서별로 서로 단절되어 사일로화가 진행된 비즈니스 환경에서는 배타적으로 닫힌 세계 속에서 국소적인 최적화는 가능할지 몰라도 전체를 아우르는 최적화는 어려운 것이 현실이다. 한편, 배타적인 상태에서 업무 관련 지식은 축적되어 있어 굉장히 세세한 데까지 손길이 미치는 AI 에이전트를 개발하는 것은 잘한다. 여기서 관점을 바꾸어 보면, 고성능 배타적 AI 에이전트가 다수 만들어지면, 그 에이전트끼리 연계함으로써 서로 단절된 업무의 벽을 뛰어넘어 디지털 전환과 비즈니스 모델의 근본적인 개혁으로 이어질 가능성이 있다는 말이다. AI 에이전트가 업무의 벽을 뛰어넘어 고속 회전하며 일들을 처리할 수 있게 되면, 일본 기업의 강점이 다시 빛을 발할 것이다.

훗타 씨는 "특히 일본인은 말보다 먼저 행동하는 사람이 많습니다. AI 에이전트를 만들 수 있다고 하면, 자기 업무를 대행하는 AI 에이전트를 잽싸게 만들지 않을까요. 그렇게 만들어진 AI 에이전트를 합쳐 자동화를 진행할 수 있다면, 일본 기업과 AI 에이전트를 이용한 자동화는 궁합이 좋다고 생각합니다."라고 말한다. 세세한 데까지 손길을 미칠 수 있는, 훌륭한 전문 분야 AI 에이전트가 일본 곳곳에서 수없이 만들어져 전 세계에서 사용하게 된다면, 재미있는 미래가 찾아올 것 같다.

고객 대응·고객 지원

이사고 신이치로

제낙스Gen-AX CEO

생성형 AI에 특화된 소프트뱅크의 100% 자회사 제낙스의 대표. 합병되기 전 라인LINE AI 컴퍼니의 CEO. 비즈니스에 AI 기술을 응용하는 데 뛰어나다. 내각관방 IT실 정부 CIO 보좌관 시절부터 디지털청에서도 겸직하며 의료를 포함한 준공공 영역을 담당했다. 마이크로소프트에 근무하던 시절에는 애저의 테크니컬 에반젤리스트로 일했다.

이 장의 포인트

---

❶ 생성형 AI는 고객 대응 업무에 혁신을 일으켜 콜센터의 모습을 바꾼다

'생성형 AI로 인해 현재 콜센터의 약 40%에 영향을 미치는 큰 효과다.' → **p.96**

❷ AI 에이전트의 중개로 고객과의 대화의 질이 향상된다

'AI 에이전트가 중개하면 고객 대응에도 자동 응답 수준을 뛰어넘는 변화를 가져올 수 있다.' → **p.100**

❸ 저부가가치 업무는 AI에 맡기고 사람은 고부가가치 업무에 집중한다

'이러한 저부가가치 응대는 생성형 AI에 집중적으로 맡기고 인간은 고부가가치 업무에 주력한다.' → **p.101**

❹ 개인용 에이전트에 대응하는 기업 측의 AI 활용

'미래의 어느 시점에서 생활자의 라이프타임에 맞추어 판단을 지원하거나 대행하는, AI를 활용한 개인용 에이전트가 등장한다.' '상대하는 기업 에이전트를 제대로 만들어 (중략) 대응해야 한다.' → **p.120**

❺ AI 네이티브 데이터를 만드는 것이 고객 대응 AI화의 열쇠

'가치를 창출하기 위한 준비로서 데이터를 AI에 학습시키기 쉬운 상태로 유지 관리해 둔다.' → **p.129**

제3장에서부터는 구체적인 업무 영역에 일어나는 AI 이후의 혁신에 대해 살펴보겠다. '고객 대응·고객 지원' 영역은 그중에서도 가장 큰 효과를 보는 영역 중 하나다. 고객과의 접점을 갖는 업무이자, 인간이 하는 업무 중에서도 많은 부하가 걸려 있는 업무다. 이러한 업무를 AI에 맡김으로써 24시간 다국어 대응이 가능해져 더욱더 큰 혁신이 이루어질 가능성이 생긴다. 기업 대부분에 보편적으로 존재하는 업무인 고객 대응·고객 지원이 미래에 어떤 모습을 보일지 확인해 보자.

01

인간을 대체하고
가치 향상을 목표로 한다

/// 생성형 AI가 영향을 미치는 업무 영역 '고객 지원'

AI 이후의 세계를 살펴볼 때는 몇 가지 업무 영역에 주목해야 한다. 첫 번째로 '고객 대응·고객 지원' 영역을 소개하겠다. 구체적인 업무 상황을 들자면, 고객 대응과 콜센터를 떠올리면 쉽게 이해될 것이다.

지금까지 생성형 AI에서 AI 에이전트로 진화를 이루며 현실 세계를 시뮬레이션하듯이 점점 가속하는 트렌드를 살펴보았다. 다음으로 이번 장에서는 고객 대응과 콜센터를 자세히 다루어 보겠다. 언뜻 보면 수수한 업무 영역을 왜 첫 번째로 골랐을까.

생성형 AI는 전 세계의 GDP를 7%에서 10% 정도 늘릴 것이라는 보고서가 발표되었다. 이는 일본의 GDP에 상당하는 신규 시장 창출로 이어진다. 덧붙여 지금까지 해오던 업무도 대체한다는 점을 고려하면, 일본 GDP의 1.5배에서 2배 정도 되는 시장이 전 세계에 창출된다는 말이다. 생성형 AI로 인해 이 정도로 큰 시장이

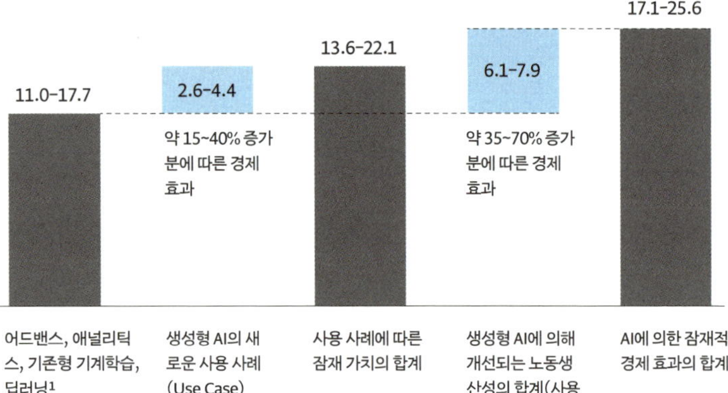

1 "Notes from the AI frontier: Applications and value of deep learning" 맥킨지 글로벌 인스티튜트(2018년 4월 17일)에 기재된 사용 사례의 추산을 갱신한 것

• McKinsey Digital 2.6-4.4조 달러 신규 시장 창출
기존 시장의 대체를 포함한 6.1-7.9조 달러 (일본 GDP 4.2조 달러, 2023년)

맥킨지앤컴퍼니의 보고서 '생성형 AI가 가져올 잠재적 경제 효과' (2023년 6월)에서 인용

창출될 때, 어떤 업계와 업무에 먼저 영향을 미칠까. 맥킨지의 보고서에 따르면 '마케팅·판매', '고객 지원', '개발'과 같은 분야가 이에 해당한다고 한다.

생성형 AI에 큰 영향을 받는 업계 중 하나인 '고객 지원'에 미치는 영향을 살펴보도록 하겠다. 사실 생성형 AI에 의한 산업 혁신으로 인해 가장 큰 효과를 보이는 업계가 바로 고객 지원, 즉 고객 대응과 콜센터 영역이다. 생성형 AI는 현재 콜센터의 약 40%에 영향을 미치며 큰 효과를 보일 것이다. 금액으로 환산하면, 전 세계적으로 약 50~70조 엔의 효과가 예상된다. 여기서 소개한 맥킨지

생성형 AI를 일부 기능에만 적용해도 기업 전반에 걸쳐
사용 사례가 창출하는 잠재 가치를 대부분 파악할 수 있다.

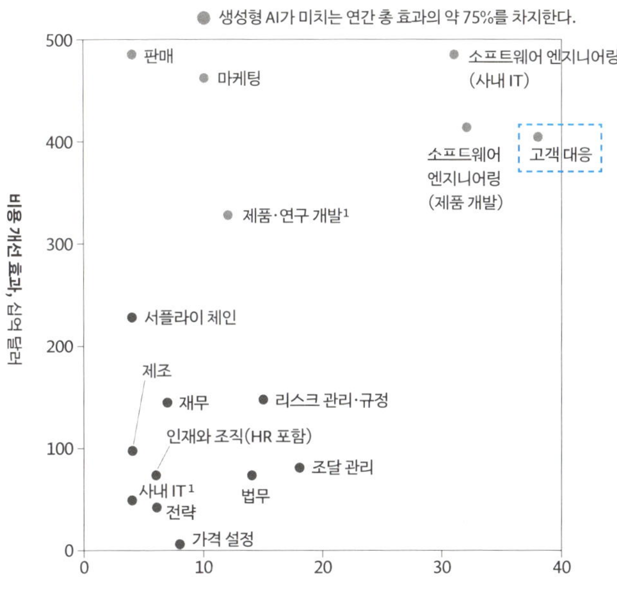

참고 : 효과를 평균화한 것

1 소프트웨어 엔지니어링 제외

자료 : Comparative Industry Service(CIS), IHS Markit; Oxford Economics McKinsey Corporate and Business Functions 데이터베이스; McKinsey Manufacturing and Supply Chain 360; McKinsey Sales Navigator; ignite 맥킨지 데이터베이스, 맥킨지 분석

맥킨지앤컴퍼니의 보고서 '생성형 AI가 가져올 잠재적 경제 효과' (2023년 6월)에서 인용(점선으로 표시한 부분은 필자가 추가한 것)

* 1달러를 150엔으로 환산

생성형 AI의 사용 사례는 산업계 전반에 걸쳐 각 비즈니스 기능에 다양한 효과를 보일 것으로 예상된다.

비즈니스 기능별, 생성형 AI에 의한 생산성 개선 효과[1]

낮은 효과 ▬▬▬▬▬ 높은 효과

업종	**합계**, 각 업계 전체의 수익에서 차지하는 비율(%)	**합계**, 십억 달러	마케팅 & 판매 760–1,200	고객 대응 340–470	제품·연구 개발 230–420	소프트웨어 엔지니어링 580–1,200	서플라이 체인·운용 280–530	리스크 관리·법무 180–260	전략·재무 120–260	사내 IT[2] 40–50	인재·조직 60–90
관리·전문 서비스	0.9–1.4	150–250									
첨단 전자, 반도체	1.3–2.3	100–170									
첨단 제조업[3]	1.4–2.4	170–290									
농업	0.6–1.0	40–70									
은행	2.8–4.7	200–340									
기초 소재	0.7–1.2	120–200									
화학품	0.8–1.3	80–140									
건설	0.7–1.2	90–150									
소비재	1.4–2.3	160–270									
교육	2.2–4.0	120–230									
에너지	1.0–1.6	150–240									
헬스케어	1.8–3.2	150–260									
하이테크놀로지	4.8–9.3	240–460									
보험	1.8–2.8	50–70									
미디어·엔터테인먼트	1.5–2.6	60–110									
제약·의료기기	2.6–4.5	60–110									
공공·사회 섹터	0.5–0.9	70–110									
부동산	1.0–1.7	110–180									
소매[4]	1.2–1.9	240–390									
통신	2.3–3.7	60–100									
교통, 운수, 물류	1.2–2.0	180–300									

2,600–4,400

참고 : 우수리로 인해 합계가 100%가 되지 않을 수 있음

1 구축 비용(학습, 라이선스 등) 제외   **2** 소프트웨어 엔지니어링 제외
3 항공 우주, 방위, 자동차 제조 포함   **4** 자동차 판매 포함

자료 : Comparative Industry Service(CIS), IHS Markit; Oxford Economics; McKinsey Corporate and Business Functions database; McKinsey Manufacturing and Supply Chain 360; McKinsey Sales Navigator; Ignité, 맥킨지 데이터베이스; 맥킨지 분석

맥킨지앤컴퍼니의 보고서 '생성형 AI가 가져올 잠재적 경제 효과'(2023년 6월)에서 인용(점선으로 표시한 부분은 필자가 추가한 것)

의 보고서는 2023년에 발표된 것이므로 그 후에 상황이 또 달라지면서 더욱 큰 영향을 미칠 수도 있다. 약 40%일 때의 효과가 50~70조 엔이니 가령 70%가 된다면 최대 120조 엔 규모에 이르는 영향을 미칠 가능성도 있는 셈이다.

◢◢◢ 생성형 AI가 고객 대응을 바꾼다

고객 대응, 콜센터 영역에서 생성형 AI의 용도는 단순히 인간 대신 AI가 지금과 같이 응답하는 데 그치지 않는다. 생성형 AI를 이용하게 되면, 아바타나 음성, 텍스트 등을 통해 언제라도 불러내어 상시 상호 작용을 취할 수 있는 고객 대응이 가능해진다. 가령 콜센터라면 통화가 연결되기까지 시간이 걸리는 상황에서 궁금한 점이 생기면 바로 상호 작용을 제공할 수 있는 상태로 고객 대응에 변화가 생긴다.

그보다 앞서 고객이 지금 궁금한 점을 헤아려서 '지금 이러이러한 점에서 도움이 필요하시지는 않나요?'라는 식으로 말을 걸며 대응할 수도 있게 된다. 이는 마케팅 영역과도 관계되는 부분으로 고객의 인지Awareness로 이어진다.

나아가 고객과 AI 에이전트가 직접 이야기하는 것이 아니라 AI 에이전트를 조합하여 양측이 이해할 수 있도록 다단계로 번역하는 형태도 생각할 수 있다. AI 에이전트가 내놓은 답변을 고객이 이해할 수 있는 수준으로 중간에 있는 AI 에이전트가 풀어서 알기 쉽게 표현하는 형태다. 반대로 콜센터에 연락한 고객이 불평불만을 계속 늘어놓고 있다면, 중간에 있는 AI 에이전트가 고개를 끄덕이거나 공감하는 식으로 대응하다가 본질적으로 인간만이 대답할 수 있는 것만 인간에게 넘겨 줄 수도 있다. AI 에이전트가 중개하면 고객 대응에도 자동 응답 수준을 뛰어넘는 변화를 일으킬 수 있다.

/// 콜센터는 생성형 AI에 의한 업무 개혁의 모델이다

앞서 고객 대응/콜센터 영역에서 생성형 AI가 미칠 영향을 살펴보는 이유로 효과의 크기를 들었다. 하지만 그 밖에도 중요한 점이 있다. 바로 고객 대응/콜센터에서 생성형 AI가 어떻게 활용되는지를 알면, 다른 다양한 영역에서 생성형 AI에 의해 업무가 어떻게 개혁될지도 알 수 있는 모델을 보는 셈이기 때문이다.

생성형 AI, 특히 LLM(거대 언어 모델)을 비즈니스에서 활용할 때는 세 개의 층으로 생각하여 설명할 수 있다. LLM에서 가장 중요한 점은 인간이 평소 사용하는 말로 입력하면 학습된 지식 중에서 합리적인 답을 내준다는 점이다. 바로 고객 문의에 음성이나 텍스트로 답변하는 부분이다. LLM은 2024년에 업데이트되어 검색 기능과 생성형 AI 모델을 결합하는 RAG 기술이라는 중간층이 더해졌다. 이것이 바로 두 번째 층이다. RAG를 통해 메모리와 맥락이 추가된다. 즉 사업 고유의 지식이나 고객 정보 등을 받아 답변할 수 있게 된 것이다. 더 나아가 세 번째 층, 즉 챗GPT o1과 같이 논리적인 다단계 추론이 가능해지면서 이미 학습한 지식과 고유 지식을 조합하여 한층 더 '살을 붙인' 답을 내놓을 수 있게 되었다.

세 번째 층까지 조합하면 여행 플래너처럼 비행기뿐만 아니라 호텔, 현지의 주요 관광지까지 전부 패키지로 만들어 여행 경로를 짜주는 일도 가능해진다. 고객 정보/콜센터에서 생성형 AI가 활용되는 형태를 살펴보면, 업무에서 LLM을 활용할 때 밟는 세 개의 층을 모두 그대로 따라가는 형태를 보인다. 대부분의 기업에는 고객 대응/콜센터 업무가 있다. 여기서 생성형 AI를 어떻게 활용하는가 살펴보다 보면, 이를 모델로 삼아 다른 업무에서도 다방면으로 활용할 수 있게 된다.

▰▰▰ 인간은 부가가치가 높은 노동으로 돌린다

고객 대응/콜센터의 업무에서는 보다 부가가치가 높은 노동에 인간의 능력을 사용하는 것이 요구된다. 일하는 입장에서 보면, 고객 대응은 그다지 부가가치를 창출할 수 없는 일로 느끼기 쉽고, 똑같은 응대에 지친 고객에게 부정적인 불만 제기를 받기도 한다. 이러한 부가가치가 낮은 일이 고객 대응/콜센터 업무의 40% 가까이 차지한다고 한다. 이러한 일은 생성형 AI에 집중적으로 맡기고, 인간은 부가가치가 높은 업무로 돌리고 싶은 것이다.

한편, 고객은 대기 시간이 없기를 바라고, 자신의 제품 구매 이력을 숙지하고 대응해 주기를 바라며, 자신에게 공감해 주기를 바란다. 게다가 한술 더 떠서 전문적인 지식을 알려 주거나, 정말로 사람과 대면하지 않고서는 해결되지 않는 일이 있으면 바로 대면할 수 있도록 일정을 잡아 주면 기뻐한다. 이처럼 부가가치가 낮은 부분은 생성형 AI로 자동화하여 부가가치가 높은 서비스를 제공할 수 있는 인간의 능력과 조합하여 구축해야 한다.

여기서 잠깐 생성형 AI에 의한 콜센터 개혁에 대해 정리해 두자. 운영 측에서 기대할 수 있는 개혁 중 하나는 '자동화'다. AI를 이용한 자동화로 콜센터 직원이 불만을 제기하는 고객에게 대응하다 마음의 상처를 입고 퇴직하게 되는 일을 막을 수 있다. 더불어 '고도의 대응에 집중'할 수 있다는 점도 있다. 되풀이되는 수준 낮은 문의에 시간을 빼앗겨 수준 높은 대응을 할 수 있는 사람의 시간을 착취하게 된다. 기본적인 문의를 AI에 맡기면, 인간은 복잡한 건에 주력할 수 있다.

고객 측면에서 보면, 이용자 데이터를 참조하여 특별하게 느껴지도록 대응함으로써 '개인화된 공감'이나, '24시간 대응', '다국어 지원' 등에 따른 고객 만족도 향상을 노릴 수 있다.

한 가지 더 중요한 것이 있다. 바로 고객 참여도 향상과 피드백 활용이다. 생성형 AI가 원활하게 응대함으로써 고객의 솔직한 의견을 끌어내기 쉬워진다. 생성형 AI를 이용하면 그렇게 얻은 피드백에서 요점 등을 실시간으로 추출할 수 있다. 이를 새로운 제품이나 서비스를 개선하는 데 활용할 수 있다.

그 밖에도 AI가 모범 사례를 보여주거나 예외적인 사례를 예측

1. 운영 효율과 스트레스 감소

1-1. 자동화로 인한 부담 감소
- 계속 반복되는 문의와 불만을 제기하는 고객 대응을 AI가 담당하여 상담사의 스트레스와 감정적 소모를 줄인다.

1-2. 고도의 대응에 집중
- AI가 기본적인 문의를 처리하고, 인간 에이전트는 복잡한 건에 주력한다. 그 결과, 효율과 고객 만족도가 향상된다.

2. 고객 경험의 심화

2-1. 개인화와 공감
- 이용자 데이터를 활용하여 AI가 공감하며 특별하게 느껴지는 대응을 실현한다. 감정적 만족도가 향상된다.

2-2. 24시간 대응과 다국어 지원
- 24/7 대응과 다국어화로 글로벌 고객 기반에서도 대응이 가능해진다.

3. 고객 참여도 향상과 피드백 활용

3-1. 정직한 피드백 수집
- AI의 원활한 응대를 통해 고객의 솔직한 의견을 얻기 쉬워져 새로운 상품·서비스 개선에 활용할 수 있다.

3-2. 셀프서비스 강화
- 고객이 스스로 문제를 해결할 수 있는 환경을 제공하고, 그 프로세스 데이터를 분석하여 경험을 향상할 수 있다.

4. 에이전트 지원과 자체 연구

4-1. AI 코칭
- AI가 모범 대응 사례, 예외적인 사례의 전개 방식을 예측하여 제공하여 실시간으로 기술 향상을 지원한다.

4-2. 피드백 순환
- 에이전트와 AI의 상호 학습을 통해 지식 기반을 진화시킨다.

5. 비용 절감과 ROI 향상

5-1. 인건비 최적화
- 자동 응답을 통해 비용 절감을 도모하고 중요한 업무에 인적 자원을 집중한다. 장기적으로 ROI가 향상된다.

5-2. 경쟁력과 브랜드 가치 향상
- 고객의 피드백을 바탕으로 상품·서비스를 개선하고, 경쟁력과 신규 고객 유치에 기여한다.

6. 보안·프라이버시·거버넌스

6-1. 데이터 보호와 규정
- 규제에 따른 보안과 거버넌스 체제 구축을 보조한다.

6-2. 편견 배제
- 데이터 모니터링과 클렌징으로 공평성을 확보한다.

해 주는 등 인간의 기술 향상을 지원하는 'AI 코칭', AI와 인간이 협업하여 보다 세심한 서비스를 제공할 수 있도록 하는 '지식 기반 진화'도 가능해진다. 또 한 가지 중요한 점은 모든 고객 대응이 시각화됨으로써, 경영 관리가 가능해지거나 보안, 프라이버시, 거버넌스 등의 수준 향상으로 이어지기도 한다. AI를 활용하면 AI가 국가별 거버넌스 규칙을 틀리지 않도록 '가드레일'을 만들거나, 인간에게서 비롯된 편견을 배제할 수 있다는 점에서도 기대된다.

▦ 도입, 재구성, 창조의 3단계

고객 대응/콜센터에서의 생성형 AI에는 전략 측면에서도 흥미로운 점이 있다. 보스턴 컨설팅 그룹[BCG] 보고서에 따르면 생성형 AI 활용 전략에는 3단계가 있다고 한다. 이 3단계는 고객 대응/콜센터 분야에도 적용할 수 있다.

생성형 AI를 현재 업무 프로세스에 도입함으로써 10~20% 정도의 생산성 향상을 기대할 수 있다.

이러한 효과를 누리면서 생성형 AI 이용을 전제로 한 프로세스와 기능을 재구성하면, 30~50%나 효율이 올라 성과의 품질 향상도 기대할 수 있다. 게다가 보스턴 컨설팅 그룹에서는 생성형 AI이기에 가능한 고객 경험 가치를 제공하면, 비용 절감뿐만 아니라 부가가치의 향상에 따른 새로운 비즈니스 모델을 구축할 수 있다고 한다. 고객 대응/콜센터에서도 이 3단계 전략은 적용할 수 있으며,

BCG 리포트에서 제시된 3단계

- 생성형 AI 도구를 **도입**하여, 기업 전체에서 10~20%의 생산성 향상을 신속하게 실현한다.

- 생성형 AI 도구를 사용하여 업무 프로세스와 기능을 **재설계**하고, 효율성과 유효성을 30~50% 향상시킨다.

- 생성형 AI를 활용하여 새로운 고객 경험과 서비스·상품을 개발하고, 이를 축으로 신규 비즈니스 모델을 **창조**함으로써 대담한 매출 목표를 달성할 수 있다.

도입한다

일상 업무에 생성형 AI를 도입하여 회사 전체적으로 생산성을 향상시킨다.

재설계한다

생성형 AI를 이용하여 업무 프로세스와 기능을 엔드 투 엔드로 재설계하고, 효과와 효율 모두에서 근본적인 개선을 도모한다.

창조한다

생성형 AI를 활용하여 새로운 고객 경험과 서비스·상품을 개발하고, 신규 비즈니스 모델을 창조한다.

콜센터에서는 생성형 AI의 지원을 받아 업무 시간의 50%를 절감한다.

상담 업무에 소요되는 시간의 합계에서 차지하는 비율

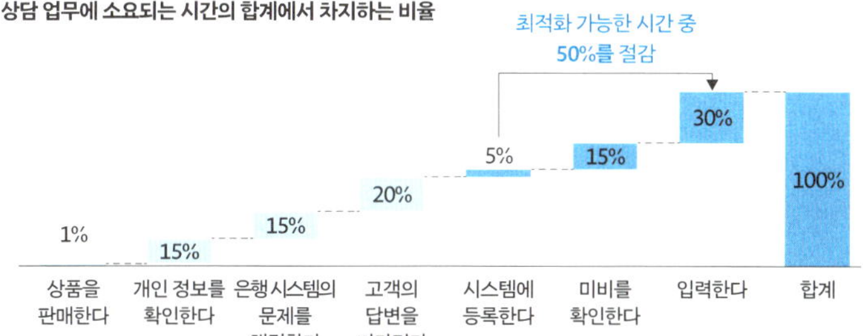

생성형 AI에 의해 개인화된 원활한 고객 경험이 가능해진다.

소비재 기업은 생성형 AI를 활용하여 고객의 구매 경험을 개인화하고 있다.

무엇을 원하는가?
초개인화
- 각 고객의 니즈에 따른 조언
- 개별로 최적화된 진단

다음에도 여기에서 살까?
평생 지원
- 진화하는 트렌드와 니즈에 맞춘 조언

어떤 상품이 적합할 것 같은가?
원활한 고객 경험
- 엄선된 상품 정보
- 리뷰 목록

좋은 구매였는가?
전문가의 조언
- 일류 전문가의 스타일링 지도
- 매일 제품 추천과 조언

나에게 어울릴까?
온라인으로 체험
- 가상 피팅

(어디서) 사야 할까?
맞춤형 주문 체험
- 쉬운 접근, 최적의 개인화, 간편한 주문

다이렉트 투 컨슈머(D2C)
밸류 체인상의 포지션이 확대된다

고객 인사이트
한층 더 깊이 있는 고객 데이터가 수집된다

투자 수익률(ROI)이 2배로
다른 거래와 관련된 고객 접점과 비교한 경우

매출 1억 달러 증가
모든 브랜드에서 전개한 경우

보스턴 컨설팅 그룹의 보고서 '생성형 AI의 "마법"을 비즈니스 효과로 결부시키기 위하여' (2024년 1월)에서 인용 생성형 AI 활용에 따른 부가가치 향상을 목표로 할 수 있다.

실제로 도입한다면 어떻게 진행될까. 이제는 자사 AI의 고유성을 어디에 반영할 것인가가 핵심이다. 단순하게 생성형 AI를 도입하겠다면 마이크로소프트 등에서도 이미 AI의 부품화를 진행하고 있으므로, 누구나 모듈을 조합하면 가능하다. 게다가 개별 모듈뿐만 아니라 전체적인 레퍼런스 아키텍처(참고용 예시)도 준비되어 있어 '생성형 AI 활용하기'가 가능한 시대가 되었다. 선진적인 기업에서나 생성형 AI를 도입하던 시대가 가고, 자사의 고유성을 담아 비즈니스에서 효과를 거두는 것까지 생각해야 하는 시대가 이미 열린 것이다.

음성을 텍스트로 변환하기부터 지식 기반 자동 생성까지 다양하게

02

/// 다음 단계로 넘어가는 스타트업이 많다

미국 고객 지원, 고객 대응/콜센터 분야 스타트업의 상황을 통해 생성형 AI의 전모를 살펴보자. 고객 지원 분야 관련 생성형 AI 스타트업은 크게 세 가지로 분류할 수 있다. 첫 번째는 텍스트로 챗봇 등을 제공하는 그룹, 두 번째는 콜센터를 포함한 전화를 이용하는 에이전트를 제공하는 그룹이 있다. 세 번째는 고객 지원을 대체하는 자동화된 에이전트가 아닌 고객 지원 담당자를 지원하는 코파일럿 같은 기능을 제공하는 그룹이다.

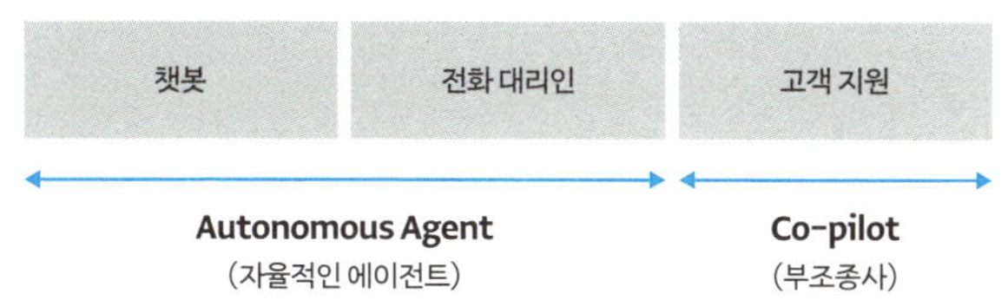

고객 지원 분야는 생성형 AI 스타트업 사이에서도 상당히 선행된 분야다. 그렇기에 비교적 빠르게 다음 단계에 올라서며 규모를 키운 스타트업이 많다. 자금 조달액으로 보면 세 자릿수 백만 달러 정도, 즉 몇백억 엔 규모의 자금을 조달하여 유니콘이 된 회사도 몇몇 있다.

여기서 소개할 스타트업은 시가총액뿐만 아니라 투자자 중에서도 최정상급 벤처 캐피털이 투자하고 있는 곳을 선정했다.

어셈블리AI Assembly AI
음성 데이터를 텍스트로 변환, 통화 기록의 분석 및 요약

어셈블리AI는 음성 데이터를 텍스트로 변환하거나 요약 기능을 제공하는 API 플랫폼이다. 정말 군더더기 없이 실시간 텍스트 변환 또는 기존 음성 파일의 텍스트 변환 서비스를 제공한다. 물론 텍스트 변환뿐만 아니라 요약이나 통화 기록 분석 등 심도 있는 서비스도 제공하는 점이 포인트다. 사용 사례를 들어보자면, 녹음기 소프트웨어에 AI 기능으로 탑재하여 고정밀도로 음성을 인식한다. 회의 내용을 자동으로 텍스트로 변환하여 고객 대응의 효율화를 실현한 사례가 있다. 자동 요약 기능과 음성 데이터 분석을 통해 고객 니즈에 대한 통찰을 제공하는 용도로도 사용된다.

투자사로는 인사이트 파트너스Insight Partners와 액셀Accel 등 최정상급 벤처 캐피털을 들 수 있다. 자금 조달액도 6,300만 달러(약 948억 원)에 이른다. 음성 인식의 정확도가 좋은 평가를 받으면서

워크플로

1. API 키를 가져와 간단한 코드로 구축

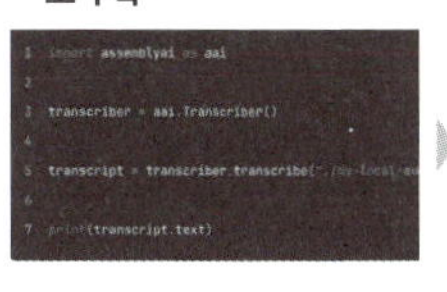

2. 음성 인식/요약 AI의 이용

업로드 된 음성/동영상 파일을 변환하여 텍스트를 생성

실시간으로 음성을 텍스트로 변환

화자의 레이블링한 통화 내용을 정리·요약

사진은 https://www.assemblyai.com/에서 인용.

시판 중인 음성 엔진이 아닌 기업 내 업무에 꼭 맞는 맞춤 제작 용도로도 이용되고 있다.

크레달Credal

개인 정보와 기밀 정보를 자동 마스킹

크레달은 고객 지원이나 고객 대응에 관련된 직접적인 애플리케이션을 제공하지는 않지만, 고객 대응 과정에서 데이터에 포함된 개인 정보나 기밀 정보를 자동으로 마스킹해 주는 서비스다.

예를 들어 고객 지원 부서에서 고객 문의를 받은 데이터가 있고, 해당 정보를 제품 개발팀에 전송해야 하지만, 개인 정보를 넘겨서는 안 된다는 사내 규정이 있는 경우도 많다. 인간이 일일이 수작업으로 개인 정보와 기밀 정보를 마스킹하려면 힘들지만, 크레달을 사용하면 자동으로 마스킹을 해 준다. 또한 개인 정보를 취급하는 고객 지원 담당자가 규정을 준수할 수 있도록 업무를 지원할 수 있다.

자금 조달액은 530만 달러(약 80억 원)로, 여기서 소개하는 스타트업 중에서는 비교적 초기 단계에 있는 스타트업이다. 그럼에도 스파크 캐피털Spark Capital, 와이 콤비네이터Y Combinator 등 저명한 벤처 캐피털이 투자하고 있다.

어셈블리AI와 크레달은 1세대 텍스트 계열 그룹의 스타트업인 셈이다.

실러블Syllable
음성 대응을 위한 AI 에이전트 구축

두 번째 그룹, AI 에이전트를 제작하는 스타트업으로 음성 AI 에이전트 구축 도구를 제공하는 실러블을 소개하겠다. 고객이 전화를 걸었을 때 가장 먼저 응대하는 창구용 음성 AI 에이전트를 구축한다. 설정 화면에서 '이러이러한 역할을 해 주세요', '이런 식으로 대응해 주세요'와 같이 프롬프트로 지시를 내리면, 그 지시대로 대응하는 음성 AI 에이전트가 만들어진다. 요일이나 시간에 따라 대응을 달리하도록 설정할 수도 있다. 웹 설정 화면에서 세밀한 튜닝이 가능하다.

음성 AI 에이전트를 도입할 때 가장 크게 우려하는 점이 음성 인식의 정확도다. 그다음으로 응답 지연 여부가 걱정될 것이다. AI

음성 AI 에이전트의 구축 흐름

작업 실행에 필요한 도구를 선택한 후, 에이전트의 행동 지침을 정의하는 프롬프트를 작성한다.

일시나 요일, 특별한 휴일 등 조건에 따라 메시지를 동적으로 바꿀 수 있도록 규칙을 세세하게 설정한다.

위의 설정을 조합하고, 추가로 시간대나 언어, 음성 등 상세 파라미터를 지정하여 에이전트를 생성한다.

사진은 실러블의 웹사이트에서 인용.

가 사람처럼 실시간으로 대화를 잘 나눌 수 있는가가 성능 지표로 요구되는 가운데, 실러블은 지연이 거의 없이 응답 가능한 서비스를 제공한다. 지연이나 대화 성공 여부 등을 실시간으로 감시하여 경보를 울리는 기능도 탑재되어 있다. 심지어 음성 AI 에이전트가 회사의 정책에 반하는 내용을 이야기하지는 않았는지 확인하는 네거티브 체크 기능도 갖추고 있어 상당히 실용적이다.

뉴 엔터프라이즈 어소시에이츠[NEA] 등 실적이 있는 벤처 캐피털이 투자하고 있다. 자금 조달액이 8,200만 달러(약 1,230억 원)인 스타트업이다.

시에라 Sierra

인간다운 의사소통이 가능한 고객 지원 AI 에이전트를 생성

2025년 여름 시점에서 고객 지원 분야의 미국 스타트업으로 한 곳만 꼽자면, 시에라를 추천한다. 인간의 의사소통 뉘앙스를 반영하여 인간다운 대화를 나눌 수 있는 대화형 AI 에이전트를 제공하는 곳이다. 예를 들어 고객이 인터넷으로 상품을 주문하고 배송 상황을 물어보면, 도착 날짜 등을 실시간으로 알아보고 음성이나 텍스트로 답변해 주는 서비스를 만들 수 있다. 또, 유저가 자택 보안 시스템의 알람 설정을 깜빡하고 외출했을 때는 문제 해결사로서 알람을 설정하여 과제를 해결해 주는 서비스도 제공 가능하다. 24시간 대응하는 능동적인 역할에도 이용할 수 있다. 고객 지원 인력을 AI로 대체한다는 목표에 본격적으로 뛰어든 스타트업이다.

시에라		

자연스럽고 친근한 응답	상황에 따른 유연한 대응	다국어 지원

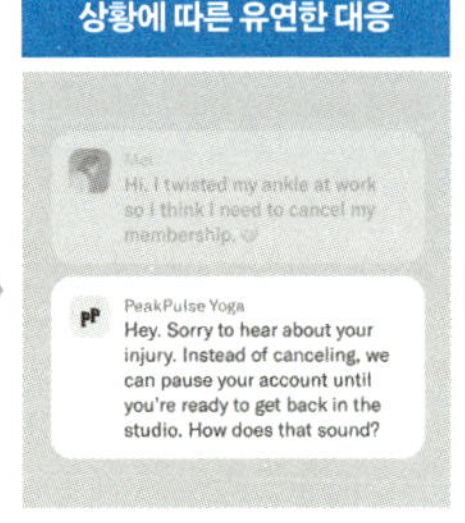

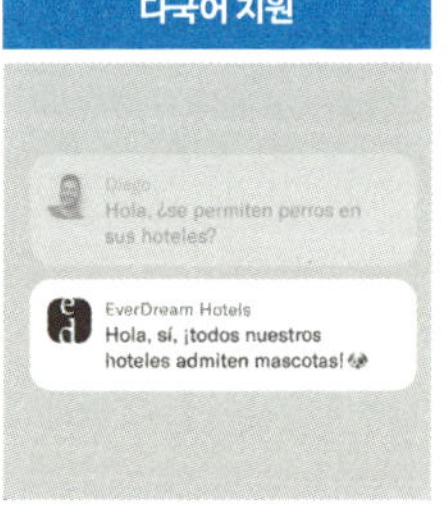

질문이나 요청에 대해 적절하고 친근한 톤으로 대답하는 응답 스타일	고객의 상황과 감정을 고려하여 가장 적절한 대응안을 제안	유저가 설정한 언어로 개인화된 응답을 제공

사진은 https://sierra.ai/product에서 인용.

시에라가 주목받는 데는 전 메타**Meta**의 최고 기술 책임자이자 세일즈포스 공동 CEO였던 브렛 테일러가 설립한 회사라는 점도 있다. 유명 인사가 세운 스타트업이기에 자금 조달에 전혀 어려움을 겪지 않았다. 2억 8,500만 달러(약 4,275억 원)라는 거액을 조달하는 데 성공했으며, 세콰이아 캐피털**Sequoia Capital**을 비롯한 저명한 벤처 캐피털이 투자했다.

퀄리파이드닷컴Qualified.com
잠재 고객을 확보하는 AI 에이전트, 챗봇

퀄리파이드닷컴은 고객 지원 분야에서 조금 이질적일 수 있는 서비스를 제공한다. 바로 웹사이트의 챗봇을 사용하여 잠재 고객을 확보하는 에이전트다. 고객과 이야기할 때 AI가 챗봇을 통해 적합한 대화를 진행할 뿐만 아니라 인간 담당자와 상담이 필요한 경우에는 AI가 면담 일정을 잡아 주기도 한다. 고객별로 최적의 타이밍에 메일을 보내는 기능도 갖추고 있어 잠재 고객 확보를 촉진하기도 한다. 고객 지원 측면의 고객 대응을 넘어 영업과도 이어지는 고객 대응을 제공하는 서비스다.

투자자로는 사파이어 벤처스**Sapphire Ventures**, 세일즈포스 벤처스**Salesforce Ventures**, 레드포인트 벤처스**Redpoint Ventures** 등이 있다. 누적 자금 조달액은 1억 6,300만 달러(약 2,445억 원)로 액수가 매우 크다.

옐로우. AI Yellow.ai

고객 대응을 최적화하는 자동 워크플로를 드래그 앤드 드롭으로 구축

세 번째 그룹, 고객 지원과 관련하여 코파일럿 같은 기능을 제공하는 스타트업도 소개하겠다. 옐로우.AI는 고객 대응을 최적화하는 자동 워크플로를 드래그 앤드 드롭으로 구축할 수 있는 서비스다. 제품 재고 확인과 취소 절차, 배송 상황 조회 등 신속하고 개별적인 대응이 필요한 문의에 대해 드래그 앤드 드롭으로 정의한 워크플로를 통해 즉각적으로 고객별 최적화된 지원을 제공한다.

또 하나의 특징은 지식 기반을 작성한다는 점이다. 과거 고객 대응 이력으로부터 AI가 자동으로 지식 기반을 만들어 준다. 이와 반대로 지식 기반이나 FAQ를 학습시켜 AI 에이전트를 만드는 경우는 있지만, 고객 대응 이력에서 알아서 정기적으로 지식 기반을

옐로우 AI

쿼리의 자동화	대화 디자이너	지식 기반 생성
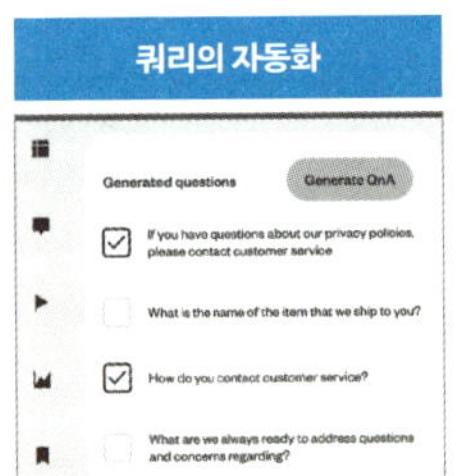	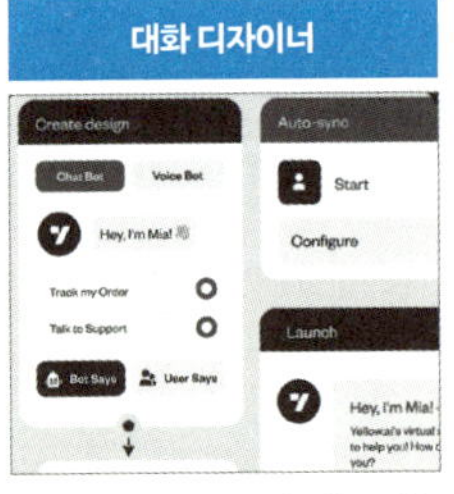	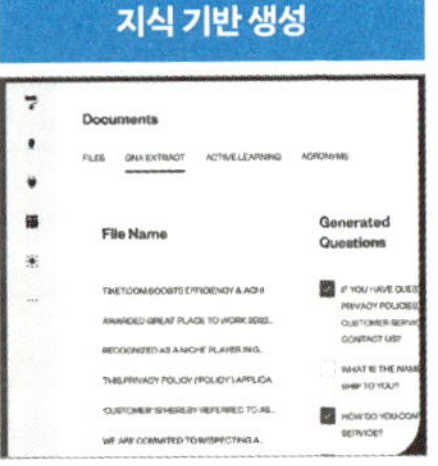
방대한 정보에서 중요한 데이터를 추출하는 검색 엔진과 AI에 의해 1,000개가 넘는 일상적인 쿼리(query)를 자동화	자동화된 워크플로와 채팅 기능을 갖춘 AI를 이용하여 '드래그 앤드 드롭' 방식으로 AI 에이전트를 구축 가능	고객 문의에 대한 해결 방안을 찾아낼 수 있도록 AI가 지식 기반을 작성

사진은 https://yellow.ai/platform/ai-bot-studio/에서 인용.

만들어 주는 서비스는 흔치 않다. 게다가 AI가 자동으로 워크플로를 생성하는 기능도 갖추고 있다.

세일즈포스벤처스와 사파이어벤처스 등 실적이 있는 벤처 캐피털이 투자하고 있다. 조달 액수는 이미 1억 200만 달러(약 1,530억 원)를 달성했다. 웹상에서 드래그 앤드 드롭만 하면 고객 지원 워크플로를 만들 수 있다는 간편함이 높은 평가를 받는 이유다.

에코 AI Echo AI
고객의 의도를 파악하여 액션을 일으킨다

고객은 다양한 신호를 보내고 있다. 무언가를 사려고 할 때, 업그레이드하려고 할 때, 해지하려고 할 때, 혹은 웹사이트상의 페이지에서 링크를 타고 이동할 때에도 어떤 신호를 보낸다. 에코 AI는 그러한 고객의 의도를 읽고 액션을 일으킬 수 있다. 해지할 것 같은 행동을 취하면 해지를 저지하는 캠페인을 벌이고, 업그레이드할 것 같은 행동을 취하면 업그레이드 캠페인을 하는 식으로 자동으로 움직인다.

고객 대응이란 뒤집어 말하면 고객 개발과도 연결된다. 자기 의지에 따라 행동하고 원하는 결과를 얻도록 유도하는 관리 기법인 의도 관리intention management는 핫한 분야이며, 에코 AI는 고객의 의도를 정확하게 읽어내는 성능을 강점으로 내세우고 있다. 벤처 캐피털 인사이트 파트너스, 클라이너 퍼킨스Kleiner Perkins 등이 참여해 3,400만 달러(약 510억 원)라는 비교적 큰 자금 조달에 성공했다.

고객 지원 영역은 생성형 AI 스타트업에 대한 투자 규모도 큰 편이다. 하지만 AI 스타트업의 투자처는 대부분 AI 모델 개발 기업에 편중되어 있다. 그 대표주자인 오픈AI와 같은 기업에 대한 투자 규모는 무려 수조 엔에 달한다. 한편, 고객 지원과 같은 업무 특화형 생성형 AI 스타트업은 앞으로의 성장을 기대할 수 있다.

고객 지원 영역에서 소개한 스타트업의 자금 조달액을 합해도 1,000억 엔 정도다. 고객 지원 시장의 생성형 AI로 인한 효과는 세계적으로 최소 50~70조 엔으로 추산된다. 즉 자금 조달액은 1~2% 정도에 불과하다. 투자와 효과의 관계를 보아도 아직 잠재력이 있는 영역으로 기대할 수 있다.

03 수만 가지 업무 중에서 적재적소에 AI를 활용한다

/// 현장과의 융합이 필수다

고객 지원이라는 큰 맥락에서 고객 대응/콜센터에 관한 생성형 AI가 활용되는 트렌드와 주목받는 스타트업을 살펴보았다. 그렇다면 앞으로 실제 고객 지원 현장은 어떻게 변해 갈까. 생성형 AI에 특화된 소프트뱅크 100% 자회사인 제낙스에서 대표를 맡는 이사고 신이치로 씨는 큰 흐름에 대해 이렇게 이야기한다. "콜센터 업계와 밀접하게 일하며 비즈니스에 AI를 도입해 온 관점에서 보면, 인간을 전제로 한 기존의 콜센터는 가까운 시일 내에 소멸하거나 격감하리라고 생각합니다." '인간을 전제로 한'이라는 말인즉슨 전부 AI로 대체되지는 않더라도 현재의 콜센터가 큰 혁신을 앞두고 있다고 생각해야 한다는 말이다.

이러한 혁신에 관해서 LLM의 진화나 AI 에이전트의 활용 같은 기술적 측면과 함께, 한 가지 더 고려해야 할 큰 전제가 있다. 바로 '현장'이다. 많은 사람이 일하는 콜센터 현장에서 생성형 AI와의

- 인간 대응을 전제로 한 기존형 콜센터의 격감
- 현장의 이해를 구할 것인가, 상의하달식으로 밀어붙일 것인가
- 통신사+BPO 사업자+AI 벤더의 합종연횡
- 고객 대응 방식의 그러데이션화
- 일본어를 사용하는 업무에 적용하는 데는 일정 시간이 걸린다

융합으로 인해 변화해 갈 업무를 긍정적인 의미로 이해하지 못하면, 혁신은 이루어지지 않는다. AI 학습에 필요한 데이터를 반드시 현장에서 전달받아야 자동화가 가능하기 때문이다. '어차피 자동화된 후에는 우리 일거리가 없어지겠지?'라고 믿는 사람의 마음의 문을 열고, 현장에서 데이터와 노하우를 인수하는 부분도 중요한 활동이다.

이때 상의하달식 혁신을 추진하는 기업은 현장의 이해를 건너뛰고 진행할 수 있어, 반대에 대한 염려 없이 변화에 대응하기 쉽다는 측면이 있다. 혹은 상의하달 방식이 아니더라도 현장 전체의 의견이 생성형 AI를 이용한 업무 자동화에 찬성하는 쪽으로 수렴되면, 변화를 좇기 쉬워진다. 머지않아 많은 업무가 생성형 AI로 인해 자동화될 미래가 자명하다면, 지금 하는 일을 AI를 이용한 업무 자동화에 맞춘 프로세스로 바꾸어 대비하는 등 하의상달식 움직임을 보일 수도 있다. 상의하달식이든 하의상달식이든, 미래의 혁신에 대응할 수 있는 회사는 빠른 속도로 고객 지원 업무 혁신을

추진할 수 있을 것이다.

고객 지원 업계에서 생성형 AI를 도입하여 활용하리라고 예상되는 또 다른 분야는 비즈니스 프로세스 아웃소싱**BPO** 사업이다. 콜센터를 운영하는 BPO 사업자와 통신 회선을 제공하는 통신사업자, AI 기술을 가진 기업이 손잡음으로써 고객 지원에 생성형 AI를 활용할 수 있도록 추진될 가능성이 커진다. KDDI 에볼바**KDDI Evolva**와 렐리아**Relia**가 합병하여 탄생한 알티우스 링크**Altius Link**라는 컨택센터 운영 기업이 있다. 이 회사는 KDDI와 엘라이자**ELYZA**와 공동으로 컨택센터 특화형 LLM 앱을 개발 중이다. 이처럼 앞으로는 BPO 사업자와 AI 기술을 가진 회사가 손을 잡고 고객 지원의 AI화를 진행하는 형태가 하나의 정석으로 자리 잡게 될 것이다.

/// 품질에 대한 고집을 넘어 미래를 내다본다

조금 다른 방향에서 현장은 어떻게 느낄지를 살펴보겠다. 미국의 생성형 AI 스타트업 소개에서도 나왔는데, 업무에 적용하려면 음성으로 대응하는 기술도 필요하다. 많은 스타트업이 기술을 발전시키고 있지만, 이는 영어로 이루어지고 있다. 자국어를 사용하는 실전 업무에 적용하는 데는 일정 시간이 걸릴 수도 있다. 읽기 오류나 인식 실수 등을 완전히 없앨 수는 없다.

이러한 기술적 사정과 더불어 일본 사람들은 품질에 상당히 세심하며 고집이 있다. 지금의 콜센터의 규칙을 전제로 한 채 생성형

AI를 적용하려고 할 때, '이 일은 인간이 하는 편이 더 높은 성능을 보인다', '인간이 응답했을 때 고객 만족도가 더 높다', 그러니 AI 도입을 보류하자는 식의 결론에 이르기 쉽다. 기존과 같은 평가법을 적용하여, 그것도 지금의 기술로 개념 증명[PoC]을 실시한 순간을 평가해서는 AI 도입은 영원히 불가능하다. 향후 인간을 전제로 한 콜센터 업무가 축소되어 간다는 큰 흐름을 직시하고 생성형 AI를 활용할 각오가 있는 기업만이 고객 지원의 품질을 향상시켜 살아남을 수 있다고 생각하면 어떨까.

품질 측면에서는 음성 대화 시의 AI의 응답 시간에도 주목해야 한다. 오픈AI가 2024년 10월에 출시한 '오픈AI 리얼타임 API[Realtime API]'를 이용하면, 임의의 애플리케이션과 AI의 실시간 음성 대화를 실현할 수 있다. 인간과 인간 사이에서 자연스럽게 여겨지는 대화의 간격은 0.02초에서 0.03초라고 하는데, 거의 유사한 대화 감각을 실현하는 것이다. 아직 정확도를 높여야 할 여지가 많이 남아 있지만, 응답 시간이 중요한 사안인 만큼 앞으로 진화될 모습이 기대된다.

/// 개인용 에이전트에 대한 기업의 대응

기업이 AI 에이전트를 도입할 때 미래에는 고객에게 AI를 활용한 퍼스널 에이전트가 도입될 것이라는 점을 고려해야 한다. 언젠가는 미래에 생활자의 라이프타임에 맞추어 판단을 지원하거나 대행하는, AI를 활용한 개인용 에이전트가 등장할 것이다. 그때 이를 상대하는 기업에서 사람 손으로 고객 대응을 하고 있어서는 고객 지원에서도 영업에서도 응대의 균형이 깨지고 만다. 따라서 개인용 에이전트를 상대하는 기업 에이전트를 제대로 만들어야 한다. 콜센터나 매장에서도, 광고와 마케팅 같은 영역도 포함하여 상품과 브랜딩 등을 모두 이해하고 대응하도록 해야 한다.

이사고 씨의 제낙스에서는 기업 에이전트 구축을 지원하고 있다. 여기서는 코파일럿과 같이 '인간을 지원'하는 기능과 AI 에이전트로서 '인간을 대체'하는 기능을 양 축으로 삼는다. 바로 인간을 완벽하게 대체하기에는 아직 난도가 높아서 도입 단계에는 인간을 지원하는 코파일럿 같은 용도로 시작하는 것으로 생각한다.

여기서 잠깐 실제로 각각의 회사 콜센터의 자동화를 추진하는 이사고 씨에게 구체적으로 어떻게 진행하는지 설명을 들어보자. 이사고 씨는 "생성형 AI 붐이 경영층에 강한 충격을 주면서 대표가 수천 명 규모의 콜센터를 전부 자동화하라, 하고 호령하는 일도 있습니다. 상의하달식이어서 반드시 대응해야 하죠. 그렇지만 현장의 상황이나 기술의 성숙도를 고려하면, 갑자기 AI로 전체를 자동화하려고 하면 현장에 대혼란이 일어납니다. 따라서 도메인 특화형 RAG**검색증강생성**와 거대 언어 모델 운영**LLMOps** 부분의 구조를 만든 다음에 음성을 다루는 에이전트를 조합해 가는 방식을 권장하고 있습니다."라고 설명한다.

LLM에 각 회사의 정보를 조합하여 응답 정확도를 높이는 RAG

AX(AI Transformation)의 미래 지도

콜센터나 사내 문의 업무는 AI 에이전트화한다. 업무 형태가 변화한다.

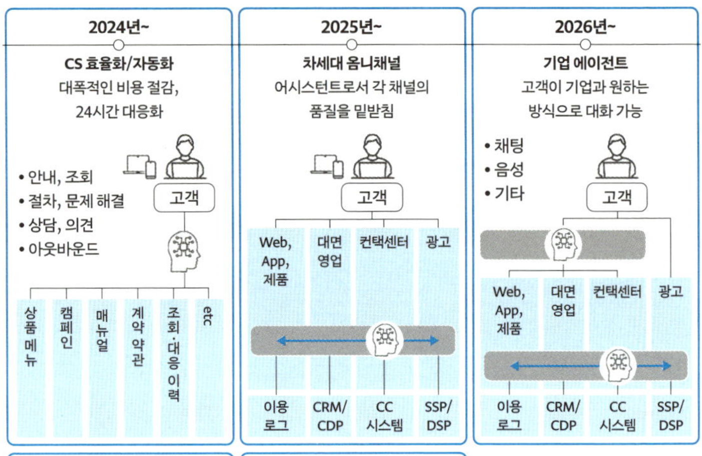

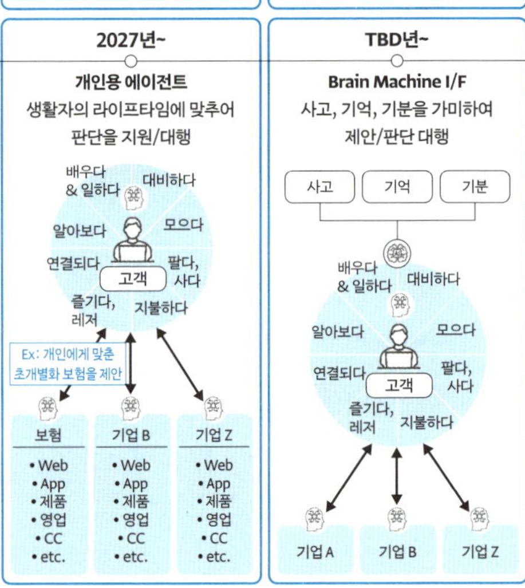

기술과 LLM의 운용, 관리 기법, 프로세스를 구축하는 거대 언어모델 운영을 나누어 개발하는 모듈식 개발 기법이다. 실제로 개발해온 이사고 씨는 "사전 학습이 끝난 LLM이 각 회사의 정보를 반영하여 응답하기란 어려워서 RAG를 사용하게 됩니다. 하지만 현실은 그렇게 간단하지 않습니다. RAG의 바탕이 되는 데이터가 제대로 정리되어 있는지, 데이터의 내용에 권한 부여가 되어 있는지, 그리고 데이터가 적절히 업데이트되어 있는지 등을 확인하면서 AI를 학습시켜야 합니다."라고 말한다. 여기서도 데이터 관리와 운용 등 최신 기술을 적용하기 위한 토대가 필요하다는 사실을 알 수 있다.

▰▰▰ 겉보기 KPI와 본질적인 KPI

콜센터 업무의 자동화로 무엇을 KPI(중요 실적 평가 지표)에 둘 것인가는 큰 과제다. 이사고 씨가 참여한 몇몇 선행 검증 프로젝트에서는 기존 업무의 자동화를 목표로 한다. 콜센터에 걸려오는 전화의 이유(콜 리즌)를 크게 분류하면, 본인 확인 없이 상품 등을 설명하는 '안내', 본인 확인 후 계약 내용 등을 확인하는 '조회', 주소나 계약 내용의 '변경' 등이 있다. 여기까지는 비교적 AI를 이용한 자동화를 하기 쉬운 업무다. 핵심은 해결해야 할 과제가 있는 고객(인간) 측에서 대화의 주도권을 잡고 있고, AI가 그 용건을 이해하고 대응하는 데 있다.

한편, '영업'을 수반하는 대화에서는 현재 콜센터 운영 측에서 대화의 주도권을 가지고, 고객의 기분, 마인드를 뒤흔들어 서서히 마음이 바뀌도록 하면서 구매나 계약 변경 등을 하도록 끌고 간다. 통신 판매나 이커머스^{EC} 이외에서도 마찬가지다. 예를 들면, 고객이 휴대 전화 이용료 등 구독 계약 해지를 신청했을 때, 상담사가 취해야 할 대응은 바로 해지 절차를 안내하는 것이 아니다. 해지하고 싶다고 생각하게 된 배경이나 감정의 변화를 찾아내어 어떻게든 해지 의향을 철회하도록 하고 계약을 유지시키는 것, 혹은 기간 연장이나 저렴한 서비스로 유도하여 수익에 미치는 영향을 최소한으로 막는 것이다.

"해지하고 싶다는 고객에게 순순히 해지 절차를 안내하는 것은 지금의 AI도 할 수 있습니다. 하지만 '특별한 캠페인이 있으니 조금 더 유지해 주세요'라는 식의 해지 방어가 고객 지원의 위대한 업무이며, 이를 AI가 인간보다 더 잘하게 되려면 시간이 조금 걸릴 것 같습니다." 이사고 씨는 그렇게 보고 있다. 더불어 '불만 제기'에 대해서도 AI가 엉성하게 답변하여 불에 기름을 붓는 격으로 화가 난 고객을 더 화나게 해서는 안 된다. 지금으로서는 '영업·해지 방지'와 '불만 제기'에 관한 자동화 적용률이 그 외의 업무에 비해 크게 낮을 것으로 본다.

콜 리즌은 업계·업종에 따라 다양하지만, AI로 인한 자동화 달성률은 업무별로 차이가 나고 기대할 수 있는 효과에도 차이가 있다. 현 단계에서는 자동화가 진행되면서 '해지' 절차 안내에는 AI를 활용하고, 해지를 만류하는 해지 방어 협상은 인간이 담당하는

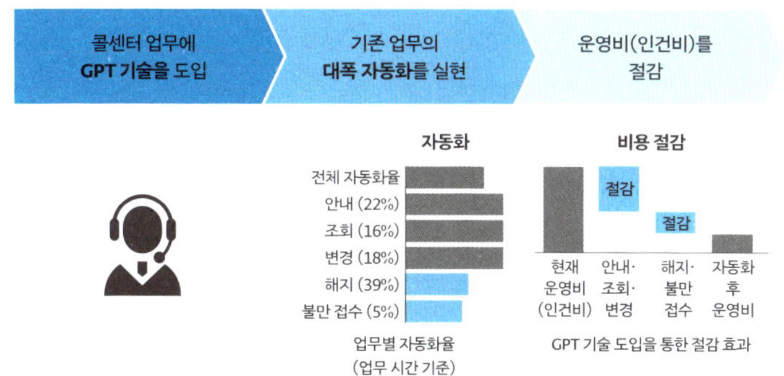

석으로 역할을 분담해도 효과가 볼 수 있을 것이다. 해지 방어는 부가가치를 창출하는 업무이기 때문이며, 자동화율만 KPI로 삼는 데는 무리가 있다.

수주 센터에서 수주 클로징률만 KPI로 삼고, AI에 의한 자동화로 인건비를 절감했다고 하자. 그로써 KPI는 달성했다고 한들, 인간에 의한 대응의 품질이 유지되지 않고 매출까지 떨어지면, 본질적으로 비즈니스에는 효과가 없는 셈이다. 고객 지원이나 콜센터 같은 업무 형태에서 무엇을 KPI로 삼아 AI에 의한 자동화를 추진해 나갈지를 판단하는 것이 매우 중요하다는 의미다.

비즈니스로 AI를 제공하는 회사에서는 검색 정확도와 해결률 등을 KPI로 꼽기도 한다. 제공하는 측에서는 중요한 지표다. 하지만 고객 지원에 AI를 이용하는 측에서는 자신들만의 KPI를 확실히 해둘 필요가 있다. 가령 AI 에이전트가 빠른 말투로 이야기하면 시간은 단축될 것이다. 하지만 그로 인해 고객 만족도가 떨어져서는 의미가 없다. 비즈니스의 KPI를 충분히 이해하고서 AI를 현명하게 활용해야 한다.

/// 고객 지원에 AI를 도입할 때 부딪히는 과제

콜센터에 AI 에이전트를 도입하면 누구나 이 일을 할 수 있게 된다는 식의 선전 문구를 보게 된다. 하드웨어와 소프트웨어 벤더에서는 그러한 포지션 토크Position Talk●를 앞으로도 계속할 것이다. 그러나 적어도 현시점에서는 IT 부서에서도, DX 추진 부서에서도 '이 도구를 사용하면 고객 지원 업무를 효율화할 수 있어 비즈니스 확장으로 이어집니다.'라는 일은 있을 수 없다. 고객 지원을 위한 콜센터 업무는 매우 광범위하다. 꼼꼼하게 분석하면 수천에서 수만 개의 업무가 존재하며, 그 전부를 하나의 AI 에이전트에게 맡기기란 현실적으로 불가능하다.

게다가 업무 규칙 등을 적용하는 데도 어려움이 있다. 금융청에서 금융 업무상 의무로 정한 본인 확인 단계가 필요할 때 AI는 아무리 가르쳐도 실행하지 않을 확률이 있다. 이러한 AI가 가진 일정한 불확실성을 어떻게 다루어야 할지도 과제다.

더불어 AI 에이전트의 출발점도 고려해야 한다. 현재 상황을 완

●　자신에게 유리한 것만 말하는 방식

벽하게 분석한 다음에 소규모로 시작하는 방법도 있지만, 현재 상황을 분석하는 일 자체가 너무나도 어렵다. 그렇다면 바람직한 To-Be를 설정하고, 지금의 GPT3나 GPT4를 AI로 사용하면 이 정도 일은 할 수 있을 것 같다, 하고 업무 설계를 한 다음, 역산해서 AI 에이전트를 구축하는 방법을 채택하자. 이처럼 업무를 지금의 AI에 적합한 형태로 바꾼다는 발상도 AI 활용의 포인트다.

/// AI 네이티브 데이터를 만든다

실제로 AI 에이전트를 구축할 때는 AI 활용을 전제로 한 문서 관리나 업무 흐름을 만드는 방법이 중요하다. 업무 흐름을 문서로 만들 때, 보통 인간이 읽기 쉽도록 시퀀스 다이어그램 등을 사용할 것이다. 인간이 이해하기 쉽고, OCR(광학 문자 인식) 장치를 사용하면 AI가 읽어 들이도록 할 수도 있다. 그러나 정말로 AI가 이해하기 쉬운 것은 도표를 텍스트로 마크다운하는 머메이드^{Mermaid} 기법 등으로 작성한 문서다. 플로 차트나 시퀀스 다이어그램, 간트 차트 등을 텍스트로 작성하여 AI가 이해하기 쉬운 AI 네이티브 데이터로 기록하는 방식이다.

인간이 읽기 쉬운 시퀀스 다이어그램을 작성하기보다는 처음부터 머메이드 기법으로 문서를 작성한 다음, 인간이 확인할 수 있도록 시퀀스 다이어그램으로 변환하여 출력하는 식으로 문서 작성 방식을 바꾸는 것이다. 시퀀스 다이어그램 등 인간이 읽기 쉬운 문

기계 가독성이 높은 머메이드 기법(왼쪽)을 기본으로 하고
필요에 따라 시퀀스 다이어그램(오른쪽)을 생성한다.

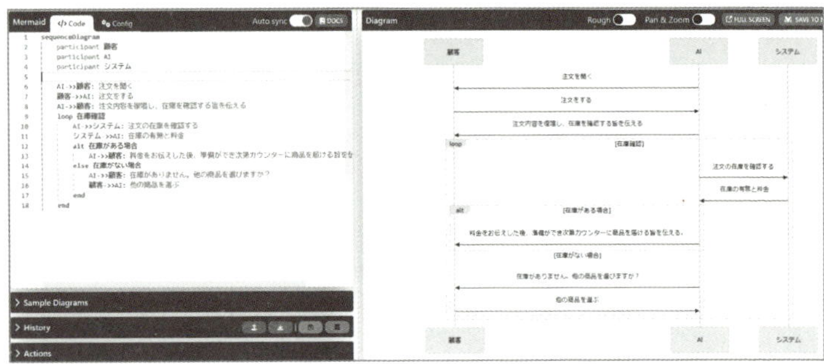

서 위주로 계속 작성하다 보면 AI가, 가령 챗GPT가 5나 6, 7로 진화한다고 해도 문서의 속박에서 벗어날 수 없게 된다. 지금부터라도 머메이드 기법 등 마크다운 문서를 작성하기를 권장한다.

이사고 씨가 제낙스의 업무를 설명할 때, 기업의 각 업무 중 잠자는 데이터를 어노테이션**Annotation, 태그 지정**하기 위한 회사입니다, 라고 표현할 때가 있다. 업무 데이터나 프로세스를 AI 네이티브 형태로 해두는 것이 중요하고, 이를 지원하는 회사로서 제낙스와 같은 기업이 등장하고 있다. 앞으로 LLM을 비롯한 AI가 진보한다고 해도 그 AI 관련 부분을 최첨단 기술로 대체해 간다면, AI 네이티브 데이터와 프로세스가 준비된 기업이라면, 자사에 최적화된 AI를 계속 만들 수 있는 것이다.

/// 데이터의 정비와 취급

사실 기업이 가진 데이터와 AI 모델은 나누어 생각할 필요가 있다. LLM 등 AI 모델을 만드는 기업은 오픈AI를 비롯하여 그 수가 한정되어 있다. 앞으로도 계속 그러한 경향을 보일 것이다. 그 밖의 기업은 LLM 등 AI 모델을 구사하는 측에 서게 된다. 이때 데이터를 얼마나 AI에 학습시키기 쉬운 상태로 유지 관리할 수 있는가가 가치를 창출하기 위한 준비로써 필요하게 된다.

이를 이사고 씨는 역설적인 관점으로 풀어낸다. "LLM 등 모델을 만들어 본 경험이 매우 큰 역할을 한다고 생각합니다. 논문을 통해 트랜스포머의 구조를 이해하고, 학습을 위해 전기료라는 이름으로 제 돈이 사라져 가는 모습을 가까이서 경험했기 때문입니다. 이러한 경험이 있기에 사전 학습용이든 추가 학습이나 강화 학습용이든, 학습할 때는 돈이 사라진다는 체감과 함께 데이터를 완벽하게 해 두는 일의 중요성을 뼈저리게 실감했다고 생각합니다." (이사고).

더불어 학습 데이터가 얼마나 미비한지도 현실을 알아야 할 필요가 있다. 학습 데이터로는 어떠한 데이터가 필요한지에 대해 잠시 생각해 보자. 고객 지원 업무를 AI로 자동화한다고 하면, 콜센터 음성 데이터의 첫머리 로그나, 파일 서버에 넣어 둔 각종 파일 등 다양한 것이 학습 대상이 된다. 이에 이사고 씨는 다음과 같이 충고한다. "그러나 이것들은 노이즈투성의 정보입니다. 그대로 학습하면 AI는 효과적으로 움직여 주지 않습니다. 또한, 이러한 데이

개개인의 경험에 따른 지식과 노하우를 언어나 도표로 표현한 학습 데이터를 준비하여
AI가 자율적으로 사고하게 하고, 지속적인 품질 향상을 도모한다.

AI 전환의 비즈니스적 가치

ⓐ 노하우·지식의 조직 자산화	• 개인만의 경험을 통해 쌓은 지식과 노하우의 언어화, 도표화 • 지식의 축적·공유·진화	레벨 1
ⓑ 출력 품질 향상	• 입력 맥락에 부합한 출력 • 출력 정보의 표준화·편차 방지	레벨 1
ⓒ 작업 부하 경감	• 처리의 효율화·생산성 향상 • 서비스·처리를 E2E로 자동 수행	레벨 2
ⓓ 고객 만족도 향상·미래의 시사 입수	• 예측에 따른 개인화 서비스 • 다양한 사업을 아우르는 자율적인 기업 에이전트	레벨 3

목표 달성을 위한 수행 사항

준비 단계	• 바람직한 모습의 선명함 향상 • **AI ready 업무 프로세스·데이터 관리에 대한 재검토** • AI Ready 조직 정비·변화 관리
도입 단계	• **AI ready 데이터 관리로 이행** • 편리성이 높은 생성 AI 서비스형 소프트웨어를 도입 • 담당자 학습
운용 단계	• 출력 데이터의 학습 데이터화·튜닝 • 업무 프로세스·조직 체제의 개선 • 담당자 재교육·배치 전환

터가 올바른 것인지, 누가 보증해 주는 것인지도 모르는 채로는 쓸모가 없습니다. AI를 계속해서 활용하겠다면 AI 네이티브 데이터 관리가 필수입니다."

더불어 학습 금지 데이터를 어떻게 취급할지도 중요하다. 이사고 씨는 소프트뱅크의 사례를 들며 "전기통신사업법에는 통신의 비밀에 대해 명기되어 있습니다. 누구로부터 누구에게 발신 및 착신이 있었는지는 최고 기밀 정보입니다. 통신의 비밀에 관련된 정

보가 포함된 데이터는 절대로 학습에 사용해서는 안 됩니다. 그러나 통화료를 문의하는 음성 로그 중에 상담원과 고객 사이에서 ○○ 씨에게 전화했습니다, 하는 대화가 섞여 있을 때, 이를 완벽하게 제거하기란 힘든 작업입니다. 통신사업자는 이러한 잔존 리스크를 어떻게 통제할 것인가까지 생각해서 AI를 활용하고 있습니다."라고 설명한다.

스타트업 소개 항목에서 이야기했던 개인 정보나 기밀 정보를 자동으로 마스킹해 주는 기능을 제공하는 크레달 AI 등도 있다. 이러한 서비스 중에서 사용 언어에 대응하고 정밀도가 높아 적절하게 사용할 수 있는 것이 있다면, 자사의 업무 자동화에 잘 적용할 수 있도록 검토해 보자.

구조화 데이터뿐만 아니라 다양한 비정형 데이터도 LLM의 사전 학습이나 튜닝에 사용하는 것을 생각하면, AI 학습용 데이터의 운용 관리에도 더 세심한 주의를 기울일 필요가 있다.

/// 업무 흐름의 다양성과 공통성

업무 흐름이나 콜센터에 전화를 거는 이유인 콜 리즌은 업무가 각 회사마다 모두 다른 것 같다. 실제로 자세히 들여다보면 업무 흐름도 콜 리즌도 회사별로 각양각색이다. 한편, 고객 지원 업무라는 큰 틀에서 보면 유형화할 수 있는 부분이 적지 않다. 회사별로 각각 수작업으로 업무 분석을 하는 것은 비효율적이기도 하다.

어느 회사에서나 비슷하게 이루어지는 업무가 존재한다. 상품에 관한 지식이나 데이터에 관한 문의인지, 대상자의 속성을 알아보는 계약에 관한 문의인지, 상황을 파악해야 한다. 그런 다음 필요한 데이터와 AI 에이전트가 무엇을 해야 하는지를 정리한다. 그리고는 앞서 소개한 시퀀스 다이어그램 등 플로 차트를 만든다. 이때 머메이드 기법으로 업무 흐름을 기술하면, AI 친화적인 정보가 된다. 업무 흐름을 표준화된 방식으로 기술하고, 공통적인 부분은 AI 에이전트를 만들어 놓으면 효율적으로 AI를 활용할 수 있다.

돌아보면 RPA가 유행하기 시작했을 무렵인 얼마 전까지만 해도 인재 파견 회사가 '기존에 다섯 명 파견하던 일을 두 명과 RPA 로봇을 제작 가능한 사람 한 명을 파견하게 되어 전체적으로 비용과 효율 모두 향상됩니다.' 같은 식으로 비즈니스를 하던 적이 있었다. RPA 부분을 AI로 대체하면 고객 지원 분야에서도 당장 눈에 보이는 수준으로 효율화를 꾀할 수 있을 것이다.

덧붙여 고객 지원 업무를 생성형 AI로 자동화할 때 유형화가 가능해진다면, 자사에서 AI를 개발하지 않아도 비용 절감을 실현할 수 있을지도 모른다. 극단적인 이야기를 하자면, 같은 업계에서 서로 협조하여 FAQ를 집약한 AI 에이전트를 만듦으로써 비용 절감과 고객 만족도 향상을 실현하는 방향을 잡을 수도 있다. 업계 전체의 효율화를 도모함으로써 국내 업계로서 해외에 밀리지 않는 체력을 유지한다는 목적을 세우고, 고객 지원에서 생성형 AI를 활용하면 효과를 볼 수도 있다.

생성형 AI가 에이전트로서 응대하게 되더라도 콜센터에는 고객의 생생한 목소리가 전달된다. 다음에 무엇을 원하는지, 이 제품에 어떤 불만이 있는지, 이러한 정보를 활용하여 다음 비즈니스 개발로 이어갈 수 있다면 고객 지원, 고객 대응/콜센터의 AI화가 기업에 큰 부가가치를 부여하게 될 것이다.

Chapter 04

마케팅·크리에이티브

아베 시게유키

어도비 주식회사 디지털 스트래티지&솔루션즈 본부 수석 비즈니스 개발 매니저 ————————————

30년 넘게 일본 시장에 해외의 최첨단 테크놀로지를 도입하며 그 보급과 발전에 공헌했다. 1994년, 매크로미디어사 설립 멤버로서 플래시Flash 기술을 축으로 인터넷 비즈니스 발전에도 기여했다. 2005년 어도비가 회사를 인수한 후, 현재는 생성형 AI를 포함한 최신 기술로 고객 경험을 혁신하는 시장 개척에 힘쓰고 있다.

이 장의 포인트

❶ 생성형 AI는 마케팅 상류 공정(전략, 인사이트)에 혁신을 일으킨다

'지금까지 쓸모없게 여겨졌던 전체 데이터의 80%를 차지하는 비정형 데이터를 활용할 수 있게 된다.' → **p.140**

❷ 마케팅의 기존의 PDCA 사이클을 애자일^{agile}로 극적으로 바꾼다

'3개월에 두세 종류의 PDCA밖에 돌리지 못하던 시대에서, 하루에 20회 정도 돌릴 수 있는 게임 체인지가 일어나고 있다.' → **p.143**

❸ 생성형 AI의 활용은 고객과의 관계성의 질을 높여준다

'생성형 AI에 의한 마케팅과 크리에이티브의 혁신을 세 가지로 정리해 보겠다. 바로 '고객 가치의 전달', '고객 가치의 발견', '고객 가치의 공동 창출'이다.' → **p.145**

❹ 고객 서비스, 마케팅, 영업과 같은 영역의 융합이 진행된다

'고객 경험을 고객과의 상호작용이라고 생각했을 때, 고객 서비스와 마케팅, 영업으로 정보를 전달해 가는 순환은 고객 경험 그 자체가 될 것이다.' → **p.172**

❺ 생성형 AI의 표준화·모듈화 시대의 서비스 설계 능력에서 일본은 유리하다

'생성형 AI 시대에 일어나는 변화가 과거에서 원점으로 돌아가 상자 속 정원 만들기 같은 데 강한 일본의 가치를 찾아내는 일로 이어질지도 모른다.' → **p.173**

상품과 서비스를 고객에게 알리고 시장을 만드는 일이 요구되는 '마케팅'은 많은 기업에서 공통으로 공을 들이는 업무다. 생성형 AI와 마케팅의 관계는 콘텐츠 크리에이티브에서 한발 앞서 활용되고 있다는 이미지가 있다. 하지만, 그 역할은 작업 부담을 줄여 주는 콘텐츠 생성 도구라는 의미에 한정되지 않는다. 생성형 AI는 마케팅 프로세스의 자동화부터 브랜드 가치 제공까지 마케팅 전반에 큰 효과를 주는 존재다.

고객의 본질적인 요구를 확인하는 도구로

01

/// 마케팅의 혁신은 세계적으로 70조 엔급 효과를 미친다

대기업에서 생성형 AI를 어떻게 사용하고 있는지에 관한 CB인사이트의 보고서에 따르면, 가장 많이 사용하는 분야가 고객 지원, 고객 서비스이고, 두 번째가 마케팅이라고 한다. 실제로 마케팅에 도입된 비율도 약 30%에 달한다. 제3장에서 살펴본 고객 지원과 고객 서비스 분야에 이어 큰 변화가 일어나고 있는 분야가 바로 마케팅이다. 미케팅에 종사하면서 이미 생성형 AI를 이만큼 활용하고 있음을 인식하지 못한다면 세상에 뒤처질 위험이 있다.

제4장에서는 마케팅과 크리에이티브 업계 지도의 변화에 관해 살펴보자. 맥킨지 보고서에 따르면, 생성형 AI로 인한 마케팅 영역의 혁신 비율은 약 10%로 추정된다. 적은 비율이라고 느낄 수도 있다. 그러나 마케팅 시장 규모는 크다. 단 10%일지라도 세계적으로 보면 70조 엔 정도의 효과가 있을 것으로 추정된다. 이러한 마케팅, 크리에이티브 혁신과 관련해서는 광고 관련 금액의 규모를

생성형 **AI**를 일부 기능에만 적용해도 기업 전반에 걸쳐
사용 사례가 창출하는 잠재 가치를 대부분 파악할 수 있다.

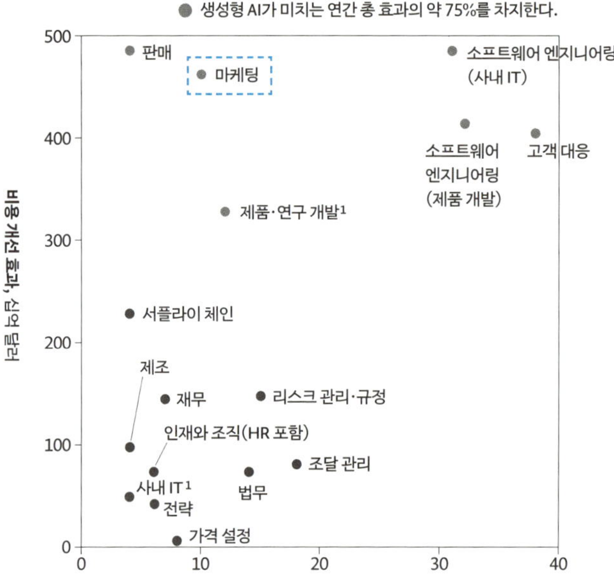

참고 : 효과를 평균화한 것

1 소프트웨어 엔지니어링 제외

자료 : Comparative Industry Service(CIS), IHS Markit; Oxford Economics McKinsey Corporate and Business Functions 데이터베이스; McKinsey Manufacturing and Supply Chain 360; McKinsey Sales Navigator; ignite 맥킨지 데이터베이스, 맥킨지 분석

맥킨지앤컴퍼니의 보고서 '생성형 AI가 가져올 잠재적 경제 효과' (2023년 6월)에서 인용(점선으로 표시한 부분은 필자가 추가한 것)

마케팅은 세계적으로 약 70조 엔* 규모의 효과

* 1달러를 150엔으로 환산

생성형 AI의 사용 사례는 산업계 전반에 걸쳐 각 비즈니스 기능에 다양한 효과를 보일 것으로 예상된다.

비즈니스 기능별, 생성형 AI에 의한 생산성 개선 효과[1]

낮은 효과 ▬▬▬ 높은 효과

각 비즈니스 기능 열의 머리글(대각선 표기)과 열별 합계(십억 달러) 범위:

비즈니스 기능	합계, 십억 달러
마케팅 & 판매 / 고객 대응	760–1,200
소프트웨어 엔지니어링 / 제품·연구 개발	340–470
서플라이 체인·운용	230–420
리스크 관리·법무	580–1,200
전략·재무	280–530
사내 IT[2]	180–260
인재·조직	120–260
	40–50
	60–90

업계	합계, 각 업계 전체의 수익에서 차지하는 비율(%)	합계, 십억 달러
관리·전문 서비스	0.9–1.4	150–250
첨단 전자, 반도체	1.3–2.3	100–170
첨단 제조업[3]	1.4–2.4	170–290
농업	0.6–1.0	40–70
은행	2.8–4.7	200–340
기초 소재	0.7–1.2	120–200
화학품	0.8–1.3	80–140
건설	0.7–1.2	90–150
소비재	1.4–2.3	160–270
교육	2.2–4.0	120–230
에너지	1.0–1.6	150–240
헬스케어	1.8–3.2	150–260
하이테크놀로지	4.8–9.3	240–460
보험	1.8–2.8	50–70
미디어·엔터테인먼트	1.5–2.6	60–110
제약·의료기기	2.6–4.5	60–110
공공·사회 섹터	0.5–0.9	70–110
부동산	1.0–1.7	110–180
소매[4]	1.2–1.9	240–390
통신	2.3–3.7	60–100
교통, 운수, 물류	1.2–2.0	180–300
		2,600–4,400

참고 : 우수리로 인해 합계가 100%가 되지 않을 수 있음

1 구축 비용(학습, 라이선스 등) 제외 **2** 소프트웨어 엔지니어링 제외
3 항공 우주, 방위, 자동차 제조 포함 **4** 자동차 판매 포함

자료 : Comparative Industry Service(CIS), IHS Markit; Oxford Economics; McKinsey Corporate and Business Functions database; McKinsey Manufacturing and Supply Chain 360; McKinsey Sales Navigator; Ignité, 맥킨지 데이터베이스; 맥킨지 분석

맥킨지앤컴퍼니의 보고서 '생성형 AI가 가져올 잠재적 경제 효과' (2023년 6월)에서 인용(점선으로 표시한 부분은 필자가 추가한 것)

크게 잡는다. 따라서 생성형 AI에 의해 변화된 영역이라고 하면, 먼저 AI로 만드는 크리에이티브 생성에 눈길이 갈 것이다. 바로 디지털 마케팅이나 프로모션 마케팅의 효율화다.

하지만 생성형 AI의 진짜 파급력은 마케팅의 상위 단계에서 고객과의 접점이 다양해진다는 점에 있다. 예를 들어 텍스트, 이미지, 음성과 같은 비정형 고객 데이터를 분석해 고객이 진짜 원하는 것뿐만 아니라 미처 예상하지 못했던 특이한 패턴이나 예외도 발견할 수 있다. 이제는 이미지를 텍스트로 변환하는 것도 가능하다. 쓸모없게 여겨졌던, 전체 데이터의 80%를 차지하는 비정형 데이터까지도 활용 범위에 들어온 것이다.

여기서 얻은 인사이트는 어떤 게임 체인지를 일으킬까? 첫 번째는, 비정형 데이터로부터 얻은 인사이트를 바탕으로 AI 에이전트가 액션을 취하고, 액션을 테스트한 결과로부터 핵심 목적인 마케팅 '전략'을 찾아내는 것이다. 두 번째는, 고객에 맞춰 어느 타이밍에 어떠한 메시지를 전달할 것인가를 조절하는 고객 '인지Awareness'에 미치는 영향이다. 이는 고객에 대한 인지 효과뿐만 아니라 기업 내 구성원과 파트너에게도 실시간으로 고객의 니즈를 깨닫게 하는 효과도 있다. 마지막으로, '고찰'이다. '이것을 해 보면 어떻게 될까?'하고 생각한 것을 가상공간에서 검증할 수 있게 되어 더욱 깊게 고찰할 수 있다. 고객이라면 포괄적인 정보와 관점에서 다이내믹한 추천을 통해 개인적인 '피팅' 체험을 가상으로 해볼 수 있게 된다.

생성형 AI가 초래하는 이 세 가지 게임 체인지가 마케팅의 상위 단계에서 큰 효과를 가져다줄 것이다.

/// 계속해서 의사소통을 한다

게다가 앞으로는 마케팅의 형태가 크게 바뀌어 가리라고 상정해야 한다. 먼저, 생성형 AI 활용을 통해 초개인화라고 불리는 형태로 개인 맞춤형 메시지를 전송할 수 있게 된다. 채팅이라는 의사소통 스타일로 대표되는, 지속적인 고객과의 소통이 가능해져 초개인화가 큰 변화를 일으킨다.

지금까지 컨버전^{Conversion, 전환}은 '장바구니에 넣고 어떻게 끝까지 사게 만들까'가 승부를 갈랐다. 그런데 생성형 AI에 의한 초개인화와 의사소통 방식의 변화에 따라 '3개월에 걸쳐 고객의 온도감을 차차 높여 마지막에 사게 만드는' 방법도 가능해지는가 하면, 이직한 지 몇 년 지났을 무렵 채팅창에 '지금 다니는 회사와 잘 맞는지 모르겠는 기분이 들지는 않나요?' 같은 형태로 인재 마케팅을 위한 대화를 장기간 이어갈 수도 있게 된다. 그러한 큰 변화를 인지하는 것이 중요하다고 생각한다.

이제 마케팅 영역의 업무가 어떻게 변해 갈지 조금 더 구체적으로 파고들어가 보자. '생성형 AI가 사업에 미치는 열여섯 가지 효과' 중에서 먼저 마케팅과 크리에이티브 영역에 강한 영향을 주는 것은 '효율화', '개별화', '지속 접점화' 항목이다. 크리에이티브 생성

1. **사회적 영향** → AI 포모(FOMO, 놓칠까 두려운 심리) 시대에 새로운 사업 시작의 용이함이 중요, PR 능력부터 시작
2. 비용 절감 → 선행 우위를 확립하는 지름길
3. **효율화** → 고속화(실시간화), 고속 회전화에 따른 게임 체인지
4. **개별화** → 고객과 유저의 개별 니즈에 맞춘 커스터마이징
5. **지속 접점화** → 저비용, 개별화가 가능해져 장기 고객과 접하는 시장화
6. 민주화 → 다운사이징, 지금까지 부족했던 중소/전문 분야를 보완
7. 접근성 : 소수자에 대한 기회 제공
8. **지속 가능성** : 작업 부담 경감, 큰 경제 범위에서 시장 실패를 회복할 가능성
9. 확장성 : 개별성이 높은 여러 사업이 AI를 통해 통합 규모성을 이룰 수 있는가?
10. **글로벌화** : AI가 다국어·비언어성을 흡수함으로써 다국적 동시 전개
11. 리스크 예측 : 리스크 예측에 따른 사업 참가 영역의 확장, 저비용 진입
12. 핀테크화 : 위에서 핀테크 수익을 (+타 사업의 무료화·저가화)
13. 에지 다발화 → 단판 승부 비용이 극적으로 낮아져 다산다사형으로 연속적인 단판 승부
14. **심리스 통합** : 언어 의존성으로 인해 분단되어 있던 업무를 통합화
15. 윤리성, 설명성 : 위의 사업 기회에 설명성·윤리성을 높임
16. **멀티모달 R&D** : DNA, 단백질 식약 개발 등 개발에서 비롯된 핵융합 알고리즘과 같은 비연속적인 기술 변화

의 효율화는 생성형 AI의 등장으로 크게 발전될 것이며, 앞에서도 설명한 초개인화를 중심으로 한 개별화에 대한 대응도 큰 변화를 보일 것이다. 더불어 고객 접점을 지속하는 데도 효과를 발휘한다.

/// 고속화와 글로벌화라는 게임 체인지

하지만 그뿐만이 아니다. 이러한 하나하나의 효과에 눈길이 가기 쉽지만, 효율화의 연장선상에 있는 고속화와 고속 회전화에 따른

게임 체인지에도 주목해야 한다. 지금까지 TV 광고를 내보내고 3개월 단위로만 PDCA^{Plan-Do-Check-Act} 사이클을 돌릴 수 있었던 마케팅이 생성형 AI 시대에는 크게 달라진다. 고객 인사이트를 얻는 순간, 프로그래밍 없이 AI 에이전트를 만들 수 있는 디파이^{Dify} 같은 크리에이티브 도구를 사용하면 바로 랜딩 페이지^{LP}의 프로토타입을 만들 수 있다. 프로토타입을 SNS에 포스팅하여 어떤 패턴이 어느 세그먼트^{Segment, 고객층}에 강한 인상을 주었는지 검증해 나가면, 모든 것을 실시간화, 하이사이클화 할 수 있다. 3개월에 두세 종류의 PDCA밖에 돌리지 못하던 시대에서 하루에 20회 정도 돌릴 수 있게 되면서 게임 체인지가 일어나고 있다.

열여섯 가지 효과 중에서 마케팅 영역에 영향을 미치는 것으로 '글로벌화', '심리스 통합'도 있다. 소위 '글로벌화'라고 하면, 지금까지는 영어를 적용하는 것을 정통적인 대응으로 여기고는 했다. 그러나 지금은 생성형 AI를 써서 단번에 수십 개 언어로 전개할 수도 있다. 게다가 각 나라의 문화와 풍습에 따라 표현해서는 안 되는 금기가 있으면, 가드레일(안전장치)을 이용하여 허용되는 표현으로 변환하거나, 마지막에 인간에게 넘겨 표현을 정리하는 등 진정한 의미에서 다국어화, 다국적 전개를 손쉽게 할 수 있게 된다.

생성형 AI의 엔진으로 LLM을 이용하는 데서 비롯된 효과와 변화도 있다. 마케팅하면 아무래도 업무에 언어나 크리에이티브 요소가 들어간다. AI로 일부 업무를 효율화해도 인간이 중간에 들어가면서 시스템상에서 업무가 연계되지 않는 부분이 존재했다. 그러나 LLM이 등장하면서 API[*]로 언어를 이용할 수 있게 되었다. LLM을 통해 업무를 통합하거나, 여러 업무의 인사이트를 융합하여 그룹별로 분단되어 있던 경험을 통해 쌓인 개개인의 노하우를 집단 지식으로 바꿀 수 있게 된다. 큰 관점에서 보면, LLM을 이용한 언어의 API화는 업무에 변화를 몰고 올 것이다.

/// 생성형 AI 시대의 마케팅이란

원점으로 돌아가 마케팅이란 무엇을 목표로 하는 것인지를 다시 한번 살펴보겠다. 일본 마케팅협회에서는 '마케팅이란, 기업 및 다른 조직이 글로벌한 관점에 서서 고객과 상호 이해를 얻으면서 공정한 경쟁을 통해 시장을 창조하기 위한 종합적 활동이다.'라고 정의한다. 피터 드러커는 더욱 간단하게 '마케팅의 목표는 셀링(판매)을 불필요하게 하는 것이다.'라고 정의 내렸다. 판매를 불필요하게 하는 활동이 마케팅의 본질이라는 개념은 이해하기 쉬울 것이다.

요컨대, 본질적인 마케팅에서는 특정 고객의 고객 여정 속에 이로운 점과 편리성을 마련하여 고객이 상품이나 서비스를 사고 싶게 되는 방법을 생각하는 것이 중요하다. 판매하지 않아도 고객이 자연스럽게 상품에 관심을 보이기도 한다. 마케팅에서는 고객이 관심이 있다고 말하지 않아도 우연히 제품이나 서비스를 보고 나

• 프로그램이 다른 프로그램의 기능을 사용할 수 있도록 해주는 연결 통로

• 고객 가치의 전달　　　　• 고객 가치의 발견　　　　• 고객 가치의 공동 창출

서 '그렇구나, 나는 지금 이것이 필요하구나.'라고 생각하게 되고, 그것을 갖고 싶다고 생각하면 바로 손에 넣을 수 있는, 그런 환경을 제공해야 한다.

결국 마케팅을 'Who'와 'What'이 중요하다. 어떤 고객이 제품이나 서비스에서 어떤 가치를 발견할 것인가를 중개하는 것이다.

이러한 관점에서 생성형 AI로 인한 마케팅과 크리에이티브의 혁신을 세 가지로 정리해 보자. 바로 '고객 가치의 전달', '고객 가치의 발견', '고객 가치의 공동 창출'이다.

마케팅에는 상정한 고객에게 고객 가치를 전달하는 측면이 있다. 그뿐만 아니라 고객에게 제품이나 서비스의 가치를 발견하게 하는 것도 중요하다. 물론 제공자 측은 '이 제품의 이러이러한 가치가 좋습니다.'라고 제안하지만, 결국 고객이 무엇을 위해 그 제품을 사용할 것인가 하는 가치는 고객이 발견하는 것이며, 고객 가치의 발견은 중요한 요소다. 그 앞에는 고객이 가치를 발견할 뿐만 아니라 고객과 파트너가 함께 가치를 만들어 가는 고객 가치의 공동 창출이 있다. 이 세 가지 프로세스에서 생성형 AI가 어떠한 변화를 일으킬지를 생각하는 것이 본질적인 혁신의 핵심이다.

/// 생성형 AI에 의한 마케팅 혁신의 발자취

이미 생성형 AI를 포함한 AI를 마케팅이나 프로모션에 활용하고 있는 사례는 적지 않다. 예를 들면 광고대행사 덴쓰는 '∞AI'라는 명칭으로 고객 접점의 확대와 개별화를 추진하고 있다. AI를 이용하여 고객의 구매욕의 축을 찾아내어 크리에이티브 생성을 지원하고 효과를 예측하여 개선하는 식이다. 사이버 에이전트는 광고의 카피 작성에 생성형 AI를 활용하여 크리에이티브 디렉터를 줄이는 데 성공했다. 인원 구성의 변화뿐만 아니라 AI를 중심으로 한 프로세스로 바꿈으로써 우수한 카피 작성률이 향상되고, 고객사에

**비정형 데이터를 통해 감정을 분석하여
고객의 생생한 목소리를 경영에 활용한다**

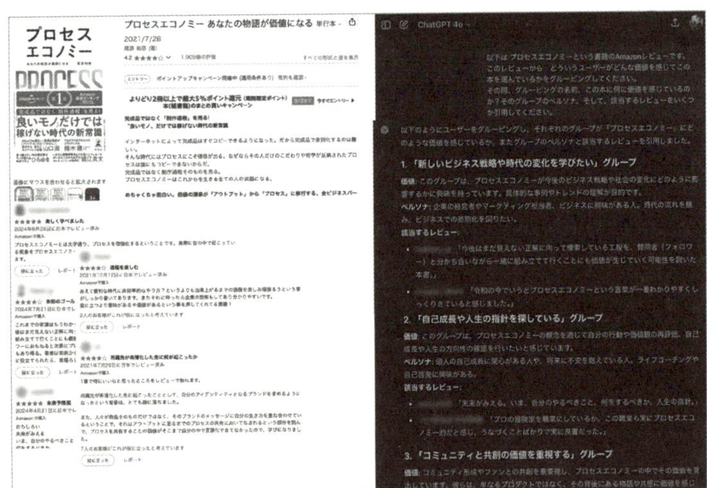

https://www.amazon.co.jp/dp/4344038339에서 인용

게 받는 보수 체계도 선불에서 성공 보수로 바뀌는 비즈니스 혁신이 이어지고 있다.

이러한 사례만으로도 생성형 AI가 고객 가치를 높이면서 사업의 혁신을 유발한다는 사실을 알 수 있다. 그렇지만 생성형 AI를 활용하는 데 있어 중요한 점은 새로운 고객 가치의 발견으로 발전시키는 것이다. 원래 LLM은 풍부한 범용적 지식을 갖춘 AI 엔진이다. 그리고 학습을 거듭하면 인간의 페르소나와 취향 등을 분석하는 감정 분석기로써 사용할 수 있게 된다는 사실이 밝혀졌다. 실제로 서적 리뷰를 챗GPT에 입력하고 '어떤 페르소나를 가진 그룹이 어떠한 이점을 느끼고 있는지 정리해 주세요.'와 같이 간단한 프롬프트로 지시만 하면, 페르소나를 그룹으로 분류하여 결과를 보여주기도 한다. 감정 분석기로 사용 가능한 생성형 AI는 고객의 생생한 목소리를 분석하여 새로운 고객 가치의 발견을 뒷받침한다.

더불어 리캡셔닝**Re-captioning**이라는 기술을 소개하겠다. 재캡션이라고도 한다. 오픈AI의 동영상 생성형 AI '소라**Sora**'는 짧은 프롬프트로도 아름다운 영상을 만들어 준다. 그런데 리캡셔닝 기술을 사용하면, 생성한 영상에 대해서 더욱 상세한 설명문을 만들어 준다. 일본어로 만들어 달라고 지정할 수도 있다. 즉, 영상의 상세한 설명문을 생성형 AI가 만들어 주는 셈이다.

LLM을 사용하면 이미지와 텍스트, 텍스트와 이미지를 오갈 수 있게 되어 비정형 데이터를 더욱 깊이 이해할 수 있게 된다. 예를 들면, 어떤 사람이 좋아하는 이미지의 공통점을 언어화해서 프로

예를 들어 매칭 앱 '틴더Tinder' 등에는
이미지에 달린 'Like'의 데이터가 대량 축적되어 있다

↓

리캡셔닝 기술로 'Like'의 공통항을
언어화할 수 있게 되었다.

↓

의류나 주택 등의 취향이나 선택 시 중요시하는 점을
언어로 표준화한다.

모션을 진행하거나, 의류나 주택 등의 취향이나 어떤 것을 고를 때 중요하게 보는 점을 언어화할 수 있다. 그동안 언어화가 어려웠던 비정형 데이터를 생성형 AI를 통해 언어화하여 공통점을 찾고, 고객에 대한 이해도를 높여 고객 가치의 공동 창출로 나아갈 수 있는 것이다.

02 크리에이티브뿐만 아니라 마케팅 전략도 지원한다

/// 생성형 AI는 '생성'뿐만 아니라 '이해'도 할 수 있다

마케팅, 크리에이티브 분야에서 생성형 AI를 활용한 스타트업의 트렌드를 살펴보겠다. 그에 앞서 생성형 AI와 마케팅, 크리에이티브 간의 관계에 대해 한 가지 정리된 관점을 설명하겠다. 바로 생성형 AI의 '생성generation'과 '이해comprehension'의 관계에 관해서다. 생성형 AI는 영어로 제너레이티브 AI Generative AI라고 하므로 생성하는 AI라고 생각하기 쉽다. 물론, 글이나 이미지, 동영상 등을 생성하는 것은 생성형 AI의 특기 분야 중 하나다. 한편, 생성형 AI는 컴프리헨션 AI이기도 하다. 컴프리헨션이란 사물을 이해한다는 의미로, 생성형 AI이지만 이해 AI로서도 유용하다.

마케팅 주제로 설명하자면, 다음과 같이 정리할 수 있다. 생성형 AI를 마케팅에 사용한다고 하면, 적당히 프롬프트를 입력했더니 '좋은 캐치프레이즈를 만들어 주거나', '좋은 광고용 이미지를 만들어 주는' 효과에 눈길이 가기 쉽다. 하지만 생성형 AI를 컴프리헨션에 사용하기 위해 과거 데이터를 학습시키거나, 유사한 것을 학습시키거나, 맥락을 자세히 가르치거나 하면, 생성형 AI는 '동영상 내용을 이해하고', '이상값을 찾아내고', '데이터를 분석하는' 등의 능력을 발휘한다. 즉, 먼저 생성형 AI의 컴프리헨션 능력을 사용하여 과제의 맥락을 이해시킨 다음에 새로운 글이나 이미지를 생성시키는 식으로 사용하면, 더 좋은 결과를 내놓는 경우가 많다.

인간 마케터도 먼저 데이터 분석이나 새로운 캠페인 설계 등 컴프리헨션이 필요한 작업을 한 다음에 새로운 크리에이티브 등 제너레이티브^{생성} 작업을 진행한다. 생성형 AI는 사실 제너레이티브 부분뿐만 아니라 컴프리헨션^{이해} 부분도 가능하다는 점을 염두에 두고 스타트업 사례를 살펴보면 더욱 깊이 이해할 수 있을 것이다.

마케팅과 크리에이티브 영역에서 많은 스타트업이 등장하고 있다. 생성형 AI가 화제가 된 초기부터 많은 회사가 등장했기 때문에, 자금 조달액이 세 자릿수 백만 달러, 일본 엔으로 하면 150억 엔이 넘는 회사가 적지 않다.

카피AI CopyAI

마케팅용 콘텐츠 기사의 자동 생성

첫 번째로 소개할 AI는 카피AI다. 영업과 마케팅에 특화된 콘텐츠 자동 생성 서비스를 제공한다. 검색 엔진이나 SNS를 통한 고객 모집에 도움이 되는 기사나 카피를 작성할 수 있어 사용자 유치를 위한 방법으로 활용되고 있다. AI를 이용한 콘텐츠 생성 서비스는 상당히 많지만, 카피AI는 여명기부터 계속 제공해 오면서 지금까지도 높은 평가를 받고 있다. 풍부한 카피라이팅 템플릿에 더해 워크플로를 유연하게 커스터마이징 할 수 있다는 점이 인기를 끄는 이유다.

누적 총 자금 조달액은 1,690만 달러(약 254억 원)로 상당한 액수에 달한다. 자금도 크래프트 벤처스를 비롯한 실적이 있는 벤처

카피AI

링크드인(LinkedIn)에 올릴 콘텐츠를 자동 생성하는 흐름

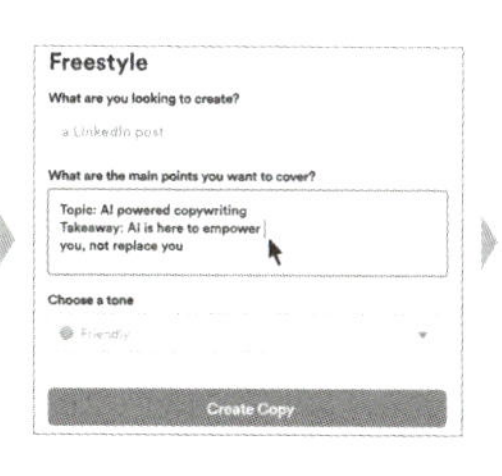
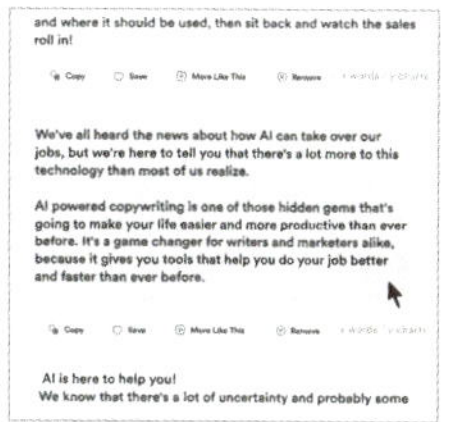

올릴 예정인 미디어/형식을 지시

올리고 싶은 내용의 키워드/강조하고 싶은 메시지 등을 지시 마지막으로 내용과 어조를 선택

카피AI가 콘텐츠의 스토리라인과 그 기사를 편집 가능한 형태로 자동 생성

사진은 https://www.copy.ai/에서 인용.

캐피털로부터 투자를 받고 있다.

재스퍼Jasper
브랜드 보이스를 유지한 콘텐츠 생성을 실현

두 번째로 소개할 사례는 재스퍼다. 마찬가지로 콘텐츠 생성 서비스인데, 각 기업이 가지고 있는 브랜드 고유의 문체나 어조 같은 '브랜드 보이스'를 유지한 콘텐츠를 생성하는 것이 특징이다. 기업으로서 내놓아도 되는 콘텐츠 품질과 작성법 등에 따라 검색 엔진 최적화Search Engine Optimization, SEO 대책, 카피 라이팅, 미디어 기사 작성 등이 가능하다. 설정 화면에서 손쉽게 브랜드 보이스를 구축할 수 있는 것 외에도 브랜드에 어울리지 않는 콘텐츠를 자동으로 조정할 수 있다.

재스퍼는 이미 1억 3,100만 달러(약 1,965억 원)를 조달했다. 이 정도로 자금 조달이 가능하다는 것은 그에 상응하는 매출이 있다는 사실을 보여준다. 인사이트 파트너스 등 실적이 있는 벤처 캐피털이 투자하고 있다.

뮤티니Mutiny
전환율 개선에 특화된 콘텐츠 최적화 플랫폼

다음으로 소개할 것은 뮤티니라는 회사다. 간단히 설명하자면 랜딩 페이지의 전환율conversion rate, CVR을 높이기 위해 생성형 AI를 활용한 A/B 테스트를 진행해 주는 서비스를 제공하고 있다. 구체

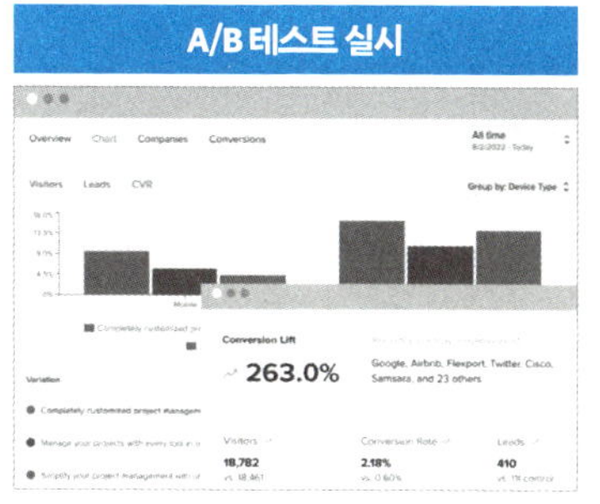

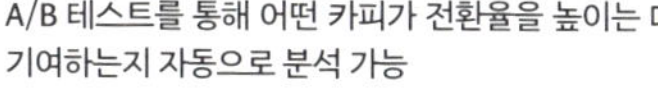

A/B 테스트를 통해 어떤 카피가 전환율을 높이는 데 기여하는지 자동으로 분석 가능

A/B 테스트와 더불어 리치(Reach, 콘텐츠를 본 유저 수) 고객의 세그먼트별 분석 결과로부터 주력해야 할 고객 대상을 자동으로 제안

사진은 https://www.mutinyhq.com/에서 인용.

적으로 설명하자면, 어떤 페이지에서 특정 액션의 전환율을 올리고 싶은 경우 페이지 내 텍스트나 이미지 등의 요소를 어떻게 선택하고 어디에 배치할지 AI가 자동으로 최적화해 준다. 그 결과, 페이지 편집, 테스트, 분석 사이클 속도를 높일 수 있다. 게다가 방문자 데이터를 실시간으로 분석하여 세그먼트별로 효과적인 카피를 제안해 주는 점도 큰 특징이다.

이 회사도 인사이트 파트너스와 세쿼이어 캐피탈의 투자를 받고 있으며, 누적 총 자금 조달액이 7,160만 달러(약 1,074억 원)에 이른다.

페퍼 콘텐트**Pepper Content**
실시간 데이터 구동형 콘텐츠 생성

페퍼 콘텐트도 앞서 소개한 뮤티니와 비슷한 콘텐츠 최적화와 분석을 수행하는 도구를 제공하고 있다. 콘텐츠 기사의 트래픽을 실시간으로 분석하여 효율적인 ROI(투자 대비 효과)와 CAC(고객 획득 비용) 개선을 지원한다. AI가 주제를 선정하여 구성을 제안하고, 제휴를 맺은 작가가 집필을 담당함으로써 고품질 기사를 대량으로 신속하게 작성할 수 있는 점이 특징이다. 실제로 한 주차장 앱의 웹사이트에서는 검색 엔진 최적화를 강화한 결과 오가닉**Organic**• 방문자 수가 2.5배 늘어났다. 콘텐츠 작가도 함께 제공하여 AI와 인간 전문 작가의 조합으로 잇달아 기사를 작성할 수 있는 점도 특징적이다.

투자가로는 베세머 벤처 파트너스**Bessemer Venture Partners**가 있으며, 누적 총 자금 조달액은 1,800만 달러(약 270억 원)에 이른다.

타입페이스**Typeface**
멀티 채널을 지원하는 고객 여정 최적화

다음으로 소개할 타입페이스는 멀티 채널에 대응하는 고객 여정 설계와 게시물 최적화를 실현하는 플랫폼이다. 고객은 처음에는 인스타그램을 통해 어느 회사에 대해 알게 되고, 웹사이트나 유

• 광고가 아닌 검색 엔진을 통한 사용자의 자연스러운 유입

튜브 등을 이용하며 브랜드에 대해 더 깊이 인지하게 되는 등 멀티 채널을 아우르는 고객 여정을 거친다. 그 여정 설계를 지원하거나, 실제 게시물의 최적화에 관해 리뷰해 주는 서비스를 제공한다. 멀티 채널 외에도 인스타그램 광고에 특화되어 있다. 게시물에 적합한 해시태그나 캡션을 자동 생성하여 인스타그램의 알고리즘에 최적화된 광고를 생성하는 기능도 있다.

투자자로는 세일즈포스 벤처스 등이 참여하고 있다. 누적 총 자금 조달액은 1억 6,500만 달러(약 2,475억 원) 규모에 이른다.

엔피니트 Nfinite
제품에 따른 배경 이미지를 생성하여 상품 이미지로 합성

엔피니트는 전자상거래 사이트에 올릴 상품 이미지를 배경 이미지와 합쳐 주는 이미지 생성 플랫폼을 제공하는 프랑스의 스타트업이다. 마케팅 중에서도 크리에이티브에 가까운 용도로 사용된다. 웹사이트에서는 배경이 새하얀 상품 이미지보다 실제로 이용하는 장면을 상상할 수 있는 배경이 있는 이미지가 더 높은 전환율을 얻을 수 있다. 이에 엔피니트에서는 기업 데이터에서 제품 이미지를 자동으로 취득한다. 그리고 제품이나 브랜드의 맥락에 따라 배경을 자동 생성하여 그 안에 제품을 배치한 상품 이미지를 작성하는 일련의 기능을 제공한다. 생성형 AI를 활용함으로써 제품의 사진처럼 사실적인 3D 디지털 트윈을 다양한 맥락 설정에 따라 생성할 수 있는 것이다.

SceneMagic AI에 의한 제품에 따른 배경 이미지 생성

기업 데이터에 접속하여 모든 제품 이미지를 자동으로 취득

취득한 제품 이미지의 품질을 높이기 위한 확대·최적화

브랜드 정보와 커스텀 프리셋을 사용하여 확산 모델을 학습

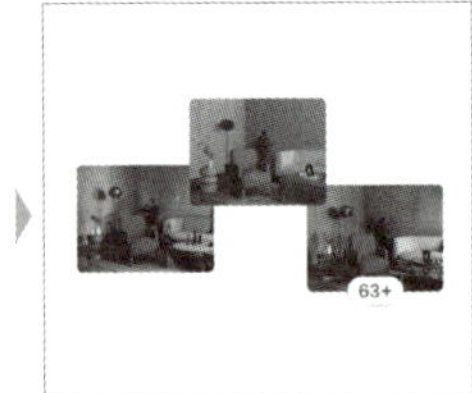

제품의 사진처럼 사실적인 이미지를 다양한 맥락 설정에 따라 생성

모든 출력에 대해 자동으로 품질을 확인한 다음 인간에 의한 검증을 실시

최종 이미지를 API 또는 선호하는 방법으로 송신

사진은 https://www.nfinite.app/scenemagicai에서 인용.

투자자로는 인사이트 파트너스와 손을 잡고 있다. 누적 총 자금 조달액은 1억 2,220만 달러(약 1,830억 원)로, 큰 금액을 조달했다.

픽스아트 Picsart

크리에이터의 수요에 따른 사진과 동영상 생성, 편집

이번 장에서 마지막으로 소개할 스타트업은 픽스아트다. 이른바 인플루언서인 사람들을 위한 서비스를 제공하고 있으며, 서른 가지 이상 준비된 AI 도구의 템플릿을 사용하여 간단히 쉽게 사진이나 동영상을 만들거나 편집할 수 있다. 템플릿과 배경 제거 기능을 활용하여 빠르고 손쉽게 프로모션 소재를 만들 수 있다는 장점이 있다. 게다가 노이즈 제거·해상도 향상 등과 같은 보정과 3D/유화풍 등 다채로운 스타일 생성도 원스톱으로 제공되어 고품질 비주얼을 간편하게 완성할 수 있다는 점이 특징이다.

여기에는 소프트뱅크 비전 펀드가 벤처 캐피털로 들어와 있다. 누적 총 자금 조달액은 1억 9,500만 달러(약 2,925억 원)로, 거액의 자금을 모았다.

03

새로운 시장을 창조하기 위한 생성형 AI 활용

/// 콘텐츠는 테크놀로지의 바깥쪽에 있는 인간으로부터 만들어진다

마케팅, 크리에이티브 주제에 관하여 어도비에서 디지털 스트래티지 & 솔루션즈 본부 수석 비즈니스 개발 매니저를 맡고 있는 아베 시게유키 씨를 초대하여 이야기를 들었다. 생성형 AI가 마케팅 현장에서 구체적으로 어떻게 사용되고 있는지 생생하게 소개하겠다.

먼저 아베 씨는 생성형 AI가 정보 혁신 역사의 연장선에 있다고 보는 관점이 중요하다고 한다. "활판 인쇄가 발명되고 카메라가 만들어지고, 라디오와 TV 방송이 시작되면서 인터넷이 탄생했습니다. 양질의 콘텐츠가 만들어지는 곳에 늘 사람들이 모여 데이터가 축적되어 온 역사죠. 과거부터 현대까지 집단 지식이나 집단 지성이라고 부르는 것은 이러한 정보 축적의 원리를 바탕으로 인간 측에서 발전해 왔습니다. 사실 AI도 그 연장선에 있는 테크놀로지라고 생각합니다. 즉, 사람을 끌어당기거나, 생활방식을 바꾸는 그런

양질의 콘텐츠는 항상 테크놀로지의 바깥쪽에 있는 인간으로부터 만들어졌기에, AI 시대가 되어도 인간의 역할은 계속 존재할 것입니다."

/// 새로운 시장을 만드는 마케팅

한편, 마케팅에 관해서도 하나의 생각을 제시하겠다. 아베 씨는 자신이 스승님이라 부르는 전 가오의 이시이 다쓰오 씨의 말을 소개했다. "마케팅의 본질은 시장 창조다." 이 생각에 따르면, 시장 점유율 싸움 등은 시장 창조가 아니므로 마케팅이라고는 부를 수 없다. 마케팅은 '좋은 것을 만드는' 것과 그것을 널리 알리는 '광고 활동'이 세트를 이루어야 한다.

마케팅이란?

마케팅의 본질은 시장을 창조하는 것이다

고객이 원하는 상품과 서비스를 만들어 내고, 그 제품의 필요성을 느끼지 못했던 고객에게 **필요성을 이해시**키고, 손에 들게 하는 것이야말로 시장 창조다.

전 가오(KAO) 디지털 마케팅 총괄 이시이 다스오

좋은 제품 만들기	광고 활동
'패널 조사'에서 '전량 조사'로 '과제 해결'에서 '고객 경험 제공'으로	'매스 광고'에서 '개인화'로 '골든 타임'에서 '모먼트'로

고객에게 가장 가깝고, 고객을 가장 잘 아는 사람은 누구일까?

예 : 아마존은 구매 이력에 기반한 풍부한 데이터를 통해 고객을 이해한다
→ 제조사가 유통의 하도급이 될 가능성이 있다

그러려면 고객 가까이에 있으면서 고객을 잘 알아야 한다. 아베 씨는 "고객의 소리를 듣고, 알리는 활동에는 항상 리스크가 따릅니다. 지금보다 고객에게 더 가까운 포지션을 차지하는 존재가 나타날 수 있기 때문입니다. 최근에는 아마존이 풍부한 고객 데이터를 사용하여 고객을 이해해 왔습니다. 앞으로는 AI 에이전트 등이 나타나서 고객에게 가장 가까운 포지션을 빼앗아갈지도 모릅니다. 그런 가운데 기업은 항상 고객과 이어져 있고 싶다고 생각합니다." 하고 상황을 조망한다.

지금까지는 판매에 성공하는 것을 목표라고 여겼다. 그러나 '항상 고객과 이어져 있는' 것의 중요성을 인식하게 되면서 구매 후의 고객 참여도의 가치가 높아지고 있다.

//// AI가 자율적으로 사이클을 돌리기 시작한다

그러면 AI가 기여하는 마케팅 프로세스에 대해 어도비에서는 어떻게 분석할까? 이에 아베 씨는 여섯 개의 영역이 있다고 지적한다. '마케팅 계획 입안', '콘텐츠 제작', '변형의 양산', '고객 여정 디자인', '고객 경험 제공', '성과 분석'을 나타낸 그림과 같이 사이클을 돌려 나가면 마케팅 캠페인 등을 실행할 수 있다.

이들 여섯 개의 영역 각각에 대해 아베 씨는 "개인적으로는 AI 에이전트 등이 개발되어 자율적으로 빙글빙글 사이클이 돌아가게 되리라고 예측합니다."라고 이야기한다. 각각의 영역에서 AI나 생성형 AI가 전문 업무를 자율적으로 수행하고, AI 에이전트끼리 연계하여 마케팅 프로세스 사이클을 돌리는 미래다.

/// 3층 구조로 생각하는 AI 활용

그 가운데서 어도비가 큰 힘을 발휘할 수 있는 '콘텐츠 제작' 영역을 중심으로 생성형 AI가 미치는 효과에 대해 살펴보자.

어도비에서는 마케팅 프로세스를 지원하기 위한 포괄적인 생성형 AI의 기술 스택이 있다. 최하층에 데이터, 그 위에 이미지 생성형 AI나 LLM 같은 AI 모델, 더 상위에 애플리케이션이 있는 3층 모델이다. 이러한 3층 구조로 생각하는 것이 하나의 포인트다.

아베 씨는 "데이터 층에서는 기업이 독자적인 데이터를 어떻게

운용해 나갈 것인가가 포인트입니다. 중간에 있는 AI 모델 층에서는 향후 발전될 멀티 AI 모델을 어떻게 제어하고 리스크 관리를 할지도 포인트가 될 것입니다. 상위에 있는 앱 층에서는 사용 사례별로 여러 다른 도구를 사용할 때 연계할 방법에 대해서도 논의해야 합니다."라고 설명한다. 그런 다음 여러 부서를 아우르도록 연속적인 업무 프로세스를 고려할 때는 이 세 개 층을 각각 표준화하는 필요성에 대해서도 생각해야 한다.

/// 제어 가능한 어도비의 생성형 AI

그렇다면 어도비의 생성형 AI는 어떤 가치를 제공할 수 있을까? 아베 씨는 "어도비의 독자성을 설명하기 위해서는 어도비 파이어플라이**Adobe Firefly**와 같은 독자적인 AI 모델을 가지고 있어 상당히 제어 가능하다는 점을 들 수 있습니다. 예를 들면, 지금까지의 이미지 생성형 AI에서는 프롬프트에 텍스트를 입력하여 운에 맡긴 채 한 번에 이미지를 생성하는 상황이 일반적이었습니다. 한편 어도비 파이어플라이는 도구나 프로세스에 반영하여 몇 번이고 다시 만들 수 있는 형태로 이미지 생성형 AI를 활용하도록 기술을 개발했습니다."라고 말한다.

구체적으로 말하자면, 다단계 레퍼런스를 적용하여 출력을 제어하는 기법을 채용했다. 다단계 레퍼런스를 통해 사진의 구도를 참조하여 이미지를 생성하는 공정과 스타일을 적용하여 목적에 따른 출력을 내는 작업을 분리할 수 있다. 간단한 프롬프트만으로 지시할 수 있으며, 많은 변형을 안정적으로 생성할 수 있게 된다. 예를 들면, 프롬프트만으로 생성한 인물 이미지의 구도나 스타일을 바꾸지 않은 채 남성에서 여성으로, 아시아인에서 서양인으로 변화를 조정할 수 있다.

물론, 생성형 AI 모델을 개발할 때는 학습 데이터를 철저히 클리닝해야 한다. 프롬프트로만 생성해서 AI가 출력하는 이미지를 안심하고 상업용으로 사용 가능할 정도의 품질 유지는 기본적인 요건이다. 아베 씨는 "어도비에서는 저작권을 배려한 학습 데이터를 사용함으로써 상업용 이용이 가능한 이미지를 생성할 수 있습니다. 미용 의료 기업에서는 이미 인간 모델을 대신하여 AI가 생성한 이미지를 광고에 이용하고 있습니다."라고 설명한다. 제어 가능한 생성형 AI를 제공함으로써 이처럼 실제 사용 사례가 확실히 다양해지고 있다.

이제 어도비 파이어플라이에서는 이미지를 생성할 수 있을 뿐만 아니라 동영상, 비디오도 생성할 수 있다. 아베 씨는 "이미지와 마찬가지로 저작권을 배려한 데이터 설정으로 학습, 개발하고 있기 때문에, 생성한 동영상도 안심하고 상업용으로 이용할 수 있도록 설계되어 있습니다. 앞으로는 동영상의 사용 사례도 다양해지리라고 생각합니다." 하고 동영상 업계에서도 생성형 AI가 마케팅 프로세스에 관여하는 시대의 도래를 예언한다.

/// 콘텐츠 서플라이 체인 도구로

덧붙여 아베 씨는 생성형 AI를 마케팅 콘텐츠 작성에 이용하려면, 하나의 기술만 있어서는 규모 조정이 잘 이루어지지 않는다고 지적한다. "생성형 AI 활용에는 워크플로 설계가 필요합니다. 이미지나 동영상을 생성하는 프로세스 속에 원하는 출력을 얻을 때까지를 마치 조립 공장 같은 흐름으로 설계합니다. 이러한 워크플로를 통합한 체제를 어도비에서는 콘텐츠 서플라이 체인이라고 부릅니다."

현대에는 어도비 포토샵 같은 애플리케이션이 클라우드상에서 작동하고 API로 제어할 수 있다. 일련의 복잡한 이미지 처리 절차 등을 워크플로로 작성하여 어도비 포토샵에 전달한다. 그러면 디지털 자산 관리Digital Asset Management, DAM 시스템과 연계하여 지시에 따라 생성형 AI 기능을 활용하여 클라우드상에서 이미지 처리를 실행할 수 있다. 많은 패턴의 이미지가 필요한 경우에도 이러한 콘텐츠 서플라이 체인을 활용함으로써 자동으로 아웃풋을 생성할 수 있다.

콘텐츠 서플라이 체인은 이미 기업에서도 활용되고 있다. 2025년 어도비 서밋에서 발표된 사례를 소개하겠다. 푸르덴셜파이낸스에서는 개인화를 추진하기 위해 콘텐츠 서플라이 체인의 최적화를 진행했다. 마케터가 DAM으로 관리된 콘텐츠의 변형으로써 어떤 이미지를 원하여 자동화 도구 버튼을 누르면, 뒤에서 어도비 포토샵 등이 작동하여 크기를 조정하고 이미지를 생성해 주는 원리로 움직인다. 헨켈**Henkel**(https://www.adobe.com/jp/news- room/news/202403/20240328_summit-adobe-and-henkel.html)에서는 뷰티 & 웰니스 고객을 대상으로 사진 촬영을 하던 기존 이미지를 AI가 생성한 이미지로 대체하면서 시간과 비용을 절감했다.

/// 브랜드 가치 제공부터 모든 프로세스의 자동화까지

실제로 생성형 AI를 마케팅이나 크리에이티브에 활용할 때 브랜드의 특성을 유지하는 것도 중요하게 여겨야 할 관점이다. 생성형 AI를 사용할 때도 지금까지 유지해 온 브랜드 이미지에 맞는 이미지를 생성시키고 싶은 법이다. 어도비에서는 예전 이미지를 학습시킨 커스텀 모델을 만들었다. 기술적으로 보면, 파인 튜닝에 가까운 형태다. 최소 30장 정도의 샘플 이미지를 준비하면, 그 이미지들과 상당히 비슷한 경향을 보이는 아웃풋을 낼 수 있다. 아베 씨는 "커스텀 모델 작성 서비스는 어도비 외의 타사에서도 비슷한 방식을 취하고 있을 것입니다. 브랜드 가치를 유지한 콘텐츠 생성은 생성형 AI를 활용하는 데 있어 하나의 포인트가 됩니다."라고 말한다.

더불어 실제로 활용할 때 프롬프트의 메뉴화도 필수적인 요소다. 인물 사진을 생성할 때 머리카락 길이나 색상, 스타일 등을 조정하기 위해 일일이 프롬프트를 작성하기는 힘들다. "그러한 선택 사항을 메뉴에서 선택할 수 있도록 사용자 인터페이스를 개발함으로써, 마케터가 손쉽게 원하는 인물 이미지를 생성할 수 있습니다."(아베).

그 끝에는 마케팅 프로세스를 포함한 자동화가 존재한다. 예를 들어 리텐션**Retention, 고객 유지**용 메일 템플릿에 LLM을 이용하는 챗GPT 등을 통해 문장을 작성하고 맥락에 맞는 이미지를 골라 자동으로 콘텐츠를 만들어 올리는 용도를 들 수 있다. 아베 씨는 그 효과에 대해 "샴푸 판매 비즈니스에서 모발이 손상된 고객에게 글로 제안함과 동시에 개인화한 사진도 함께 보내도록 한 사례가 이미 있습니다. 하나의 캠페인을 진행하기 위한 시간이 극적으로 짧아지기 때문에, 개인한 콘텐츠의 종류도 늘릴 수 있고, 그 결과 컨버전(전환)도 증가하는 선순환이 만들어집니다."라고 설명한다.

브랜드 가이드라인과 사진 촬영 요건을 바탕으로, 이번 캠페인용 생성형 AI 이미지 템플릿의 프롬프트를 설계

API를 이용하여 대량으로 만들어진 이미지를 애셋 매니지먼트(자산 관리 도구)에 보관

/// 콘텐츠를 모듈화하는 디자인 기법

콘텐츠 서플라이 체인 분야에서 가장 앞선 사례로 아베 씨는 2024년 어도비 서밋에서 광고대행사 옴니콤에서 발표한 내용을 꼽았다. 철저하게 콘텐츠를 모듈 구조로 취급함으로써 생성형 AI를 활용한 콘텐츠의 조합을 후공정으로 돌리는 사례다.

후공정으로 돌린다는 것은 고객 데이터의 맥락에 맞춰 그때그때 콘텐츠를 출력할 수 있도록 해야 한다는 말이다. 따라서 "콘텐츠의 변형을 만드는 속성을 세세하게 분할하여 변형 패턴을 미리

아토믹 디자인을 적용한 콘텐츠 관리 기반

왜 의미 있는 콘텐츠를 그룹으로 관리할 필요가 있는가? :
이 단위로 이용하면 다양한 상황에서 재사용할 수 있으며, 일관성 있는 콘텐츠로서 효율적으로 관리할 수 있으므로.

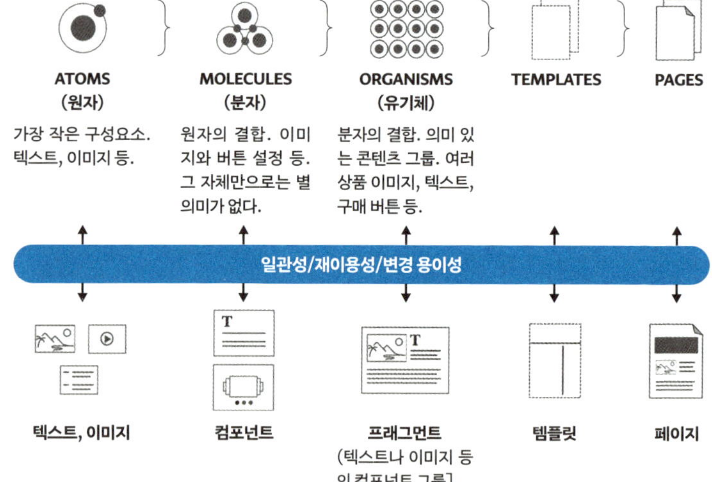

정의해 둡니다. 그런 다음 각각의 소재가 어느 변형에 해당하는지를 식별할 수 있는 메타 정보로써 태그를 답니다. 이 시스템에 의해 임의의 조합으로 소재를 골라 조합할 수 있게 됩니다."(아베).

이전부터 디자인 업계에서는 아토믹 디자인**Atomic Design**이라는 개념이 존재했다. 콘텐츠를 구성하는 요소를 분해하여 유기적으로 조합함으로써 의미를 부여하는 디자인 개념과 프레임워크다. 생성형 AI 시대인 현재에는 아토믹 디자인의 개념이 재평가되어 프레임워크뿐만 아니라 데이터 구조와 구축에도 적용하게 되었다. 기술의 진화가 과거의 디자인 방법의 개념을 가져와 점차 현대에 맞추고 있는 것이다.

/// 콘텐츠와 데이터의 연계가 만들어 내는 사이클

아베 씨는 "이러한 콘텐츠 구조의 변화로 인해 드디어 콘텐츠와 데이터를 연계할 수 있게 되었습니다. 반대로 말하면 단순히 생성형 AI를 도입한다고 해서 완벽하게 효과를 살리기란 상당히 어렵다는 점을 이해해 두어야 합니다."라고 지적한다.

어도비에서는 고객 여정을 자동 생성하는 기능을 개발 중이라고 한다. 지금까지 수작업으로 하던 '여행지별로 여정이 분기된다'와 같은 작업을 AI로 자동화할 수 있다. 이때 분기된 여정의 맥락에 따라 자동으로 메일을 작성할 수 있다면 정말 편리하다. 구조화하여 관리 운용함으로써, 콘텐츠와 데이터의 조합을 훨씬 편리하

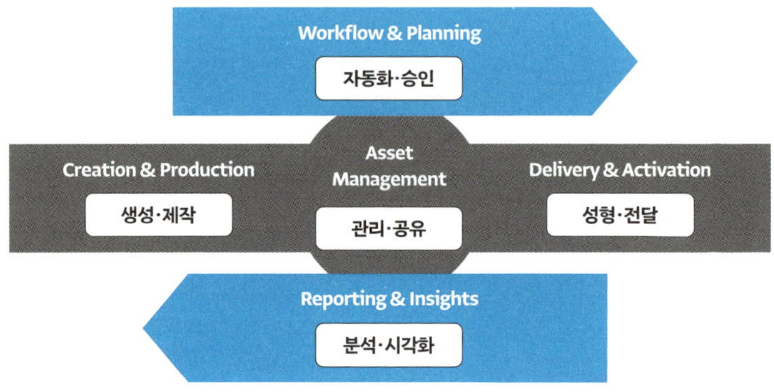

게 활용할 수 있게 된다. 그 내용을 되돌아보고 분석하여 개선하는 사이클도 돌릴 수 있다.

지금까지 마케팅 콘텐츠는 제작해서 고객에게 제공하고 나면 종료되는, 일회용에 가까운 것이었다. 그러나 AI 퍼스트 서플라이 체인에서는 콘텐츠의 부품을 생성하고 잘 관리하여 맥락에 따라 동적으로 조합하여 전달한다. 그 프로세스가 자동화되면서 해석한 결과로부터 어떤 콘텐츠가 수익에 공헌했는지를 바로 파악할 수 있게 된다. 이러한 지식을 다음 콘텐츠를 제작할 때 활용하는 사이클이 돌아가게 된다.

/// 지속하는 데는 기술의 차이를 흡수할 수 있는 구조가 중요하다

생성형 AI를 활용할 때 어떤 점에 주의해야 할까? 아베 씨가 어도비 관점에서 설명해 주었다. "AI는 멀티 AI 모델 시대를 향하는 한편, 점점 대중화되어 갈 것으로 보입니다. 이처럼 끊임없는 변화 속에서는 기술에 의존한 상태에서 비즈니스 프로세스를 만드는 일의 리스크를 염두에 두어야 합니다. 어도비는 원래 크로스 플랫폼을 제공 가치로 여겨 왔습니다. 맥Mac과 윈도우Windows를 오가도 글자가 깨지지 않는 정보 교환을 위해 레이어를 한 장 넣은 제품을 제공하는 식입니다. 생성형 AI 시대에도 마찬가지이며, 특정 기술에 의존하지 않는 구조가 필요합니다."

어떤 특정 기술에 의존하게 된 비즈니스 프로세스는 그 기술이 사라지거나, 제공 가격이 10배가 되거나 하면, 갑자기 운영할 수 없게 된다. 이를 구축할 때는 멀티 AI를 어떻게 제어하고 리스크 관리를 하면서 도입할지가 중요하다. 아베 씨는 "어도비는 리스크 관리 부분에 많은 투자를 하고 있습니다."라고 말한다.

어도비는 챗GPT와 같은 언어 계열 AI 모델은 개발하지 않았다. 어도비 서비스로 언어 계열 솔루션을 전면에 내세우지 않고, 설령 탑재된 언어 계열 AI 엔진이 바뀌어도 비즈니스 프로세스는 그대로 계속 사용할 수 있도록 설계했다고 한다. 기술 변화를 보장할 수 있는 이용 방법, 리스크 관리가 더욱 중요해진다고 지적한다.

덧붙여 아베 씨는 "생성형 AI 등이 진화하면서 고객 서비스 채널, 마케팅 채널, 영업 채널에서의 각각의 활동이 융합·통합되어 갈 것입니다. 고객 경험을 고객과의 상호작용이라고 생각하면, 고객 서비스와 마케팅, 영업으로 정보를 전해 가는 순환은 고객 경험 그 자체가 될 것입니다." 하고 영역이 융합되리라고 예측한다.

//// '생성형 AI × 마케팅'에서 일본은 어떻게 싸울까

마케팅 영역에서 생성형 AI를 활용하는 데 있어 일본과 외국의 대처 방식에 어떠한 차이가 있을까. 아베 씨는 "미국 등의 나라에서는 시도해 보는 횟수가 많다는 인상을 받습니다. 작은 사용 사례로 성공 경험을 쌓아 가는, 그것도 비용 절감 목적이 아니라 고객 경험이나 가치 창출 등 기업 가치 향상으로 결부되는 시도를 한다는 점에서 다르다고 느낍니다."라고 이야기한다.

한편, 일본이 마케팅 영역에서 고객 경험을 선도하던 시대도 있었다고 한다. 아베 씨는 "예전에 어도비 플래시^{Adobe Flash}라는 기술이 있었습니다. 당시의 고객 경험이나 웹상에서의 경험 설계는 일본이 선도하고 있었습니다. 일본의 크리에이터나 기업이 잇따라 국제적인 광고상을 받는 일도 있었습니다. 공헌하던 시대가 있었던 것입니다. 아직 디지털 마케팅 프로세스가 분업화되지 않은 시대에 모종의 상자 속 정원 같은 곳에서 콘텐츠와 고객 경험을 제대로 제공하던 시대였습니다."라고 회상한다.

그 후의 기술의 진화에 따라 고객 경험 구축도 백 엔드^{back-end}와 프론트 엔드^{front-end}로 업무가 세분화되면서 부서 간에 연계하여 만들게 되었다. 아베 씨는 "규모를 조정하며 만들 수 있게 된 대신에 처음부터 끝까지 제대로 만들 수 없게 되어 조금 시시해졌습니다. 일본인의 강점은 시작부터 끝까지 제대로 품질을 유지하며 만들어 가는 데 있다고 생각합니다. 생성형 AI 시대가 찾아오면서 고객 경험 제공이 융합 및 통합되면, 더욱더 제대로 설계하여 프로세스를 만들어 낼 필요가 있습니다. 생성형 AI 시대에 일어나는 변화가 과거에서 원점으로 돌아가 상자 속 정원 만들기 같은 데 강한 일본의 가치를 찾아내는 일로 이어질지도 모릅니다."라고 내다보았다.

향후 생성형 AI 모델과 AI 에이전트가 더욱 대중화되면, 그것을 오브젝트(객체)로 변환하여 조합함으로써 다양한 서비스를 만들어 낼 수 있는 시대가 온다. 그렇게 되면 자사의 개발 모델을 발전시키거나 AI 에이전트의 기능을 향상시키는 것뿐만 아니라, 그러한 오브젝트를 어떻게 잘 편성하여 고객의 과제에 대응할 것인가 하는 서비스 디자인 영역이 중요해진다. 여기서도 표준화된 오브젝트를 블록처럼 조합하여 상자 속 정원과도 같은 하나의 세계를 디자인하는 데 뛰어난 일본의 기술과 기량이 한몫할 가능성이 있다.

Chapter 05

영업·판매

야마자키 하즈무

주식회사 놀리지워크KnowledgeWork 집행임원 CAIO, 구 주식회사 포에틱스Poetics 대표이사 ————

음성 해석 AI×언어 해석 AI를 이용한 공감의 순환을 목표로 하는 '포에틱스'의 대표(당시). 2025년 5월부터 M&A를 통해 놀리지워크 그룹에 들어가 최고 AI 책임자CAIO에 취임했다. 포에틱스는 2017년 10월 설립하여 음성·언어 해석 AI 연구 기관으로서 논문 등을 발표하고, 음성·언어 해석 AI와 AI 서비스형 소프트웨어 '잼롤JamRoll' 등도 개발하여 제공한다. 야마자키 씨의 전공은 인문학이다. 도쿄대학 대학원 종합문화연구과 박사과정을 만기퇴학하였으며, 뉴욕대학교 대학원 특별연구원. 포브스 재팬Forbes Japan 기업가 인명록 400에 선정되었다.

이 장의 포인트

❶ AI는 업무 자동화와 병행하여 사람 간의 신뢰 관계 구축을 지원

'영업이나 판매 분야에서는 AI에 의한 엔드 투 엔드로 자동화될 뿐만 아니라 업무 처리를 자동화함으로써 인간과 인간의 관계성을 향상시키는 업무에 주력할 수 있다는 방향성도 염두에 두어야 한다.' → **p.178**

❷ 영업 프로세스에서는 다양한 장면에서 생성형 AI가 도입되기 시작하고 있다

'AI와 영업이 결합하여 유용하게 활용될 수 있는 영역을 간단하게 네 가지로 정리해 보았다. 바로 리드 획득 등으로 이어지는 '어택 리스트 작성', 메일이나 영업 제안 자료 등을 개인화하여 작성하는 '개인화 메일 작성', 영업 업무를 시각화하는 '영업 프로세스 분석', 영업에 최적의 방법을 전수하는 '영업 코칭'이다.' → **p.183**

❸ 영업 활동 결과에 대한 AI의 피드백을 받아 가치를 창출

'송신한 메일과 그 결과의 데이터도 LLM에 학습시켜 빙글빙글 사이클을 돌려 가면, LLM은 보다 영업 효과가 높은 메일의 초안을 작성할 수 있게 된다.' → **p.186**

❹ 영업, 판매 '블랙박스' 해소에 AI 활용

'온라인뿐만 아니라 대면 회의까지 포함하여 고객과의 의사소통의 터치 포인트를 모두 AI가 해석함으로써 회의 정보의 블랙박스화 문제를 해소하고 매출 향상을 지원한다.' → **p.201**

❺ 일본형 영업에 적합한 생성형 AI 도입이 필수

'일본의 중견기업이나 엔터프라이즈의 어카운트 영업에는 분업 체제에서 신규 개척을 중심으로 한 해외형 영업 기술은 적합하지 않은 경우가 많다. 즉 일본 대기업의 어카운트 영업을 지원하는 영업 기술이 필요한 것이다.' → **p.210**

영업과 판매에는 인간과 인간의 관계성이 큰 영향을 미친다. 생성형 AI는 이러한 인간만이 할 수 있는 업무에 어떤 효과를 보일까? 생성형 AI는 학습된 지식 능력으로 높은 전문성을 갖추어 추가 비용이 발생하기 쉬운 사무 처리 등을 원활하게 해낸다. 게다가 인간 간의 의사소통을 분석한 생성형 AI는 계약에 실패한 원인을 특정하여 수주나 계약 성립으로 이어지도록 인간에게 피드백을 준다. AI가 영업 생산성을 높여 기업의 실적을 올리는 세계를 알아보자.

01

인간과 인간의 관계를 지원하는 AI

/// 고객 대응이나 마케팅과는 다른 '인간과의 관계'

제5장에서는 영업, 판매 분야에서 생성형 AI가 미치는 영향에 대해 살펴보겠다. 제3장에서 고객 대응·고객 지원, 제4장에서 마케팅·크리에이티브 분야, 즉 생성형 AI가 큰 효과를 가져올 분야의 상황을 확인했다. 그다음으로 효과가 있다고 볼 수 있는 것이 영업·판매 분야다. AI 이후 세계에서의 산업 혁명을 잘 살펴보면, 영업·판매 분야에서는 전체의 7~8% 정도에 이르는 영향을 미치는 것으로 추산된다. 이는 비율로만 보면 낮아 보일 수 있다. 하지만 전체 산업 규모가 크기 때문에 금액으로 보면 60조 엔 규모에 이르는 혁신이 일어난다는 것을 보여주는 수치이기도 하다.

이번 장에서 다루는 영업·판매 영역은 지금까지 살펴본 영역과 생성형 AI의 관계성이 조금 다르다는 점을 첫 번째 메시지로 보내고 싶다. 고객 대응이나 마케팅 영역에서는 AI를 통해 인사이트를 얻으면, AI가 직접 고객에게 대응하여 응답하는 세계가 만들어졌다. 특히 마케팅에서는 랜딩 페이지나 광고 배너를 점차 자동 생성할 수 있게 되면서 엔드 투 엔드(끝에서 끝까지)로 AI 자동화가 이루어지는 조류가 강해지고 있다. 그러나 영업이나 판매 분야에서는 AI에 의한 엔드 투 엔드로 자동화될 뿐만 아니라 업무 처리를 자동화함으로써 인간과 인간의 관계성을 향상시키는 업무에 주력할 수 있다는 방향성도 염두에 두어야 한다.

영업과 판매 업무를 크게 세 가지로 분류해 보겠다.

- 트랜잭션**Transaction** : 계약 처리나 사무 작업
- 릴레이셔널**Relational** : 고객과의 관계 구축
- 엑스퍼티즈**Expertise** : 과제를 해결하는 전문성

지금까지 인간을 육성할 때는 아무래도 실무 처리 트랜잭션 부분에 시간을 빼앗겨 전문성(엑스퍼티즈)을 키울 수가 없었다. 그런데 AI의 능력을 빌리면 AI가 전문성 부분을 지원해주므로 쉽게 업무를 확장할 수 있다. 기업 내에 쌓인 경험을 통한 개개인의 지식과 노하우도 AI에 녹여 넣을 수 있게 된다. 이를 통해 인간의 업무를 절반 정도 대체할 수 있을 것으로 예상된다. 또 다른 큰 변화는 트랜잭션 부분이다. 지금까지 시간을 빼앗겼던 업무 처리를 자동화할 수 있게 된다. 이로써 업무 부하가 압도적으로 줄어들어 인간이 처리할 부분이 기존의 20%, 궁극적으로는 10% 이하로 줄어드는 세계가 보이기 시작한다.

AI와 자동화는 노동자의 핵심 업무에 혁신을 일으키고, 생산성 향상을 촉진하며, 현재 업무의 80%에 영향을 미친다(핵심 업무의 개요 이미지)

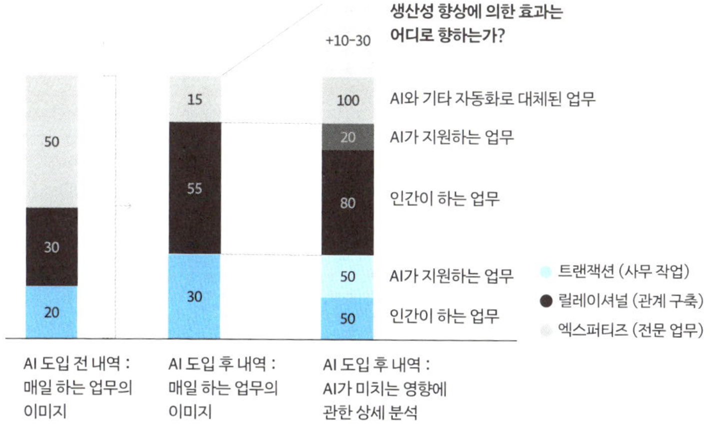

Source: OpenAI, OpenResearch, the University of Pennsylvania, Brookings Research, Goldman Sachs Research, Jesuthasan and Boudreau
Oliver Wyman Forum의 기사 'How Generative AI Is Changing The Future Of Work' (https://www.oliverwymanforum.com/global-consumer-sentiment/how-will-ai-affect-global-economics/workforce,html)에 실린 그림을 인용하여 번역함.

그렇게 AI가 업무를 변화시키면, 또 하나의 분류인 관계성, 즉 릴레이셔널 부분에 해당하는 업무에 인간이 주력할 수 있게 된다. 특히 B2B 거래에서는 신뢰성이 중요하다. 변화의 시대로 나아갈수록 지금 가진 솔루션만 제안해서는 더 큰 신뢰를 얻을 수 없다. '이 회사와 파트너십을 구축하면, 앞으로도 우리 회사의 방향성을 고려한 제안을 계속해 줄 것이다.' 이와 같은 인간과 인간 사이의 관계성을 바탕으로 한 신뢰성이 중요해진다. 궁극적으로는 인간과

AI가 공동으로 이러한 인간의 감정에 호소하는 관계성을 구축할 수 있게 되는 일이 중요하다고 생각한다.

/// 판매 영역에서도 주목받는 초개인화

일반적으로 말하는 영업 프로세스, 이른바 트랜잭션의 효율화에 AI를 활용함으로써, 업무 처리를 대폭 줄일 수 있다. 그뿐만 아니라 우선순위가 높은 고객을 판별하여 우수한 영업 담당자를 지정하거나, 경쟁자의 동향을 분석하여 움직임을 보이는 곳에 리소스를 집중적으로 투하하거나, 고객의 수요 예측에 대응하여 리소스를 최적화하는 분야에서도, AI의 활용이 기대된다. 게다가 인간과 달리 쉬지 않아도 되는 AI의 특징도 살릴 수 있다. 24시간 365일 확장성을 가지고 대응할 수 있다는 점도 잊지 말아야겠다.

더욱 중요한 점이 있다. 영업·판매 분야에서는 절대로 이모셔널한(감성적인) 부분과 릴레이셔널한 부분이 남는다는 점이다. 즉 AI만으로는 전부 처리할 수 없어 인간과 AI가 협동해야 한다. 그러기 위해서는 AI에 의한 자동화와 인간이 하는 업무를 어떻게 조합하여 효율화할지를 내다보면서 업무를 재구축해야 한다. AI와 협동하는 가운데 인간은 공감력이 필요한 관계성 구축이나 스코핑soping•이라고 불리는 복잡한 문제 해결을 맡게 될 것이다. 더불어

• 무엇을 할지와 하지 않을지를 명확하게 정하는 과정

1. 생성형 AI를 통한 영업 프로세스의 자동화와 효율화

1-1. 일상적인 업무의 자동화

1-2. 고객의 수요 예측과 리소스의 최적화

1-3. 24시간 365일 대응과 확장성

2. 영업 담당자의 역할 변화와 인간과 AI의 협동

2-1. 자동화에 의한 업무의 재구축

2-2. 공감력과 복잡한 문제 해결에 주력

2-3. AI와 인간의 협동에 의한 팀 강화

3. 고객 상호작용의 강화와 시장 확대

3-1. 개인화된 커뮤니케이션

3-2. 24시간 365일 대응하는 챗봇 활용

3-3. 리드 생성과 아웃리치의 자동화

3-4. 콘텐츠 제작과 프레젠테이션의 최적화

4. 데이터 분석과 영업 전략에서의 응용

4-1. 대량 데이터에서 인사이트를 추출

4-2. 영업 예측과 고객 세그먼트화

4-3. 최적의 타이밍에서의 제안과 새로운 시장 개척

5. 기업 전략과 조직 개혁에 미치는 효과

5-1. 경쟁 우위성의 재구축

5-2. 조직의 재설계와 부서를 아우르는 협동

5-3. 인재 육성과 시장 전략에 대한 유연한 대응

5-4. 고객과의 신뢰 관계 강화와 힘의 이동에 대한 대비

6. 향후 전망과 혁신 촉진

6-1. 기술 진화에 대한 신속한 대응

6-2. 새로운 아이디어와 솔루션 창출

인간과 AI 모두 학습하고 성장하며 나아가므로, 협동하면서 인간과 AI를 어떻게 상호 육성할 것인가 하는 팀 강화 관점에서도 생각하는 것이 중요해진다.

고객과의 상호작용 강화와 시장 확대 측면에서는 AI에 의해 개인화 의사소통이 실현되면서 효과를 거두게 된다. AI 챗봇에 의한 24시간, 365일 대응을 장기적으로 지속할 수 있다. 극단적으로 말하자면, '구매하는 데까지 5년이 걸려도 좋으니 고객이 SNS에 무언가를 올렸을 때 챗봇이 움직여 상호작용을 이어가는' 식의 장기적인 초개인화(개개인의 니즈에 맞춘 경험을 제공하는 것)도 가능하다.

더불어 잠재 고객을 만드는 리드 생성의 자동화, 그 잠재 고객에게 누가 접촉하는 것이 가장 효율적인가 하는 아웃리치^{Outreach}의 자동화도 실현할 수 있다. B2B 고객이라면 잠재 고객 기업이 낸 보도자료나 담당자가 SNS에 올리는 내용 등을 바탕으로 개별적인 스크립트나 콘텐츠 만들기도 AI에 맡길 수 있다. 그리고 프레젠테이션을 준비할 때도 동영상이 적절한가, 작성해 둔 기사를 우연히 SNS에서 발견하도록 할 것인가 등 방법의 최적화도 AI가 지원해 준다.

판매란 고객과의 접점을 쥐고 있다는 점에서 중요하다. 고객과의 접점에서 얻은 대량의 데이터를 사용하여 인사이트를 추출함으로써, 사업 계획상의 영업 성적을 예측하거나 고객을 세그먼트별로 나눌 수 있다. 영업에서 명심해야 할 점은 '고객은 목이 마르지 않을 때는 물을 마시지 않는다'는 것이다. 어떤 타이밍에 고객의 목이 마르는가를 잘 지켜보면서 최적의 타이밍에 제안하거나, 경쟁사를 포함한 시장 개척 등에도 AI의 능력을 활용할 수 있다.

영업 프로세스가 종료되면, 그로부터 얻은 인사이트를 바탕으로 기업 전략과 조직 개혁에 대해 생각할 필요가 있다. 어디서 어떻게 매출을 올릴 것인지는 기업 전략의 근간이기 때문이다. 그리고 영업을 통해 얻은 인사이트는 다음 제품의 마케팅이나 R&D와 결부하여 혁신을 촉진하는 데도 도움이 된다.

/// 영업 프로세스에 적용되는 AI

영업·판매 프로세스에 AI가 어떻게 활용될지 조금 더 구체적으로 트렌드를 살펴보자. 생성형 AI와 영업이 결합하여 유용하게 활용될 수 있는 영역을 간단하게 네 가지로 정리해 보았다. 바로 리드 확보 등으로 이어지는 '어택 리스트 작성', 메일이나 영업 제안 자료 등을 개인화하여 작성하는 '개인화 메일 작성', 영업 업무를 시각화하는 '영업 프로세스 분석', 영업에 최적인 방법을 전수하는 '영업 코칭'이다.

영업 코칭은 생성형 AI 활용이라는 관점에서 보기에 아주 재미있는 분야다. 특히 원격 근무가 많이 늘어나면서 줌 등을 이용한 온라인 회의를 통해 많은 의사소통이 이루어지게 되었다. 온라인 회의는 녹화할 수 있고, 이제는 텍스트로 변환할 수도 있다. 즉 대면 대화에서는 사라져 가는 정보를 온라인 회의에서는 데이터로

어택 리스트 작성	개인화·메일 작성
영업 프로세스 분석	영업 코칭

활용할 수 있게 되는 셈이다.

여기에 고객 관계 관리^{CRM} 시스템 등이 연계되면 실적이 좋은 영업 담당자와 실적이 나쁜 영업 담당자의 의사소통에서 어떤 차이가 나는지를 AI로 분석할 수 있게 된다. 어떤 대화를 나누면 잘 팔리고, 어떤 대화를 나누면 잘 팔리지 않는지 확실히 알 수 있다. 따라서 AI의 분석 결과를 바탕으로 '영업 토크에 이런 요소를 넣는 것이 좋다'라는 콘텐츠 측면에서의 정보나, '이러한 화법을 사용하면 좋다'와 같은 감정적인 정보를 추출하여 확실하게 코칭해 주는 AI도 등장했다.

/// 영업 활동과 그 결과를 AI에 재학습시켜 최적화한다

영업·판매에서 AI를 도입하는 흐름을 정리해 보겠다. 앞서 이야기했던 분류 중 '개인화·영업 메일'에 생성형 AI를 도입하는 경우를 예로 들어 일반적으로 어떤 과정을 거쳐 작업이 이루어지는지를 설명하겠다.

여기서는 고객 후보가 될 사람에게 영업 담당자가 영업 메일을 보내는 사례에 비추어 생각해 보겠다. 이때 LLM이 메일의 초안을 작성하여 영업 담당자를 지원한다. LLM이 뒤에 학습 데이터가 존재한다는 얼개다.

여기서 무엇을 하는가 하면, 먼저 LLM에 자사의 정보와 상품

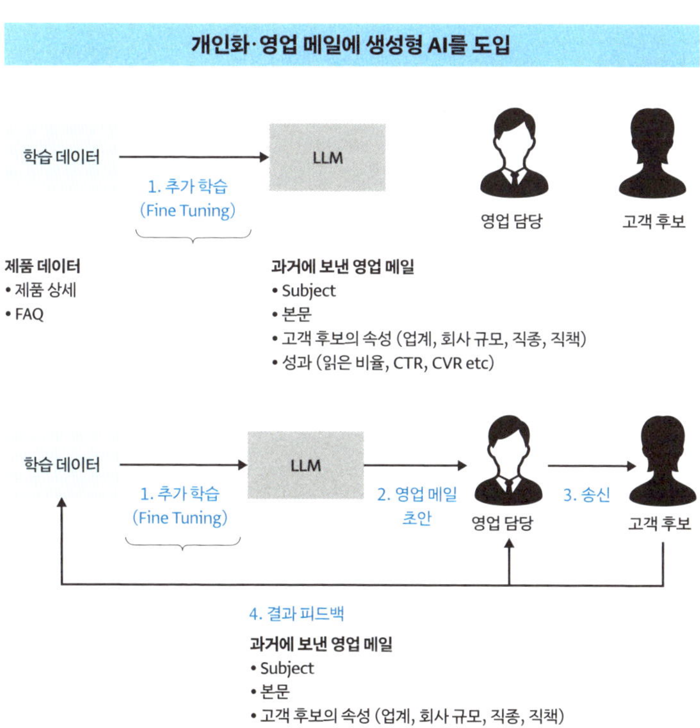

관련 정보를 학습시켜야 한다. LLM에 추가 학습(파인 튜닝)을 시킨다. 여기서는 보통 회사 개요나 제품·서비스 관련 정보, 제품 관련 FAQ 등을 학습시킨다. 아무리 LLM이 많은 지식을 갖추고 있다고 해도 이러한 기본 정보를 모르면 적절한 영업 메일을 작성하기 어렵다. 더불어 예전에 보냈던 영업 메일의 데이터도 학습시킨다. 어떤 제목과 본문으로 어떤 고객에게 영업 메일을 보냈더니 어떠한 결과가 나왔는지를 학습시키는 것이다. 그러면 LLM은 회사의 제품과 서비스를 더 깊이 이해하고, 더 나아가 과거의 영업 활동과 그 결과를 학습하여 영업 메일의 초안을 제안할 수 있게 된다.

이 메일을 송신하고서 읽었는지, 클릭했는지와 같은 결과를 얻을 수 있다. 이때 송신한 메일과 그 결과의 데이터도 LLM에 학습시켜 반복 사이클을 돌리면, LLM이 더욱 영업 효과가 높은 메일 초안을 작성할 수 있게 된다.

02 일부 영업·판매 관련 업무를 AI 서비스가 대체한다

/// 광고 기획 담당자의 업무 생산성이 오르는 미국

미국의 서비스형 소프트웨어 계열 기업의 결산 발표를 보면서 트렌드가 느껴지기도 한다. 바로 영업 중에서도 클로징(계약 체결)을 담당하는 '어카운트 이그제큐티브[AE, 광고기획자]'라는 직종에 종사하는 사람의 영업 효율이 생성형 AI를 활용함으로써 높아지고 있다는 점이다. 어카운트 이그제큐티브는 다양한 영업 관련 AI 도구를 사용하여 업무 효율화를 진행하고 있다. 그 목적은 단순히 비용 절감 차원이 아니라 어카운트 이그제큐티브 1인당 매출을 향상하기 위해서다. 영업·판매 분야의 결산 발표에서 볼 수 있을 법한 영업 효율 향상이 미국에서는 구체화되고 있다.

물론 영업 프로세스를 모두 AI로 자동화할 수는 없다. 인간과 인간의 커뮤니케이션이 중요하며, 특히 단가가 높은 제품이나 서비스에 관해서는 마지막에 인간과의 관계가 필수다. 그러한 가운데서도 미국에는 어카운트 이그제큐티브가 AI를 구사하여 영업의 생산성을 높이는 세계가 도래하였으니, 일본에서도 머지않은 미래에 이러한 움직임이 현저해지리라고 염두에 두면 좋겠다.

영업·판매 분야도 초기 무렵부터 생성형 AI를 응용하여 활용하기 시작해서 스타트업이 많은 분야다. 고객 대응·고객 지원, 마케팅·크리에이티브에 비하면 그 수도 규모도 밑도는 듯한 인상을 주지만, 그래도 두 자릿수 백만 달러(150억 원)에 이르는 자금을 조달한 기업이 많다. 여기서는 영업·스타트업 분야의 스타트업 중에서 다섯 회사를 엄선하여 소개하겠다.

엔터프렛 Enterpret
고객 피드백의 자동 분류와 통합 관리

엔터프렛은 제품이나 서비스에 대한 고객의 피드백을 자동으로 분석하여 제품 개선을 지원하는 서비스를 제공한다. 자사 제품에 대한 고객의 반응을 효율적으로 알고 싶은 경우에 이용한다. 제품이나 서비스의 개선에 다양한 고객의 목소리를 적절하게 반영하고 싶은 기업을 대상으로 한다. 고객의 피드백으로는 가령 설문조사나 지원 티켓, SNS 리뷰 등의 텍스트 데이터, 영업 담당자가 대화 중 받은 피드백을 녹음한 음성 데이터 등 다양한 종류가 있다. 이들을 통합하여 AI가 읽고 분석한다. 피드백을 속성별로 카테고리를 분류하는 것 외에도 피드백의 의도를 해석하거나, 피드백에 포함된 키워드의 시간순 변화를 추적하는 기능도 갖추고 있다. 비정상적인 입소문을 감지하는 기능과 KPI 분석 기능 등도 있다. 영업

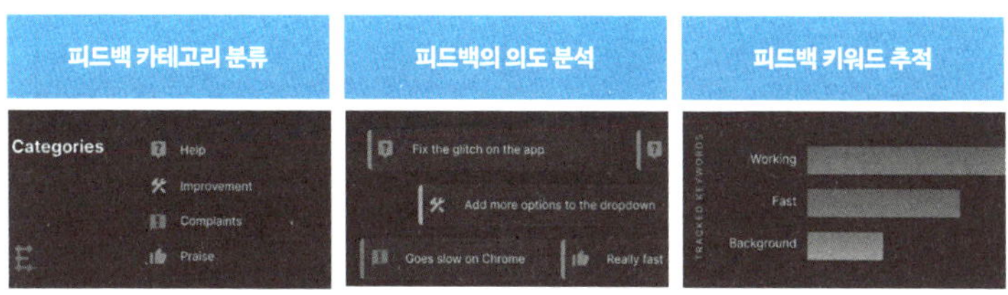

피드백 카테고리 분류 등에서 **자동 태그 달기**를 통해 피드백의 동기나 근본적인 문제를 특정하고 피드백의 키워드를 추적할 수 있다.

사진은 https://www.enterpret.com/에서 인용.

그 자체를 직접적으로 지원한다기보다는 고객에게 받은 피드백을 제품 개발에 활용하여 영업이나 판매로 이어 주는 사이클에서 활약하는 도구다.

투자자로는 클라이너 퍼킨스**Kleiner Perkins**를 비롯한 벤처 캐피털들이 참여했다. 자금 조달액은 2,510만 달러(약 377억 원)로 비교적 많은 자금을 모았다.

커먼 룸Common Room
구매 신호 감지, 아웃바운드 지원

커먼 룸은 잠재 고객에게 개인화된 아웃바운드를 지원하는 서비스다. 자사의 웹사이트를 방문하여 여러 페이지에 접속하거나 SNS를 열람하는 행동 등을 50가지가 넘는 채널을 통해 수집한다. 그리고 AI가 그 행동으로부터 구매로 이어지는 '구매 신호'를 취득한다. 특정 행동을 취한 사람은 이런 상품을 구매하기 쉽다는 식의 정보를 학습하여 구매 신호를 감지하는 것이다. 커먼 룸의 흥미로운 점은 고객 신호를 통합하여 고객의 프로파일을 구축하고 실시간으로 개인화된 메일 등을 작성하여 송신하는 아웃바운드 지원까지 자동화할 수 있다는 점이다. 특정한 액션을 취한 사람에게 자동으로 그 사람의 프로파일에 맞추어 개인화된 메일 등을 자동으로 보낼 수 있다. 잠재 고객 등을 대상으로 한 시장 개척의 효율화를 실현할 수 있다.

구매 신호는 이직이라든가, 어떠한 커뮤니티에 참가했다든가 하는 이용자의 행동에서도 감지할 수 있다. 미국에서는 링크드인 LinkedIn을 많이 이용하므로, 링크드인의 이직 게시글을 신호로 삼아 연락을 취하는 접근법에 효과적으로 사용할 수 있다. 덧붙여 디스코드 Discord나 페이스북 등에서 특정 커뮤니티에 참가한 경우에는

커먼 룸

구매 신호를 활용하는 워크플로

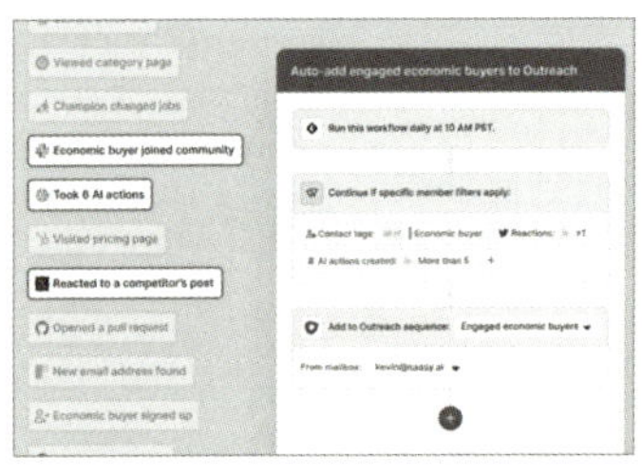

- 구매 신호를 즉시 액션으로 변환
- 조건을 충족한 리드에 대해 자동으로 아웃바운드 메일을 송신
- 슬랙(Slack) 알림이나 허브스팟(HubSpot) 동기화 등을 유저가 설정한 상황에 따라 유연하게 맞춰 자동으로 실행

사진은 https://www.commonroom.io/product/signals에서 인용.

그 커뮤니티의 참가 정보도 다른 신호와 통합하여 영업할 수 있다.

커먼 룸은 이미 큰 스타트업이다. 그레이록**Greylock**과 인덱스 벤처스**Index Ventures**와 같은 우수한 벤처 캐피탈의 투자를 받았다. 자금 조달액은 5,290만 달러(약 794억 원)에 달한다.

팟**Pod**
안건의 우선순위 부여와 액션 제안 등을 자동화

팟은 영업 코칭 유형의 AI 서비스다. 개인화된 판매 코치 AI를 이용하여 영업 담당자의 B2B 영업 능력을 강화하기 위해 사용된다. 구체적인 기능을 차례대로 살펴보겠다.

하나는 안건의 우선순위를 시각화해 주는 기능이다. 영업 단계와 거래 규모 등에 관한 데이터를 기반으로 긴급성과 온도감을 표로 나타내 영업할 곳 후보에 우선순위를 부여해 준다. 영업처 후보가 20개였다고 하면, 어느 기업부터 공략해 가면 보다 쉽게 영업 목표에 도달할 것인가를 AI가 가이드해 준다. 다른 하나는 영업 미팅에서 기록한 메모를 바탕으로 고객의 결제 프로세스 등을 정리해 주는 기능이다. 메모라고 해도 온라인 미팅 시의 음성 데이터 등을 텍스트로 변환하여 사용하는데, 이러한 메모로부터 필요한 승인 단계를 향하기 위한 다음 접근법을 제안해 준다. 원활한 상담을 진행하도록 돕는 기능이다.

베테랑 영업 담당자라면 경험을 통해 안건의 우선순위를 매기거나, 고객에게 접근하는 방법 등을 파악할 수 있을 것이다. 그러

거래의 우선순위를 시각화하는 가이드 AI

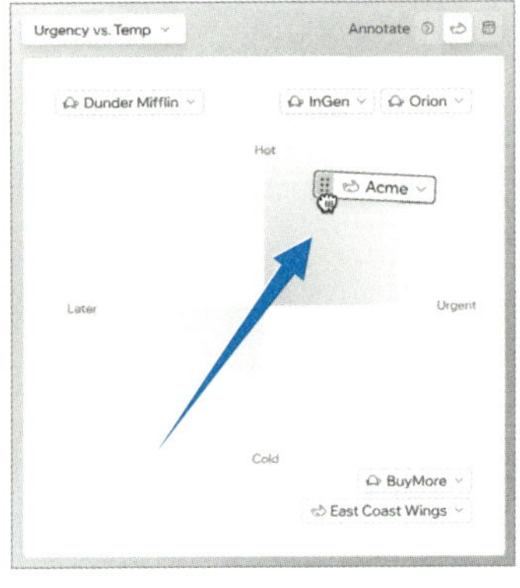

- 영업 단계나 거래 규모 등에 관한 데이터에서 긴급성(Urgency)과 온도감(Temp)을 축으로 회의의 우선순위를 시각화
- 거래 우선도 분석(Deal Prioritization)을 활용하여 스코어링 모델과 AI 해석을 바탕으로 중요하거나 리스크가 있는 안건을 특정
- 영업 파이프라인을 부감하고 계약 성립 가능성이 큰 안건에 집중하기 위한 전략적인 의사 결정을 지원

사진은 https://www.workwithpod.com/을 바탕으로 작성.

나 경험이 있어도 생각할 시간은 필요한 법이며, 신입 영업 담당자는 생각할 시간이 있어도 정답에 도달하지 못할 가능성도 있다. 팟과 같은 영업 코칭 도구를 사용하는 것만으로도 영업 담당자의 생산성이 훨씬 높게 향상된다.

젊은 스타트업이지만, 초기 단계에 자금을 조달하는 시드 펀드 중에서도 상당히 우수한 펀드인 블링 캐피털^{Bling Capital}이 투자하는 데서 알 수 있듯이 앞으로가 기대된다. 자금 조달액은 290만 달러(약 44억 원) 정도다.

영업에 사용할 프레젠테이션을 자동 생성

톰은 영업 도구 중에서도 영업을 위한 프레젠테이션, 즉 영업 자료를 작성하는 도구에 해당한다. 고객 정보나 기업 정보를 줌으로써 영업 자료의 커스터마이징이나 개인화를 자동화하고, 타깃 기업에 맞춘 슬라이드의 편집이나 레이아웃 조정을 순식간에 실행한다. 그 기업의 최근 보도자료와 같은 기업 정보나 영업 담당자의 관심 정보 등 고객 정보를 분석하여 기존의 영업 자료를 개인화하여 최적의 프레젠테이션으로 변환한다.

작성한 프레젠테이션은 추적하여 추후에 활용할 수도 있다. 각 페이지의 어디에서 고객이 열람에 시간을 보내고 있는지, 어디서 이탈했는지 등을 분석함으로써 어떠한 프레젠테이션이 고객에게

톰

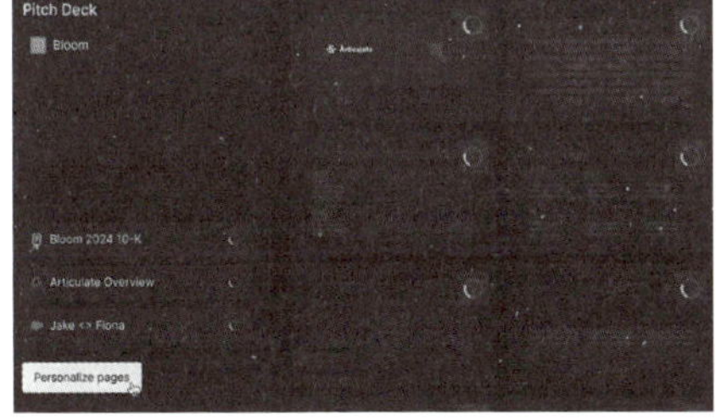
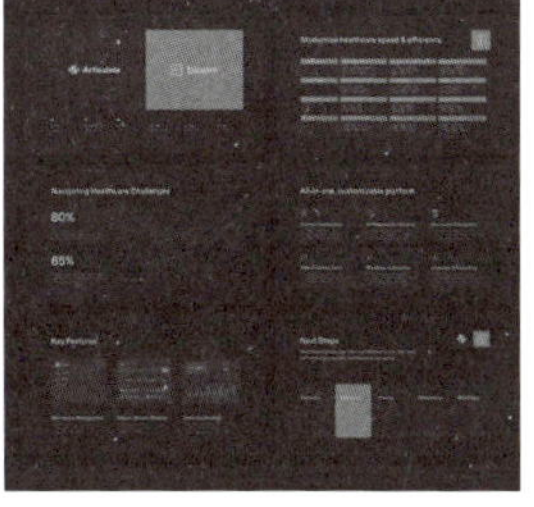

고객 정보 및 기업 정보를 입력함으로써, 영업 자료의 커스터마이징과 개인화를 자동화하고 **순식간에 타깃 기업에 맞춰 슬라이드 편집과 레이아웃 조정을 실행한다.**

사진은 https://landing-staging.tome.app/에서 인용.

효과적인지를 시각화할 수도 있다.

자금 조달액은 7,530만 달러(약 1,130억 원)이며 상당한 자금을 모았다. 투자자로도 라이트스피드 벤처 파트너스^{Lightspeed Venture Partners} 등 실적 있는 벤처 캐피탈이 투자하고 있는 회사다.

액티블리 AI Actively AI
자동으로 잠재 고객을 개척하여 영업 담당자에게 연락

미국 영업팀은 선발 투수처럼 리드를 획득하는 영업 개발 담당자와 마무리 투수처럼 고객을 대하며 클로징을 담당하는 어카운트 이그제큐티브로 나누어져 있는 경우가 많다. 영업 개발 담당자는 전화나 메일 등을 이용하여 리드를 획득하는데, 액티블리 AI는 이 영업 개발 담당자의 업무를 AI로 자동화하는 기능을 제공한다. 예

액티블리 AI

플랫폼을 아우르는 자동 SDR 기능

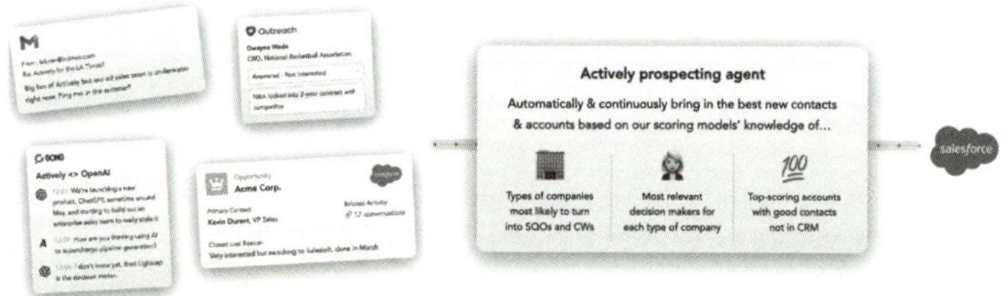

고객과의 대화를 스코어링 모델에 따라 자동으로 분석·평가하고, 높은 점수를 기록한 잠재 고객의 정보를 추출하여 세일즈포스 등과 연계한다. 지속적인 신규 고객 유치와 유망한 잠재 고객을 특정한다.

사진은 https://www.actively.ai/에서 인용.

를 들어 타깃으로 삼을 기업을 정하면 AI가 자동으로 해당 기업의 정보를 조사해서 연락처를 추출해 오는 등의 작업을 한다. 그다음으로 각 회사의 맥락에 맞는 콘텐츠를 넣어 영업용 메일을 작성하고 송신한다. 그 결과, 반응을 보인 경우에는 리드로서 영업 담당인 어카운트 이그제큐티브에게 연락하는 식이다.

잠재 고객과의 간단한 대화는 AI가 모두 담당하고, 잠재 정도가 높아 보이는 고객을 발견하면 세일즈포스 등 영업 지원 도구에 자동으로 입력하여 영업 담당자에게 정보를 넘긴다. 실제로 약속을 잡는 데까지 대부분 자동으로 해주므로 영업 담당자는 잠재 고객과 직접 이야기하고 안건을 클로징하는 데만 집중할 수 있게 된다. 리드의 자동 획득을 위한 서비스는 액티블리 AI 이외에도 다수 등장했다. 이러한 서비스를 활용하면, 영업 담당자는 업무 부하를 줄이면서도 성과를 올리게 되므로 활용을 검토했으면 하는 서비스 중 하나다.

액티블리 AI의 자금 조달액은 약 500만 달러(약 75억 원)로, 아직 그리 많지는 않다. 본격적으로 사업을 시작한 수준의 초기 단계에서의 자금 조달 같은 인상을 받는다. 투자자로는 퍼스트 라운드 캐피털**First Round Capital**과 같은 저명한 벤처 캐피털이 참여했다.

03

일본형 영업을 지원하는 회의 해석 AI의 강점

/// 인간의 의사소통이 기초가 되는 영업·판매

제5장에서는 AI 이후의 세계에서 영업·판매 업계가 어떻게 변해 가는지에 대해 포에틱스 대표 야마자키 하즈무 씨의 식견을 섞어 소개하겠다. 야마자키 씨가 대표를 맡는 포에틱스는 특히 언어와 음성 영역의 AI 연구 개발에 강한 기업이다. 야마자키 씨 본인은 문학과 철학 해석 등 인문학 연구를 전공했다. 이러한 인문 지식에 과학을 접목함으로써 21세기의 시학Poetics을 만드는 것을 목표로 한다는 것이 회사명의 유래다. 이처럼 인문학 배경을 살려 제품을 개발한다는 점이 야마자키 씨가 이끄는 포에틱스의 특징이라고 할 수 있겠다.

포에틱스에서는 음성과 언어 해석 AI를 연구 개발할 뿐만 아니라, 이러한 AI 기술을 활용한 서비스형 소프트웨어도 제공한다. 주요 서비스로는 회의 해석 AI 소프트웨어인 '잼롤JamRoll'(현재는 놀리지워크 AI 거래상담기록으로 명칭 변경)과 일본어에 특화된 음성 인식

API 'Poetics Speech API'가 있다. 야마자키 씨는 "영업 지원 도구로써 잼롤을 제공하는 관점에서 본 대기업의 과제 등을 포함한 영업 분야에서의 생성형 AI의 지금을 소개하겠습니다."라고 말했다.

/// 인재가 부족한 일본에서의 영업과 AI

영업·판매의 지금을 마주하고 있는 야마자키 씨는 "일본의 영업, 특히 대기업의 영업 특성을 생각하면, 실은 AI 에이전트가 끼어들기 쉽지 않을까 하는 가설을 세우고 있습니다."라고 지적한다. 일본은 생성형 AI 활용 측면에서 외국에 뒤처지고 있다는 감이 강하게 드는 가운데, 영업 영역에서는 AI가 일본의 기업에 녹아들기 쉽다는 것은 희소식이다.

우선 현재 상황을 확인해 보겠다. 2021년에 맥킨지에서 발표한 보고서에서는 일본의 영업 생산성이 해외와 비교하여 모든 섹터에서 낮다는 충격적인 데이터가 공표되었다. 이러한 데이터를 보거나 들은 사람도 많을 것이다. 그중에서 영업 섹터를 살펴보면, 영업원이 시간을 할애하는 방식에 큰 문제가 있는 것으로 나타났다.

야마자키 씨는 "일본에서는 영업 활동 자체보다 영업 관련 작업에 시간을 할애하는 경우가 굉장히 많다는 과제가 드러났습니다. 직면한 인력 부족 속에서 어떻게 영업 관련 작업을 줄여 나가느냐가 하나의 승부처가 되리라고 생각합니다."라고 이야기한다. 기업 내에서 일손 부족을 부르짖는 동시에 노동 인구 부족으로 인해 인 영업 담당자가 고객을 상대로 한 영업 활동 이외의 작업에 지나치게 시간을 할애하고 있다.

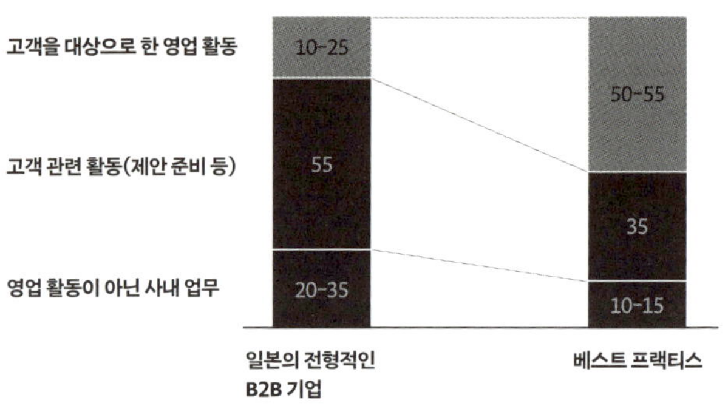

출처 : https://www.mckinsey.com/jp/~/media/mckinsey/locations/asia/japan/our%20insights/why%20is%20japan%20sales%20productivity%20so%20low%20japanese.pdf에서 인용

재 확보도 어려워졌다. 대기업에서도 큰손 고객을 베테랑이 아닌 신입 사원이 담당하는 실정이다, 이직률은 높아지고 있는 데 비해 바로 실전에서 활약해 줄 인재를 확보할 수 없는 상황이 현실이다. 영업에서도 유효 구인 배율이 두 배가 넘어 실제로 사람을 구할 수 없는 상황에서 노동 인구가 감소하는 추세까지 이어져서 개선을 기대하기가 어렵다.

최근에는 영업 활동 자체의 난도도 높아지고 있다. 기존에는 소위 제품 판매만 하면 충분했지만, 이제는 솔루션 영업이나 고객의 사업을 성장시키기 위한 제안도 하는 비저너리 세일즈^{Visionary Sales} 등의 기법으로 대응해야만 하는 상황에 놓이게 되었다. 그러나 인력 부족으로 인해 훈련하기도, 영업의 품질을 보장하기도 어려워지고 있다.

"영업·판매에 생성형 AI를 활용한다는 맥락에서 보면, 어떻게 기술을 이용하여 생산성을 올리면서, 지금 있는 구성원을 바로 실전에서 활약해 줄 사람으로 키울지가 포인트입니다."(야마자키).

/// 계약 성사·계약 실패의 이유는 보이지 않는 영업 자동화 시스템

그러나 야마자키 씨의 견해에 따르면 여기에는 강력한 방해꾼이 존재한다고 한다. "영업 특유의 문제일 수도 있지만, 블랙박스화 문제라는 것이 있습니다. 계약 성사·계약 실패 같은 결과 자체는 세일즈포스 등 영업 자동화 시스템^{Sales Force Automation, SFA}이나 회의록 등을 보면 정보를 공유할 수 있습니다. 그러나 왜 계약 성사에 이르렀는지, 왜 계약에 실패하게 되었는지와 같은 이유 부분은 볼 수 없다는 문제가 있습니다." 영업·판매에서는 인간과 인간의 관계가 중요해진다고 이번 장에서도 앞서 강조했다. 회의에서 나눈 대화가 계약 성사나 계약 실패에 어떤 영향을 미치는지, 어떤 방법이 효과를 보이는지 등의 정보와 영업 자동화 도구 사이를 장벽이 가로막고 있어 개선할 도리가 없다.

어떤 회의가 진행되고 있는지 알 수 없어 개선책을 내놓을 수 없다.

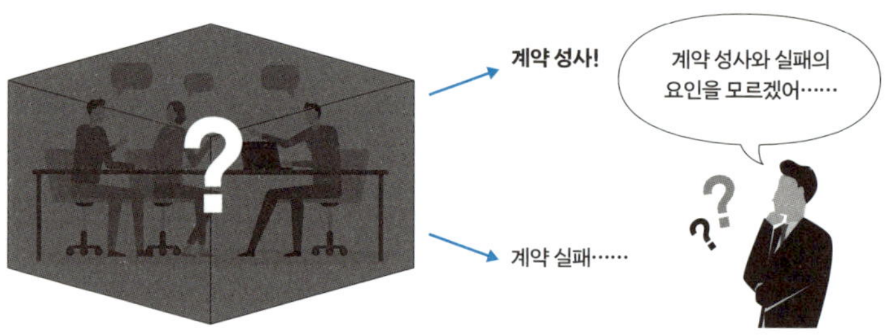

계약 성사·실패의 원인을 제대로 이해하려면, 방문 영업 시에 나눈 대화 내용을 세일즈포스를 비롯한 영업 자동화 시스템에 입력할 필요가 있다. 일본의 대기업은 이미 대부분 영업 자동화 시스템을 도입한 상태다. 한편, 이에 입력하지 않고 있거나, 입력하고는 있지만 담당자에 따라 기술 내용이 상세한 정도에 편차가 있어 실질적으로는 정보가 영업 자동화 시스템에 제대로 반영되지 않는 상황이다. 야마자키 씨는 "그렇게 되면 결국은 영업 노하우가 개인의 머릿속에만 갇혀 있게 되어 체계적으로 공유할 수 없게 되고, 그 결과 구성원이 성장하지 못하게 됩니다. 게다가 영업 자동화 시스템에도 실태를 알 수 있는 데이터가 제대로 입력되지 않아 관리자들도 실태에 맞는 의사 결정을 할 수 없게 됩니다. 현재 상황이 파악되지 않으면 영업 전략을 세우려고 해도 속수무책입니다. 상당한 대기업에서도 이러한 상황이 빈발하고 있습니다."라고 현재 상황에 경종을 울린다.

이 문제는 줌과 같은 온라인 회의 시스템을 이용한 온라인 회의가 늘어나 대화 내용을 디지털화할 수 있게 되면서 변화를 보이고 있다. "여기에 AI를 활용한 온라인 회의 해석 도구를 적용하면, 블랙박스화 문제를 해결할 수 있게 됩니다."(야마자키). 그렇다고는 해도 일본 대기업의 영업에서는 여전히 방문 영업을 중시하는 태도를 보인다. 온라인 회의나 전화 회의에서 음성 데이터를 취득하여 회의 해석 도구에 돌리는 수단을 효과적으로 활용할 수 있는 장소가 적은 것이 현실이다.

/// AI가 회의에서 나눈 대화를 분석하고 영업 자동화 시스템에도 자동으로 입력

이처럼 일본 기업이 처한 상황에서 영업에 얽힌 과제가 산적한 이때 AI를 활용한 고기능 온라인 회의 해석 도구가 유용하다고 야마자키 씨는 이야기한다. 영업의 생산성 향상과 매출 증가를 두 축으로 삼아 실현한다. 자세한 설명을 들어보자.

"포에틱스의 잼롤은 온라인뿐만 아니라 대면 회의를 포함하여 고객과의 대화에서 터치포인트가 되는 부분을 전부 AI가 분석하여 회의 정보의 블랙박스화 문제를 해결하고, 매출이 늘어나도록 지원합니다. 회의를 마친 후에 발생하는 입력 작업 등도 모두 자동화하여 생산성 향상을 도모합니다."

실제로 그들 제품의 AI가 어떻게 영업·판매를 지원하는지 살펴보겠다. "영상이 포함된 온라인 회의인 경우에는 영상과 음성이, 음성만으로 회의를 진행한 경우에는 음성으로 회의 테이터를 1차로 확인할 수 있습니다. 대면 회의에서도 음성을 기록하여 데이터로 입력하면, 회의 시의 음성을 추적할 수 있게 됩니다. 자동으로 화자별로 분류하여 기록한 데이터에서 고객의 반응이나 판매 성과를 확인할 수 있습니다. 게다가 고객의 마음에 와닿은 포인트, 반대로 부정적인 인상을 준 포인트 같은 감정 측면에서도 언어 해석 AI 기술을 사용하여 자동 추출하므로 추적이 가능합니다."(야마자키). 온라인 회의 같은 경우에는 어디에서 어떤 회의가 화면에 투영됐는지도 기록한다. AI가 개입함으로써 프레젠테이션 자료 페이지별로 고객에게 와 닿은 포인트를 분석할 수도 있다.

이처럼 AI를 효율적으로 활용함으로써 회의 정보를 영상과 음성, 프레젠테이션 자료를 일체화하여 데이터 분석할 수 있게 된다. 지금까지 영업 자동화 도구로는 파악할 수 없었던 실제 회의 정보를 시각화할 수 있게 되어 영업의 블랙박스화 문제를 상당 부분 해결할 수 있다.

여기서 핵심은 영업 보고서 입력의 자동화다. 잼롤에서는 음성 인식한 회의 데이터를 영업에 특화된 형태의 보고서로 생성하고, 이를 자동으로 영업 자동화 시스템에 투입 가능한 구조를 갖추고 있다고 한다. "회의의 목적이나 정리는 물론이고, 고객이 구체적으로 어떠한 과제에 대해 이야기했는지, 영업 담당자가 이야기한 내

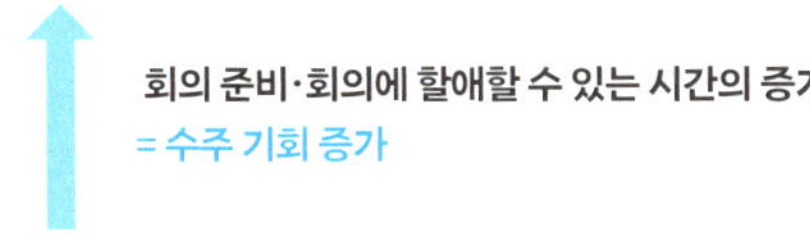

용에 대해 고객이 어떠한 인상을 받았는지, 나아가 제안에 대한 결정 사항이나 다음 행동 등을 자동으로 발췌한다. 그리고 회의에서 들은 내용에서 중요한 BANTC(예산: Badget, 결재권: Authority, 필요성: Needs, 도입 시기: Timeframe, 경쟁사: Competitor) 등의 정보로 채워 가는 형태입니다." (야마자키). 그 밖에도 회의 중에 나온 고객의 과제의 1차 데이터에 클릭만 하면 간편하게 접속할 수 있으므로, 특정 담당자만 파악하고 있기 쉬운 과제 해결에 관한 식견을 범용화하여 코칭 등을 하는 데에 사용할 수도 있다.

이러한 기능을 활용함으로써 회의에서 얻는 정보를 일정한 정도로 상세하게 영업 자동화 시스템에 자동으로 입력할 수 있게 되므로, 입력된 부분의 생산성을 늘리고 정보의 통합 관리가 가능해진다. 야마자키 씨는 그들의 제품이 제공하는 가치를 "단순히 실제로 매출이 늘어나는 점이 큰 포인트입니다. 그리고 이 시스템에 입력하는 등 생산성이 향상되어 그만큼 회의 준비나 거래처 미팅 기회에 할애할 수 있습니다. 이는 거래처 미팅이라는 타석에 설 기회를 늘리고 되고, 그 결과 매출이 더욱 늘어나는 순환을 만들 수 있습니다."라고 설명한다.

영업·판매 프로세스에서 AI가 활용되는 분야로 '어택 리스트 작성', '개인화 메일 작성', '영업 프로세스 분석', '영업 코칭'의 네 가지 분야를 소개했다. 잼롤은 이 중에서 영업 프로세스 분석과 영업 코칭에 특히 효과적인 솔루션이다. 더불어 영업과 판매 업무를 크게 세 가지로 분류했을 때, 업무 처리에 관련된 트랜잭션, 전문성을 높이는 지식과 기술에 직접적인 효과를 가져올 뿐만 아니라, 회의라는 궁극적인 인간과 인간의 의사소통을 원활히 진행하기 위한 관계에도 영향을 미친다. '스타트업을 통해 배우기'에서 소개한 다섯 회사의 서비스를 포함하여 영업·판매라는 인간이 깊게 관련된 업무 중에서 생성형 AI가 자사의 어떤 부분을 향상시켜 갈 수 있는지를 정리하여 도입을 고려하면 좋겠다.

/// 계약 성사율과 생산성 향상이 명확한 성과로

영업·판매 분야는 매출을 늘려야 자사에 공헌할 수 있다는 숙명을 짊어지고 있다. 생산성이 향상되었다고 아무리 호소해도 결과가 모든 것을 보여준다. 그렇다면 생성형 AI를 적용하면, 실제로 어떤 성과가 거둘 수 있을까? 야마자키 씨에게 잼롤을 도입한 기업의 실제 사례와 함께 성과에 대해 물어봤다.

"실제 고객의 성공 사례로는 계약 성사율이 올라간 경우를 첫 번째로 꼽을 수 있습니다. 어떤 기업에서는 잼롤을 도입함으로써 팀원들이 성공 사례나 과제를 공유하기 쉬워져서 도입한 지 2개월 만에 수주율이 23% 향상되었습니다. 또 다른 기업에서는 회의 녹화 데이터의 확인과 피드백의 효율성이 월등히 높아져 마찬가지로 도입한 지 두 달 만에 계약 성사율이 20% 올랐습니다.”(야마자키). 성공 사례를 공유하고 피드백이 충실해지면서 신입사원의 기술이 향상되는 사례도 있다고 한다. 잼롤을 이용하게 되면서 신입사원 의 수주 건수가 기존의 두 배로 증가하였다고 하며, 회의를 시각화 하여 분석하고 피드백할 수 있게 되면서 매출 증가로 큰 성과를 거 두었다.

동시에 생산성 향상 관점에서 본 성공 사례도 등장했다고 한다. 야마자키 씨는 현시점에서 확인된 효과에 대해 다음과 같은 이야 기를 들려 주었다. “회의를 돌아보는 준비 작업 과정이 줄어 회의 당 복습 준비 시간이 20분에서 5분으로, 4분의 1로 단축된 사례가 있습니다. 게다가 회의 녹화 데이터를 요약하고 텍스트로 변환하 여 세일즈포스에 입력하는 작업을 그들의 제품을 이용하여 완전 자동화한 사례도 있습니다. 영업 자동화 도구에 입력을 마칠 때까 지의 후공정을 포함하여 완전히 자동화하는 데 거의 성공했다고 생각합니다.”

매출 증가와 생산성 향상의 두 바퀴가 잘 돌아가기 시작한 사례 도 있다. “인재 계열 비즈니스를 전개하는 A사는 기업설명회[IR] 자 료에서 잼롤의 성과를 공표했습니다. 이에 따르면 신규 졸업자

고객의 성공 사례

A사에서는 신규 졸업자 300명의 영업사원 전원이 잼롤을 이용하였다.
기록 작성과 보고 관련 업무를 연간 12만 시간 단축했다.
단축한 만큼의 시간을 회의에 할애하는 동시에 AI와 상사의 피드백을 효율화하여
수주율도 1.5배로 늘어났다.

수주율 1.5배, 연간 작업 과정 단축 시간 12만 시간

절감 효과가 높은 주요 대처 내용

영업 미팅 분석 도구
- 미팅 의사록 자동 작성. 내용 공유 관련 작업을 30% 절감
  디지털 전환 사업으로 활용 확대. 해당 부서의 수주율이 1.5배로
  연 환산 단축 효과 : 12만 시간
  이번 분기 단축 예상 : 약 7만 시간(이번 분기 7월부터 순차적으로 확대)

300명이 모두 잼롤을 이용하여 회의록 자동 작성과 회의 내용 공유 작업 과정을 30% 줄이는 데 성공했다고 합니다. 이는 연간 작업 과정 단축 시간으로 환산하면, 12만 시간에 이르며, 일본 엔으로 3억 엔에 가까운 효과를 본 셈입니다. 게다가 회의 분석에서도 AI의 피드백을 활용하고 상사의 피드백을 효율화하여 해당 부서의 수주율이 1.5배로 늘어났습니다. 효율화뿐만이 아니라 확실히 긍정적인 효과를 얻을 수 있는 점이 잼롤이라는 도구의 특성이라고 생각합니다." (야마자키).

/// 일본어에 대한 우위성

AI를 음성, 언어 해석 영역에서 활용하는 솔루션은 일본 국내 회의에서 대부분 사용하는 '일본어'에 높은 성밀노로 대응해야 한다. 야마자키 씨는 "일본어는 특히 음성 인식이 어려운 언어입니다. 100자를 음성 인식할 때 몇 글자를 틀리는가 하는 일본어 문자 오류율을 비교하자, 오픈AI 등이 제공하는 이른바 파운데이션 모델(기반 모델)과 비교해도 포에틱스 등의 기술에서 오류가 더 적게 발생한다는 결과가 나왔습니다. 영업·판매에서 AI를 활용할 때 일본어 음성 인식의 정밀도는 중요한 지표가 됩니다."라고 지적한다.

물론 인식 정밀도가 높은 편이 좋지만, 단순히 높은 정밀도만 요구되는 것은 아니다. 영업 자동화 도구와 연계하여 회의 지원으로 이용할 때 음성 인식이 제대로 되지 않아 정보가 잘못되면, 인간이 영업 자동화 시스템에 입력된 정보를 수정하는 작업 과정을 거쳐야 한다. 잘못된 정보를 그대로 축적하면, 데이터를 분석하여 다음 회의를 위해 조언한 내용이 정확하지 않을 수도 있다. 이러한 사태에 빠지지 않기 위해서도 "자사에서는 로컬 언어인 일본어에 대한 대응책을 공들여 만들고 있습니다."(야마자키).

더불어 대면 회의 중에 소음이 있는 환경에서 대화하는 일도 있을 수 있다. 배경 잡음이 크거나 다른 말소리가 들리는 환경에서도 필요한 화자를 확실히 분리하여 특정하는 기술이 필수다. "특히 소음에 대한 대응은 일본의 엔터프라이즈 고객을 상대로 한 영업 활동에서는 매우 중요한 요소입니다. 자동차나 보험 영업 등에서는 일반적으로 배경 음악이 흐르거나, 무슨 소리가 나는 환경에서 미팅이 이루어집니다. 포에틱스에서는 소음 등을 완벽히 제거하거나 화자를 분리하는 전처리에 관한 연구 개발부터 시작하여 자사의 기술로써 제공할 수 있게 된 점이 강점 중 하나라고 생각합니다."(야마자키).

국토가 넓은 미국 등에서는 온라인 미팅이 확산되고 있지만, 일본에서는 여전히 대면 회의가 주류를 이룬다. 여기서 야마자키 씨는 잼롤의 모바일 앱인 잼롤 모바일**JamRoll Mobile**을 유용하게 이용할 수 있다고 설명한다. 스마트폰 앱의 녹음 버튼만 누르면, 음성 데이터를 취득하여 소음을 제거한 후 음성 인식과 화자를 분리할 수 있는 앱이다. 그 데이터를 바탕으로 텍스트로 변환하여 작성한 보고서는 세일즈포스에 자동으로 입력된다. 스마트폰에서 녹음하는 것과 같은 식으로 조작하면, 영업 자동화 시스템에 데이터 입력까지 끝나기 때문에 대면 회의 데이터 분석을 손쉽게 할 수 있다. 야마자키 씨는 현재 상황에 대해 "일본 대기업의 회의에서 이용되는 사례가 상당히 늘었습니다."라고 이야기한다.

/// 일본 대기업의 영업 스타일에 맞춰야 하는 필요성

다음으로 야마자키 씨는 영업·판매에서 생성형 AI를 활용할 때, 특히 일본 시장을 의식할 경우 주의할 점이 있다고 지적한다. 우선 지금까지 일본의 영업 기술은 '해외의 영업 기술을 모방하고 더 모델The Model로 기울어져 있다'고 한다. 해외의 영업 기술은 범용 템플릿에 맞추어져 있다. 마케팅 판매 프로세스를 분업하여 성과를 극대화하기 위한 영업 프로세스 모델인 더 모델이란 개념이 그 뿌리에 있다.

한편, 야마자키 씨는 앞으로 일본에 요구되는 영업 기술은 '일본 대기업의 영업 스타일에 맞춘 제품 개발'이라고 말한다. 신규 개척 중심으로 분업형, 리드 타임이 짧은 어카운트 영업을 상정한 더 모델은 미국의 스타트업이나 중소기업에 적합하다. 한편, 기존 고객과 더 깊은 관계를 맺는 것을 중시하는 프로젝트형, 리드 타임이 긴 일본의 중견기업이나 엔터프라이즈의 어카운트 영업에는 분업 체제에서 신규 개척에 중점을 둔 해외형 영업 기술이 적합하지 않은 경우가 많다.

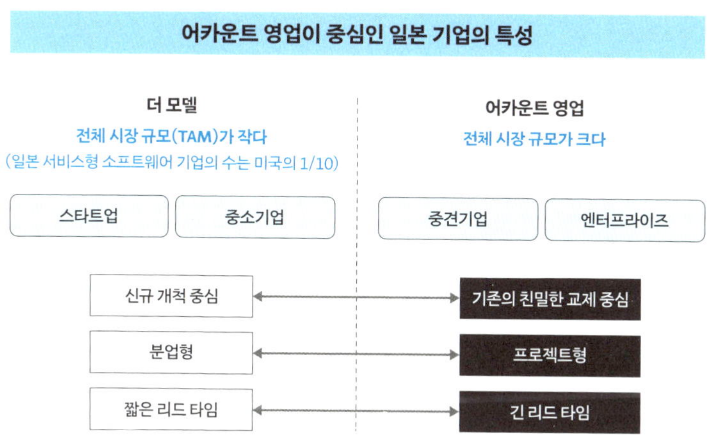

TAM : 획득 가능한 최대 시장 규모

즉 일본 대기업의 어카운트 영업(특정 고객을 장기적으로 맞춤 관리하는 영업)을 지원하는 영업 기술이 필요하다. "한마디로 어카운트 영업이라고 해도 기업마다 그 영업 스타일이 달라 유저가 제품에 맞추는 것은 비현실적입니다. 제품이 유저에게 맞추는 방향을 따라야 합니다. 잼롤은 일본의 비즈니스 스타일에 맞춰 제품을 개발하고 있습니다. 더욱이 앞으로를 생각하면 일본의 비즈니스 스타일은 자율적으로 움직이는 AI 에이전트와의 궁합이 좋다고 생각합니다."(야마자키).

포에틱스가 일본 대기업을 대상으로 '잼롤 딜**JamRoll Deal**'이라는 AI 에이전트를 탑재한 기능을 제공하기 시작했다. 단발성 미팅이 아닌 안건 단위로 미팅의 맥락을 해석할 수 있으며, 자동으로 진척 상황을 시각화할 수 있어 누구나 병목 현상을 특정하고 진척 단계를 파악할 수 있는 기능이다. "대기업이 진행 중인 큰 프로젝트 등의 안건을 해석하여 진척 관리와 영업 보고를 완전 자동화할 수 있는 AI 에이전트입니다." 야마자키 씨의 설명처럼 일본의 상업 스타일에 적합한 기능을 제공한다. 이 절의 첫머리에서 소개한 야마자키 씨의 가설 '일본의 영업, 특히 대기업의 영업 특성을 생각하면, 실은 AI 에이전트가 스며들기 쉬운 것이 아닐까.'를 실증하는 형태로 진행되고 있다.

/// 실전에서 쌓은 지식과 노하우를 자동으로 데이터화하여 축적하는 가치

한편, 영업·판매 분야에서 생성형 AI를 활용하게 되면, 미팅 경위나 결과를 AI에 피드백하기 위한 데이터 작성이 과제로 다가온다. RAG든 파인 튜닝이 되었든 데이터 레이크^{Data Lake}를 구축하여 자사의 데이터를 저장해 둘 필요가 있다. 야마자키 씨는 "입력 장치로서 SFA^{영업 자동화} 도구에는 한계가 있어 생성형 AI의 활용에는 비정형 데이터도 정리하여 축적하는 데이터 레이크의 자동화가 필수입니다."라고 견해를 밝혔다.

잼롤에서는 회의 동영상이나 음성과 같은 비정형 데이터를 입력하여 음성 인식이나 감정 분석한 데이터도 포함한 데이터 레이크를 자동화할 수 있다. 인풋되는 회의 데이터를 파악하고 데이터 레이크를 자동화해 두면, 나중에는 AI 에이전트가 워크플로를 짜서 다양한 영업 활동을 할 수 있게 된다.

"포에틱스는 데이터 레이크 관련 기술을 이미 가지고 있어 고객

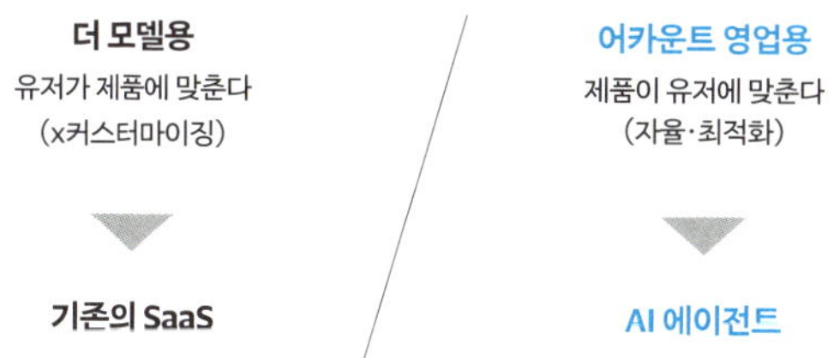

이 데이터 레이크를 바탕으로 다양한 워크플로를 짤 수 있는 솔루션을 개발하고 있습니다. AI 에이전트의 템플릿을 마련하여 커스터마이징 할 수 있도록 함으로써 워크플로를 짤 수 있는 세상입니다. 그동안 여러분이 열심히 영업하며 노력해서 만들어 온 자료와 정성껏 작성한 메일, 영업 활동 등 각종 작업을 에이전트화하고, 이를 현재 상황에 맞춰 자율적으로 최적화하여 튜닝할 수 있는 세계를 구상하고 있습니다."(야마자키). 지금까지 기록에 남기기 어려웠던 회의 운영이 AI 에이전트를 움직이는 원동력이 되는 셈이다.

/// 일본식 영업 스타일에 기술을 맞추다

일본과 미국만 봐도 영업 스타일이 달라 미국식 AI 도구를 그대로 일본에서 원활하게 사용하기는 쉽지 않다. 일본의 각 기업이 맞닥뜨린 과제에 맞춘 솔루션이 필요하다. "스타트업을 통해 배우기에서 소개한 해외의 스타트업들은 더 모델 형태에 가까운 퍼널[funnel]별 업무에 대해서는 세련된 기능을 제공한다고 생각합니다. 분업체제 내에서 업무를 효율화하는 개념이죠. 한편 분업화되지 않은 일본 대기업의 어카운트 영업에서는 메일 작성이나 자료 작성 등을 워크플로로 만드는 편이 적절합니다. 자사 데이터를 저장한 데이터 레이크를 기반으로 업무를 자동화하는 방법입니다. 그 입구에 있는 것이 회의 정보이며, 음성 인식 난도가 높은 일본어를 취급하는 기술이 요구되었기에 포에틱스는 전략적으로 그 부분들에

**지금까지 영업에 쏟은 모든 노력이 AI 에이전트가 되어
영업 담당자의 영업 능력을 향상시킨다**

모든 영업의 영업 행위가
데이터로서 자산화

데이터는 AI 에이전트가 되어
모든 영업원을 지원

투자해 왔습니다." (야마자키).

생성형 AI가 등장하며 도래한 AI 이후 시대에는 엔터프라이즈의 영업·판매 측면에서 언어로 제대로 의사소통을 할 수 있는가가 한층 더 중요해진다. 눈앞의 고객은 반드시 생성형 AI가 제시하는 로직대로만 움직여 주지 않는다. 어떤 의미에서 일본식의 인간 간의 끈끈한 의사소통이 필요하며, 그것을 기술로 어떻게 지원하는가가 하나의 열쇠가 될 것이다. 인간과 인간의 관계를 밑받침하는 생성형 AI나 AI 에이전트를 활용하기 위해서도 포에틱스가 제공하는 서비스와 같은 언어 운용 능력이 핵심 기술로서 요구된다.

Chapter 06

조직·HR 테크

구마자와 고헤이

리크루트 기업개발 부문 수석 시스템 아키텍트

1962년에 태어나 1987년 도호쿠대학 공학부 기계공학박사 전기 과정을 수료했다(지열 발전/물리 계산 시뮬레이션). 졸업하자마자 리크루트에 IT 엔지니어로서 입사하였다. 과학시스템사업부, 슈퍼컴퓨터연구소, 미디어 디자인 센터를 거쳐 믹스주스/이사이즈에서 자사 웹 인프라 구축에 종사한다. 2003년, SI 벤더에 IT/비즈니스 컨설턴트로 이직했다. 2015년 리크루트에 재입사하여 기업개발실에서 시장 조사, M&A 후보 선정, IT에 관한 감정 평가를 담당한다. 2022년 환갑을 맞아 리크루트 퇴직 후 재고용 형태로 지금에 이른다. 주로 6.3절을 기술했다.

이 장의 포인트

❶ 생성형 AI는 업무의 특정 기술에 작용하여 일의 재구축을 재촉한다
'일이 GPT로 대체되는 것이 아니라, 업무에 관련된 특정 기술에 GTP를 잘 활용할 수 있게 되어, 그 기술을 사용한 작업이 중심인 일들이 GPT로 대체될 것이라고 지적한다.'
→ **p.217**

❷ HR의 핵심 과제는 AI에 의한 기술 시각화와 기술 기반 관리
'새로운 조직을 운영하기 위해서는 어떤 기술이 필요한지를 관리하는 기술 기반 관리가 중요해진다. 기술 기반 관리의 기초가 되는 기술은 생성형 AI의 엔진인 LLM을 사용하면 시각화할 수 있다.' → **p.222**

❸ 스타트업의 서비스는 '채용'과 '인사'부터 활성화
'HR 테크에 생성형 AI를 적용한 스타트업에 대해 알아보자. HR 테크에서 AI가 적용되는 곳은 크게 "채용"과 "인사"로 나눌 수 있다.' → **p.229**

❹ 국가나 지역별 '기술'의 개념이 기술 기반 관리의 핵심
'일본에서는 이처럼 사내에서 아주 쉽게 직종을 변경할 수 있다. 그 바탕이 되는 것은 직능, 그 사람이 지닌 일에 대한 잠재력을 평가하고 그 잠재력에 맞춰 직위가 올라가는 고용 형태가 일반적이다.' → **p.242**

❺ 기술을 매개로 한 최적 배치와 자기 재능 개발 AI에 의한 양극으로 집약
'자기 재능 개발 AI 앱을 이용하고, 고용 측에서는 이러한 기술을 가진 사람을 어떻게 배치하면 최적화할 수 있을지를 생각하기 위한 동적 기술 배치 AI를 이용한다. 이 두 가지 앱이 기술 데이터베이스를 중심으로 돌아가는 형태를 예상하고 있다.' → **p.253**

인재나 조직을 운용 관리하는 HR(휴먼 리소스) 분야 업무는 어떤 기업이나 조직과도 떼어 놓을 수 없는 것이다. 한편, 감이나 경험으로 쌓아 온 인사 방안은 정말 효과가 높아지고 있을까? AI 이후의 시대에는 사내외의 사람들이 갈고닦은 기술을 시각화하여 자사나 조직에서 요구되는 인재와 적절히 매칭할 수 있게 된다. 채용·인사 업무가 앞으로 시각화된 기술을 축으로, 어떻게 변화해 갈지 체감해 보기 바란다.

01

생성형 AI로 기술을 분해하여 매칭으로

/// AI가 업무를 대체해 가는 효과

제6장에서는 HR 테크라는 맥락을 바탕으로 조직은 AI 이후에 어떻게 변해갈 것인가를 살펴보겠다. 돌이켜보면 챗GPT 붐이 불붙은 2023년, 오픈AI는 어떤 일이 GPT로 대체될 수 있는가에 관한 보고서를 발표했다. 그 보고서에 따르면, 약 80%의 직업에서 작업이 100% GPT로 대체된다고 하며, 특히 화이트칼라는 20%의 직업에서 절반의 작업이 GPT로 대체된다는 내용이었다. 자세히 읽어 보면, 일이 GPT로 대체되는 것이 아니라 업무에 관련된 특정 기술에 GPT를 잘 활용할 수 있게 되어, 그 기술을 사용하는 작업이 중심인 일들이 GPT로 대체될 것이라고 지적했다. 이러한 과거의 지적이 2025년에는 '어떤 직종은 AI로 대체되어 가겠구나.' 하는 실감으로 이어지고 있는 듯하다.

2025년 2월에는 클로드 Claude를 제공하는 앤트로픽 Anthropic이 AI에 의한 경제 영향의 지속적 지표를 발표했다. AI가 어느 정도의 일을 대체하였는지, 또 AI의 일이 어느 정도 확장되었는지를 경제 인덱스로서 정점 보고하는 내용이다. 이 보고서는 고객이 이용한 프롬프트를 익명화하여 업무에 미치는 영향을 분석한 것으로, AI와의 대화 내용을 업종별 비율로 나타냈다. 컴퓨터를 사용하거나 계산하는 일이 37.2%로 압도적으로 많고, 다음으로 아트나 크리에이티브에 관련된 미디어 계열 일이 10.3%로 높은 비율을 보였다. 업무에 관련된 인구가 12.2%로 가장 많은 오피스의 사무직에서는 그리 큰 효과를 보이지는 않았지만, 그래도 AI 대화 전체의 7.9%를 차지하게 되었다. 이 그래프를 보면 업무와 관련된 인구와 AI 이용의 관계가 보이며, 오피스와 물류, 판매 등에서 AI에 일을 맡길 수 있는 여지가 많다는 생각이 든다.

AI에 의한 효과의 상위에 오른 업종 중에서 교육 계열이 특징적이지 않을까. 9.3%라는 높은 이용률을 기록했다. AI를 통해 개별 지도나 개인 맞춤형 학습을 제공할 수 있게 되었기 때문이다. 특히 미국에서는 영재 교육 분야와 반대로 자기 반 수업을 따라가지 못하는 아이들을 보충 수업하는 분야에서 AI가 활용되고 있다. HR 테크에도 관계된 이야기로, 인간을 성장시키는 데 AI가 큰 효과를 발휘한다는 점을 기억해 두자. 예를 들면 듀오링고 **Duolingo**라는 어학 학습 서비스가 있다. 이 서비스는 약 1년 반 만에 AI를 최대한 활용한 알고리즘으로 대체하여 효과를 높였다. AI가 조직 운영을 생각하는 데 있어서 교육 업계에서의 AI 활용은 하나의 벤치마크가 된다고 생각한다.

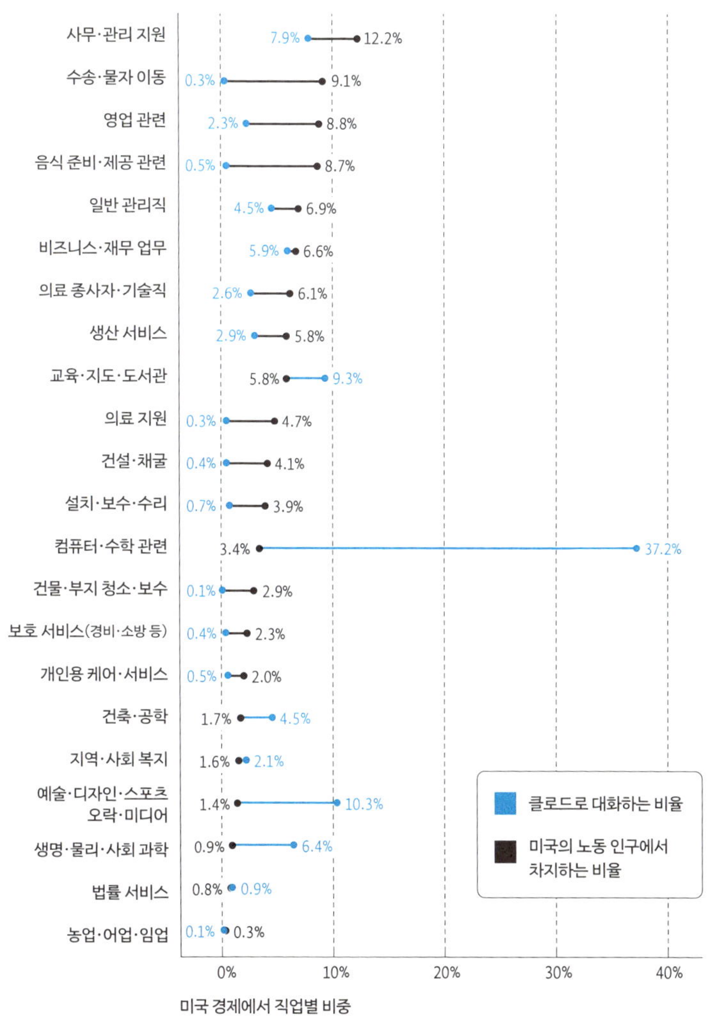

https://www.anthropic.com/news/the-anthropic-economic-index의 그림을 원그래프로 나타내고 번역.

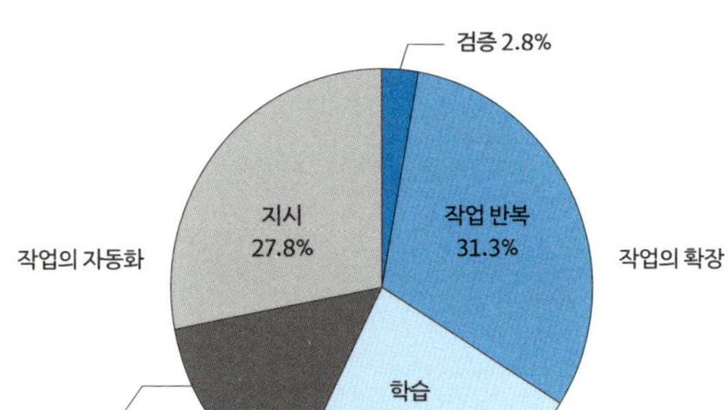

https://www.anthropic.com/news/the-anthropic-economic-index의 그림을 원그래프로 나타내고 번역.

더불어 앤트로픽 보고서에서는 AI에 의한 작업 확장에 대해서도 언급했다. 작업의 확장이란, 지금까지 자신이 할 수 없던 일을 할 수 있게 하는 능력이다. 특히 비슷한 작업을 반복하면서 확장해 나가는 작업 반복이나 학습 부분에서 효과가 있다고 한다.

/// AI를 전제로 한 비즈니스 프로세스가 필요해진다

AI 활용이 조직 변화에 어떤 영향을 미치는지 다시 한번 살펴보도록 하겠다. 우선 생성형 AI 도구를 업무 프로세스에 도입하는 것만으로도 10~20%의 생산성 향상을 기대할 수 있다. 다음으로 생성

시스테믹 HR 모델

재교육(리스킬링)	재설계(리디자인)
커리어 패스(Career Path) 기술 분류 체계 기술 개발 프로그램 관련 직종 인접 기술 탤런트 모빌리티 탤런트 마켓플레이스	업무 분석 직무 설계 고용 모델 기그, 도급 아웃소싱 자동화 생산성 플랫폼
채용(리크루트)	정착(리테인)
전략적인 소싱 다양성 채용 후보자 경험 고용 브랜드 대학 제휴 채용 담당자의 기술 채용 운용	사원 경험 조직 문화 복리후생·육아 지원 탄력 근무, 주 4일제 등 임금의 공평성 인간 중심의 리더십 듣기와 분석
즉각적인 영향	장기적 영향

세로축: 실행하는 데 시간이 걸린다 / 단기간에 실행 가능

형 AI를 사용하여 비즈니스 프로세스를 재구축하면 30~50%의 생산성 향상으로 이어진다. 게다가 생성형 AI를 사용하여 새로운 고객 경험이나 서비스를 발명하여 비즈니스 모델에 혁신을 일으키면 수익 그 자체에 효과가 생긴다. 이는 생성형 AI에 의해 일이 변화해 간다면, 동시에 인간 측도 변할 필요가 있다는 말이다. 기술이나 지식을 업데이트하여 새로운 일에 대응할 수 있도록 하는 '리스킬링'이 주목받고 있는 데는 이러한 생성형 AI에 기인한 혁신에 대한 인간 측의 대응이라는 의미도 있다. 미래의 업무에 대해 'AI

가 대응해 갈 부분'과 'AI로는 채울 수 없는 부분'이 있으면, 후자에 대응할 수 있도록 인간이 변해 가는 조합이 요구된다.

최근 몇 년간 미국의 HR 관점에서 리스킬링도 HR 모델의 일부에 불과하다고 생각하게 되었다. 조직을 바꾸어 가려면, 단기적인 관점에서는 조직에 새로운 가능성이나 기술을 가진 사람을 채용하는 '리크루트'나, 지금 있는 인재를 변화시키는 '리스킬링'을 촉구할 수 있다. 동시에 장기적인 대처로는 리스킬링이 가능한 유연한 인재가 오래 머무르도록 하는 '리테인'이나, 조직 전체에 혁신을 일으키는 '리디자인'이 있다.

이러한 네 개의 사분면 모두에서 조직을 바꾸어 나가야 하며, 그 핵심이 되는 것이 작업을 실행하는 기술이다. 새로운 조직을 운영하기 위해서는 어떤 기술이 필요한지를 관리하는 기술 기반 관리가 중요해진다. 생성형 AI의 엔진인 LLM을 사용하면, 기술 기반 관리의 기초가 되는 기술을 시각화할 수 있기에, 현재 미국의 조직 설계에서 조류를 형성하고 있다.

/// 기술 기반으로 매칭

그러한 흐름 속에서 화제를 불러 모은 것이 기술 기반 매칭이다. 미국의 HR 테크 벤더는 대부분 기술이 있을 것 같은 데이터베이스를 가지고 있는 회사를 매수하고 있다. 매수한 데이터베이스에 든 기술 데이터를 활용할 수 있도록 하는 중이다.

생성형 AI의 엔진인 LLM은 대량의 텍스트에서 다음에 나타날 단어를 예측하도록 학습되어 있다. 기술 데이터를 활용하려면 LLM에 기술 관련 레이블이 달린 데이터를 추가 학습(파인 튜닝)함으로써 기술을 구성하는 어휘나 맥락을 모델이 이해할 수 있도록 한다. 이로써 LLM은 기술 간의 관계성과 특징 등을 파악할 수 있게 되고, 이를 기술 매칭이나 인재 분석 등에 응용하고 있다.

기술 데이터베이스를 생성형 AI로 만들기까지 HR 테크에는 오랜 역사가 있다. 이 역사를 살펴보면 현주소도 쉽게 알 수 있을 것이다. 2010년경부터 서구를 중심으로 HR 테크의 흐름이 생겨났다.

첫 번째는 이력서의 데이터 수집이다. 일본에서는 일반적이지 않지만, 서구에서는 이력서를 공개하는 문화가 있어 프로파일의 데이터를 모아 데이터베이스화했다. 다음으로 2015년 무렵부터는 축적된 이력서 데이터를 AI로 검색할 수 있도록 하는 데 힘을 쏟기 시작했다. 이어서 2018년 무렵부터는 탤런트 마켓플레이스라고 부르는 데이터 활용이 시작되었다. 직원의 이력서 데이터와 외부 인재의 이력서 데이터를 합쳐 사내외 탤런트 마켓플레이스에서 적절한 인재를 선별할 수 있게 되었다. 예를 들어 프로젝트를 시작할 때 탤런트 마켓플레이스를 검색하면, 사내의 다른 부서에 있는 인재를 찾을 뿐만 아니라 동시에 외부에서 불러올 수도 있게 된 것이다.

그 후 전 세계에서 코로나19 팬데믹이 발생하였다. 좀처럼 거동하기 어려운 상황이 되면서 인재 데이터베이스를 분석한 탤런트 인텔리전스Talent Intelligence가 시작되었다. 채용 계획이나 조직 계획을 입안하는 도구를 만들거나, 어떠한 기술을 가진 사원이 있는지를 분석하고, 부족한 부분이 있다면 학습을 통해 경력을 높이려는 움직임이다. 사원의 참여도나 만족도 등과 같은 웰빙 계열, 급여를 적절하게 주는지와 같은 보수 계열 데이터도 갖추어 분석하게 되었다. 그리고 많은 데이터를 분석하는 가운데 어떤 축을 중심으로 매핑할까 생각할 때 '기술'이 주목받게 되어 지금에 이른다. 오랜 역사를 거치면서 기술에 초점이 맞춰지고 마침 거기에 LLM이 분석 도구로써 꼭 맞는 것이다. LLM을 통해 기술을 분석하여 HR의 큰 문제를 해결하는 단계에 이르렀다.

/// 기술을 언어화하는 데 AI가 도움이 된다

기술 기반으로 생각해야 할 때, 기술을 언어화할 수 있는 것이 중요하다. 자기 회사에 혁신을 일으킬 수 있을 정도의 기술을 가지고

인재 확보·관리 분야에서 최근 HR 테크의 흐름
역사적 경위를 거쳐 스킬 테크가 등장

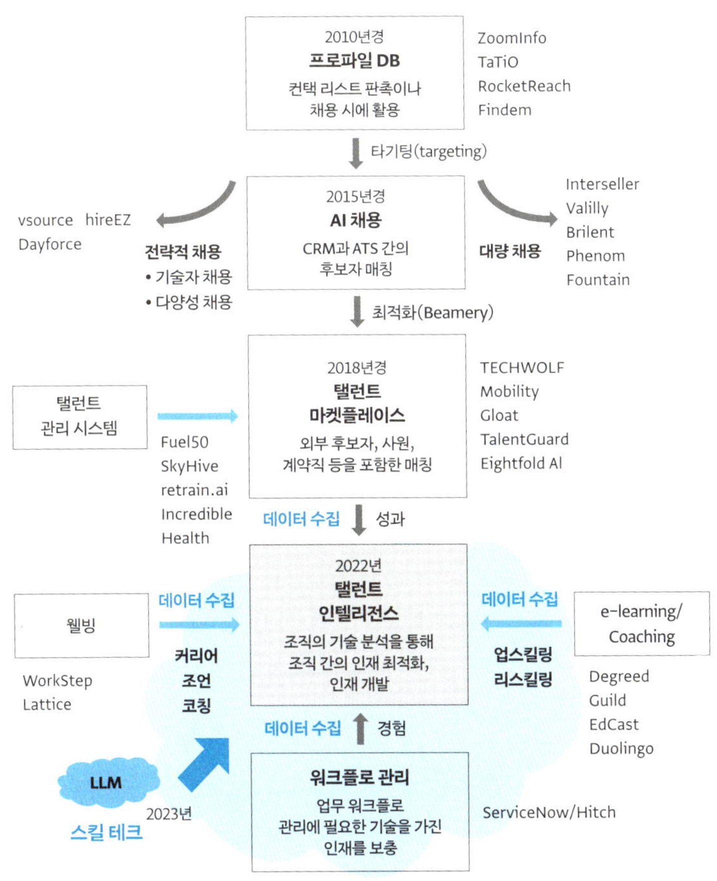

• 인재 매칭 → 기술 정보의 수집·유지가 과제 → 스킬 테크

2010년경
프로파일 DB
컨택 리스트 판촉이나
채용 시에 활용
ZoomInfo
TaTiO
RocketReach
Findem

타기팅(targeting)

vsource hireEZ
Dayforce
전략적 채용
• 기술자 채용
• 다양성 채용

2015년경
AI 채용
CRM과 ATS 간의
후보자 매칭

대량 채용
Interseller
Valilly
Brilent
Phenom
Fountain

최적화(Beamery)

탤런트
관리 시스템

Fuel50
SkyHive
retrain.ai
Incredible
Health

2018년경
탤런트
마켓플레이스
외부 후보자, 사원,
계약직 등을 포함한 매칭

TECHWOLF
Mobility
Gloat
TalentGuard
Eightfold AI

데이터 수집   성과

웰빙

WorkStep
Lattice

데이터 수집
커리어
조언
코칭

2022년
탤런트
인텔리전스
조직의 기술 분석을 통해
조직 간의 인재 최적화,
인재 개발

데이터 수집
업스킬링
리스킬링

e-learning/
Coaching

Degreed
Guild
EdCast
Duolingo

데이터 수집   경험

LLM

스킬 테크   2023년

워크플로 관리
업무 워크플로
관리에 필요한 기술을 가진
인재를 보충

ServiceNow/Hitch

있다고 해도 그것을 인식하고 전달할 수 없으면 효과적으로 활용하기는 어려울 것이다. 그런 의미에서 기술을 분류 및 체계화taxonomy, 택소노미화하여 공유하고 이해하는 것을 목적으로 하는 프레임워크 '스킬 택소노미'가 주목받고 있다. 이 프레임워크를 사용함으로써 조직에 필요한 업무 기술을 정리하고 기술 간의 관련성을 파악할 수 있다. HR의 가장 근간이 되는 부분이며, 이 스킬 택소노미에 생성형 AI가 효과적으로 기능한다.

예를 들면, 오사카부는 구글과 제휴하여 기술의 시각화를 추진 중이다. 지금까지 일하던 본인도 자신이 가진 기술이나 앞으로 성장시킬 수 있는 기술에 대해 언어화하여 파악하기란 어려웠다. 그런데 구글의 생성형 AI를 사용하면, 기술을 언어화할 수 있는 데다가 어떤 방향으로 진행하면 재능을 발전시킬 수 있는가 제안하거나, 업무와의 미스매치를 예방할 수도 있다.

이처럼 탤런트나 기술을 어떻게 획득하고, 확장하며 그 가운데 리스킬링하면서 조직 전체를 리디자인해 나갈 것인가를 프레임워크로 생각할 때, 근간이 되는 기술은 시각화되어 있어야 한다. 시각화된 기술을 통해 사람이 기술을 획득하기 위해 성장하고 싶어지는 경험 디자인Experience Design을 설계하거나, 일하는 사람이 사내와 조직 내에서 어떠한 성장 여행을 할지를 나타내는 직원 여정 같은 사용자 경험을 설계하는, HR 관리의 구체화 단계에 와 있다.

/// AI가 기술을 확장하는 세계로 양극화된다

AI는 기술을 분석하여 HR 관리를 고도화하는 효능이 있는 한편, 또 다른 가능성도 있다. AI와 인간의 기술을 조합해 가는 방향이다. 2010년 무렵, 모토로라는 '인터넷 오브 스킬'이라는 개념을 제창했다. 고도의 기술을 갖지 못한 사람도 스마트 글라스 등을 쓰면 모든 일을 매뉴얼 없이 할 수 있다는 개념이다. 이러한 근로 방식이 생성형 AI에 의해서 현실이 되어 가고 있다. 스마트 글라스에서 내리는 원격 지시는 인간이 원격 근무를 관리하는 형태로 실현되었다. 그런데 앞으로는 멀티모달 AI로 기술의 차이를 메울 수 있는 시대가 오고 있다. AI가 인간에게 단순 노동 기술을 제공해 줄 수 있게 될 것이다.

AI 시대에 재조명받는 '인터넷 오브 스킬'

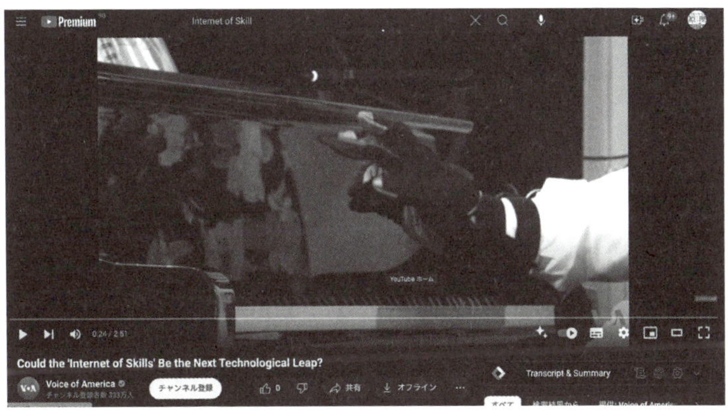

https://www.youtube.com/watch?v=zuFQm_3Ek48에서 인용.

　한편, 회사로서 AI로 대체할 수 없는 기술을 어떻게 발전시킬 것인가도 생각해야 한다. AI로는 불가능한 기술에 대해 두 가지로 생각해 볼 수 있다. 하나는 인간의 기술 포트폴리오를 관리하는 방식이다. 다른 하나는 AI와 전문가가 원격으로 시간제 단기 아르바이트 같은 인재에게 기술을 제공하여 단순 작업을 맡기는 방식이다. HR 분야에서 AI의 활용이 양극화될 수 있음을 염두에 두자.

02

채용·인사의 두 바퀴로 서비스 제공이 활발해진다

/// AI가 HR 테크에 관계되는 두 가지 패턴

HR 테크에 생성형 AI를 적용한 스타트업에 대해 알아보겠다. AI를 HR 테크에 적용하는 데는 크게 '채용'과 '인사'로 나눌 수 있다. 인재를 외부에서 조직으로 끌어들이기 위한 채용과 이미 조직에 소속된 사람을 어떻게 관리, 육성, 배치할 것인가 하는 인사의 두 가지 측면이 있는 셈이다.

HR 테크 분야의 스타트업을 계속 살펴보다 보니, 생성형 AI를 채용 활동을 지원하는 데 사용하는 방식을 볼 수 있었다. 예를 들어, AI가 이력서를 읽어들여 그 지원자를 면접 단계로 넘겨야 할지를 시사해 주거나, 실제로 면접을 할 때 AI가 일정을 조정하는 식이다. 이러한 코파일럿적 사용법 외에도 AI가 직접 면접을 보는 AI 면접관 같은 기능도 제공된다.

이 밖에도 실시간 채용 면접을 지원하는 기능을 제공한다. AI가 직접 면접을 보는 형태는 아니지만, 온라인 회의를 통해 면접을 볼

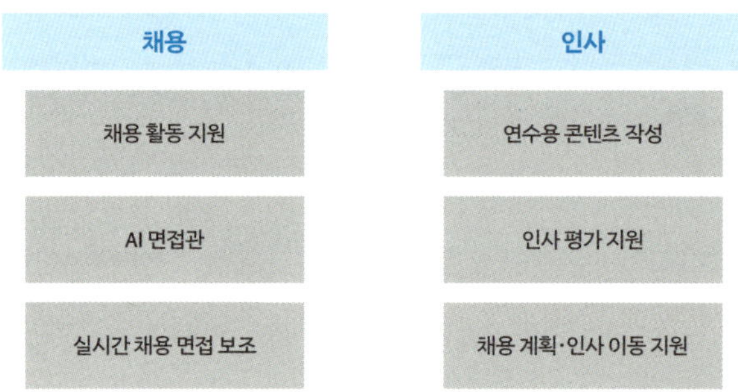

때 시스템에 내장된 AI봇이 인간 면접관에게 '여기서는 이러한 질문을 해 주세요'라는 식으로 도움을 준다. 면접이 진행되는 모습을 기록해서 채용팀에 제출할 보고서를 자동으로 작성해 주는 AI도 있다.

인사 측면에서는 연수용 콘텐츠를 만들어 주는 AI, 인사 평가를 해 주는 AI 등이 등장했다. 더불어 채용 계획이나 인사이동을 지원하는 AI 도구도 상당히 많이 등장했다. 아무리 경영자라도 지금의 인원 배치가 가장 적절한지는 좀처럼 단언할 수 없는 법이다. 그래서 기술과 노동 시간, 부서 실적 등의 데이터를 분석하여 인원 배치를 검증하면서 계획해 주는 도구가 각광을 받고 있다.

HR 테크 분야에서는 먼저 비교적 규모가 큰 스타트업부터 다섯 개의 회사를 소개하겠다.

업무 내용과 사원에게 최적화된 퀴즈를 이용한 효과적인 온보딩

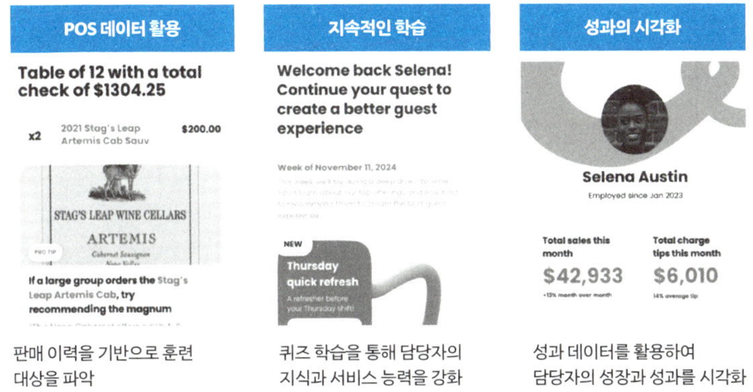

판매 이력을 기반으로 훈련 대상을 파악

퀴즈 학습을 통해 담당자의 지식과 서비스 능력을 강화

성과 데이터를 활용하여 담당자의 성장과 성과를 시각화

사진은 https://www.upswell.ai/에서 인용.

바비디 Bobidi

레스토랑 종업원을 퀴즈 형식으로 훈련

바비디는 레스토랑 종업원, 예를 들어 웨이터나 웨이트리스를 상태로 퀴즈 형식의 훈련 서비스를 제공한다. 미국에서는 일반적으로 노동자의 질에 큰 차이를 보인다. 우수한 인재는 고급 레스토랑에서 많은 팁을 받을 수 있다. 그렇지 않은 사람은 대중적인 레스토랑에서 일하면서 팁도 적게 받고 월급도 오르지 않는다. 우수한 인재로 성장하도록 촉진하기 위해 AI로 훈련시키는 체계다. 레스토랑에서 요리 등을 제공할 때, 예를 들어 로스앤젤레스에 있는 레스토랑이라면 "오늘 오타니 쇼헤이 선수의 활약이 대단했죠." 하고 자연스럽게 화제를 던질 줄 알게 되면, 그것만으로 팁이 늘어나기도 한다. 지금 화제를 모으고 있는 뉴스 등을 바탕으로 바비디가 퀴즈를 만들어 주면 훈련을 통해 서비스의 품질을 높이고, 레스토랑으로서도 종업원으로서도 수익을 늘릴 수 있도록 하는 도구다.

이러한 훈련 외에도 계산대의 정보를 이용하여 어떤 웨이터와 웨이트리스가 얼마나 팔고 있는지를 분석해 성과를 시각화하고 매출이 늘어난 웨이터와 웨이트리스에게는 칭찬하는 기능도 갖추고 있다. 의욕을 유지하기 어려운 레스토랑 종업원에게 훈련과 보상의 양 측면에서 AI가 지원하는 형태다.

롯데 벤처스Lotte Ventures, 아틀라스 퍼시픽 캐피탈Atlas Pacific Capital 등이 바비디에 투자를 이어왔다. 지금까지 720만 달러(약 108억 원)에 이르는 자금을 조달했다.

아프리오라 Apriora

면접 시의 부정을 자동으로 찾아내는 AI 면접관

아프리오라는 면접 부정행위를 AI가 자동으로 찾아내는 면접 지원 도구다. 생성형 AI가 널리 퍼지면서 면접을 보는 지원자가 AI를 이용하여 부정행위를 할 가능성이 커졌다. 이러한 부정행위에 대항하여 AI에 의한 음성·영상·입력 조작을 멀티모달로 분석하여 키보드 조작 이상 감지, 다른 화면 주시, 여러 인물의 등장 등 수상한 움직임을 실시간으로 검출하여 면접관에게 시각화하여 통지한다. 음성이나 영상, 문자 등의 많은 정보를 사용하여 면접을

멀티모달 데이터 분석을 통한 부정행위 검출

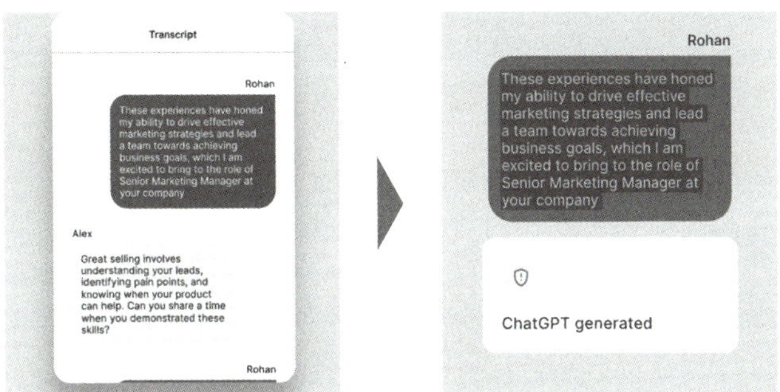

면접 중 음성·영상 데이터를 실시간으로 분석하여 키보드 태핑이나 여러 인물,
다른 화면 주시 등 부정행위 신호를 추출하는 멀티모달 부정 탐지 시스템

사진은 https://www.apriora.ai/product/cheat-detection에서 인용.

보는 사람이 부정을 저지르지 않았음을 확인할 수 있는 셈이다. 구체적으로는 온라인 채용 면접에서 AI 면접관 '알렉스Alex'에 의한 면접, 자동 스케줄링, 부정 감지, 면접 보고서 작성 등의 기능을 제공하여 효율적이고 공평한 채용 프로세스를 실현한다.

투자자로는 1984 벤처스1984 Ventures, 와이 콤비네이터, HOF 캐피털HOF Capital 등을 들 수 있다. 지금까지 누적된 자금 조달액은 330만 달러(약 50억 원) 정도다.

원 모델One Model

인사 데이터를 통합하여 의사 결정을 지원

AI로 인사 업무를 지원하는 도구 중 하나가 원 모델이다. 이는

인재 데이터의 시각화로 전략적인 관리를 실현

채용 프로세스의 각 단계를
시각화하여 병목 현상을 파악하고
신속하게 우수한 인재 확보

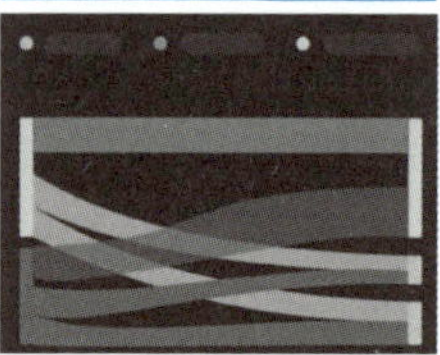

생키 다이어그램에서 이동이나
이직의 흐름을 파악하여 인재
배치나 정착률 향상 전략 책정을
지원

조직도를 통해 팀의 구성과 지휘
계통을 직관적으로 파악하고
조직에 가장 적절한 운영을 지원

사진은 https://www.onemodel.co/products/data-visualization/data-stories에서 인용.

인사 데이터를 통합하여 분석 및 시각화하는 기능을 제공한다. 채용은 물론이고 이후의 정착률과 실무를 맡은 뒤의 성과 등을 종합하여 분석할 수 있는 도구다. HR에서는 채용도 중요하지만, 그 후의 사내 상황 분석도 중요하다. 제대로 인재 유동화가 이루어지는지, 이직률은 자사가 설정한 적절한 범위 안에 들어가는지, 조직 내에서 인재 매핑이 잘 되어 있는지를 하나의 AI 도구로써 종합적으로 분석해 준다. 기술 데이터베이스를 만들어 인재를 적절히 활용할 수 있도록 도와줄 수 있다.

덧붙여 채용 계획을 지원하는 기능도 갖추고 있다. 대기업에서 일하는 사람이라면 알겠지만, 채용 계획은 연간 예산과 동시에 준비하는 경우가 많다. 그러나 그 채용 계획을 '작년과 비슷한 정도로 하자'라든가, '사업이 커지고 있으니 채용을 늘리자'와 같이 담당자의 감각에 의존할 뿐 타당한 근거가 없는 경우도 적지 않다. 원 모델은 경영진이 채용이나 퇴직의 트렌드를 인식하고 어느 부서에 어떤 인재를 중점적으로 배치하면 좋을까 하는 인재 전략을 입안하기 위한 도구로도 사용할 수 있다. 이를 위한 기초 데이터로써 기술 데이터베이스가 중요하다. 이는 이번 장에서는 거듭 설명한 내용이다.

투자자로는 리버우드 캐피탈**Riverwood Capital** 퀸즈랜드 투자 공사 **Queensland Investment Corporation**를 들 수 있다. 자금 조달액도 4,480만 달러(약 672억 원)로, 많은 자금을 모은 점을 보아도 시장에서 큰 기대를 받고 있음을 알 수 있다.

테지Tezi

채용 후보자 설정부터 진척 관리까지 도맡는 AI화

미국에는 채용 시 워크플로를 자동화하는 AI 도구를 제공하는 스타트업이 많다. 그중에서도 대기업에 해당하는 곳이 테지다. 일본에서는 인사 부서 담당자가 맡는 후보자 발굴부터 면접 일정과 진척 관리 등을 AI에 의한 기능으로 통합하여 관리한다. 후보자를 발굴할 때는 기업 측에서 아웃바운드로 연락할 수도 있고, 어떤 채널에서 걸린 인바운드 후보자를 간단히 스크리닝할 수도 있다. 그 다음에는 일정을 잡아 면접을 진행하고, 면접을 마친 후의 후속 연락까지, 지금까지 인간이 직접 하던 작업을 AI가 대신한다.

오데이셔스 벤처스**Audacious Ventures**, 8VC, 어포 캐피털**Afore Capital** 등이 투자하고 있다. 자금 조달액은 900만 달러(135억 원) 규모다.

지니어스 아카데미**Genius Academy**
의료 종사자에게 특화된 사내 교육 프로그램

사내 교육 프로그램, 연수 계열 스타트업으로 지니어스 아카데미를 소개하겠다. 이 스타트업은 정신과 의료, 심리 교육에 특화된 의료 종사자를 위한 교육 및 연수 프로그램을 제공한다. 임상 연수를 앞둔 의대생이나 현직 의료·심리 전문가가 사례 연구 영상이나 시뮬레이션 동영상, 실시간 모의 토론을 통해 대인 커뮤니케이션과 진단 기술을 배우고, 이를 AI가 실시간으로 평가한다. 환자 대응 등 대인 커뮤니케이션 기술이나 상황 판단에 근거한 진단 기술을 가상에서 실전처럼 훈련하여 효율적으로 향상시킨다. 나아가 AI가 평가하여 적절한 피드백을 함으로써 학습자의 성장을 촉진하는 상호작용 가능한 연수를 구현한다.

투자자로는 펜스케 미디어 코퍼레이션**Penske Media Corporation**과 엔젤리스트가 있다. 자금 조달액은 210만 달러(약 32억 원)으로 아직 크지 않지만, 앞으로의 성장이 기대되는 스타트업이다.

/// 초기 단계에서도 활발해지는 AI×HR 테크

채용과 인사의 양 측면에서 생성형 AI를 활용하는 스타트업 사례를 소개했다. 특히 인사 측면에서는 좋은 인재를 키우면서 그만두지 않도록 의욕을 유지시키는 '리텐션'(인재의 정착) 효과에 주목하여 AI가 사용되는 사례가 많은 것을 알 수 있다. 지금까지 소개한 스타트업보다 더 빠른 초기 단계에서 저자가 개인적으로 투자 대상으로 주목하는 기업을 조금 더 소개하겠다. 아직 작은 회사가 많지만, 성장세가 기대된다.

첫 번째 회사는 AI 면접관 스타트업이다. AI가 엔지니어의 1차 면접을 진행한다. 1차 면접 정도라면 AI로 충분하다는 것을 보여주는 사례다. 여기서 핵심은 1차 면접만 AI가 진행한다는 점이다. 건수가 많은 1차 면접에서 일손을 덜 수 있다. 두 번째 회사도 AI 면접관 스타트업으로, 여기서는 AI가 공유 경제**Sharing Economy**에서 일하는 사람들을 상대로 전화 면접을 담당한다. 음식 배달 서비스의 드라이버를 대량 채용하고 싶은 경우, 사업자 측에서는 많은 지원자와 면접을 해보고 싶지만, 인간이 대응하기에는 자사의 면접관뿐만이 아니라 채용 에이전트를 활용해도 면접하는 측의 리소스가 부족한 일도 있다. AI가 전화기를 계속 붙들고 면접을 보다가 괜찮은 사람이 있으면 적극적으로 채용하는 형태로 채용 에이전트의 인력 부족을 해결한다.

세 번째 회사는 매우 복잡한 업계의 사내 연수 자료나 퀴즈를 만들어 주는 스타트업이다. 주 고객인 군대와 제약회사 모두 새로

들어온 사람은 그 조직이나 업계 특유의 지식을 대량으로 학습해야 하는 분야다. 그 복잡한 학습을 AI가 지원한다. 네 번째 회사는 경찰관을 위한 동기 부여 도구를 제공하는 스타트업이다. 미국에서 경찰관은 카메라를 단 채 근무하는데, 그 영상을 분석하여 좋은 활약을 펼치면 이를 인식하여 칭찬해 주는 서비스다. 경찰관은 이직률이 높은 직업으로, 사회를 위해 공헌하고 있음에도 감사받는 일이 적은 실정이다. 좋은 일을 한 경찰관을 칭찬하고 인사 측면에서도 더 좋게 대우함으로써 의욕을 유지할 수 있도록 한다. 이처럼 사무실이 아닌 외근을 하는 일일 경우에는 업무를 시각화하여 좋은 점을 파악하는 등 도구를 효과적으로 이용할 수 있다.

03 기술 데이터의 활용과 일본형 일자리의 장점만 취합하기

/// 정보의 4단계와 HR 테크

HR 테크와 AI의 관련성에 대해 리크루트에서 수석 시스템 아키텍트를 맡고 있는 구마자와 고헤이 씨의 식견을 곁들여 앞으로 대처할 방향성을 살펴보자. AI에 대해 구마자와 씨는 다음과 같이 관점을 정리한다. "일본어에서 말하는 '정보'를 4단계로 분류해서 생각하면 쉽게 이해됩니다. 영어로는 각각 대응하는 단어인 '데이터', '인포메이션(정보)', '놀리지(지식)', '위즈덤(지혜)'으로 나눌 수 있습니다." 데이터란 단순한 숫자의 나열을 말한다. 이에 반해 인포메이션(정보)은 그 숫자에 대해 이용자가 어떠한 평가의 축을 가졌는지로 완성된다. 평가가 요구되는 것이다. 나아가 놀리지(지식)가 되면 상호작용을 통한 이해가 필요하다. 마지막으로 위즈덤(지혜) 단계에서는 이용자는 답변을 신용하고 실행하게 된다. 전폭적인 신뢰를 받는 것이 바로 위즈덤이다. 즉, '정보'의 가치를 얻기 위해서는 이용자가 어떻게 관여하는가가 중요하다.

HR 테크는 이 4단계 분류에 어떻게 대응하는 것일까. 구마자와 씨는 현재 데이터 부분이 핫하다고 한다. "코파일럿형 AI에 자연어로 질문하면 무엇이 되었든 데이터의 나열이 출력된다는 점입니다. 2024년부터 1년간, 대기업의 HR 테크 관련 벤더는 이 코파일럿형이 가진 데이터 생성 기능을 도입해 왔습니다."(구마자와). 그 후 인포메이션(정보) 부분은 건너뛰고 놀리지(지식)에 대응하는 상호작용을 실행할 수 있는 HR 챗봇이 등장했다. 하지만 너무나도 빠르게 응용이 전개되는 바람에 "좋은 챗봇을 만드는 벤더와 쓸모없는 챗봇을 만드는 벤더가 있고, 현재 사용할 수 없는 것은 도태되고 있습니다. 전체적으로 보면 HR 테크 중에서 AI 챗봇은 조금 유용한가 싶은 단계를 지나 환멸기에 들어서는 중입니다."라고 구마자와 씨는 분석한다.

구마자와 씨에 따르면, 현재 HR 테크의 벤더는 물밑에서 인포메이션(정보) 기술을 갈고 닦는 중이라고 한다. 인포메이션(정보) 부분을 잘 정리하기 위해서 AI를 활용하는 단계에 있지만 아직 제품으로는 별로 출시되지 않은 상황이다. 데이터로써 기술을 활용하여 인포메이션(정보) 단계에서 기술 기반 매칭과 텔런트 인텔리전스를 구체화해 나가는 단계다. 이것이 지금은 조용히 이루어지고 있는 시기라고 한다.

단계	적용 서비스 예시
지혜 Trusted Agents	**<Buddy형>** • (Self 인재 개발) • (자동 인재 채용/배치) 꿈
지식 Agents Innovators Organizations	**<Consultation/Agent형>** • 채용 에이전트 • 커리어 어드바이저 • 코칭 환멸기 **Ethics, Governance**
정보 Reasoners	**<Matching형>** • Skills-based Matching • Talent Marketplace 조용히 이루어지는 시기
데이터 Chatbots (Agentic Pattern with NLP)	**<CoPilot/Data 생성형>** • 채용 콘텐츠, 인사 관련 서류 자동 생성 • 자연어 UI에 의한 인사 관련 절차 • 자연어 UI에 의한 인사 분석 **Hot!**

Wisdom — Knowledge — Information — Data

단계	HR 테크 사례
지혜 Trusted Agents	**미출현** (My Carrier Advisor : 인생의 스승) (Assignment Advisor : 최선을 다하고 천명을 기다린다)
지식 Agents Innovators Organizations	**아직 완성 단계는 나오지 않았다** • (Recruiting ChatBot/Recruiting automation) • Apriora.AI, Paradox.AI, Dalia • Beamery, Phenom People • (Coaching agent) • WISQ, CoachHUB/AIMY, Perceptyx, Valaence
정보 Reasoners	• Skills Tech • TechWolf, FutureFit AI, 365Talents • Talent Intelligence • Eightfold.ai, gloat, fuel50, retrain.ai, SkyHive
데이터 Chatbots (Agentic Pattern with NLP)	• Recruiting Marketing (Phenom People, 다수) • Copilot on HRMS • SAP/successfactors: Joule • Workday: Illuminate • ADP: Lyric HCM • Oracle: Generative AI in Cloud HCM 그 외 다수 • HR BI (Visier/Vee, OneModel)

왼쪽 위 그림은 https://en.wikipedia.org/wiki/DIKW_pyramid에서 인용.

/// 나라마다 다른 '기술'을 어떻게 이해할 것인가

여기서 HR 테크의 데이터로서 빠질 수 없는 기술에 대해 조금 더 깊이 생각해 보자. 특히, 일본 기업에 다니면 기술이라는 개념이 별로 와 닿지 않는다는 사람도 많지 않을까. 일본 기업에서 기술이라고 하면, 프로그래머여서 파이썬Python을 다룰 줄 안다든가, 회계사 자격증을 가진 경리 담당자라든가 하는 식으로도 물론 평가의 대상이 되지만, 그보다 적절하게 의사소통을 할 수 있는가, 리더십이 있는가 하는 능력에 주목하는 경우가 더 많은 것 같다. 한마디로 기술이라고 해도 나라에 따라 그 내용이 다르다고 생각할 필요가 있다.

이러한 기술에 관한 생각을 정리하기 위해 '직능', '직무', '직종'이라는 분류를 적용해 보겠다. 일본의 고용 환경은 직능성이라고 한다. 직능이란, 그 사람이 일할 수 있는 잠재력을 평가하는 것으로, 잠재력만 있다면 개별 업무의 기술은 학습해서 그 업무에 종사하는 데 문제가 없다고 생각한다. 회계사 훈련을 마치면 회계 섹션에 갈 수 있다. 심지어 그 사람이 프로그래밍 기술도 배울 수 있을 것 같으면, 리스킬링을 통해 IT 기술을 배우게 해서 회계 시스템을 고치는 엔지니어 섹션으로 보내는 식이다. 이처럼 일본에서는 사내에서 아주 가볍게 직종을 바꿀 수 있다. 그 기반이 되는 것이 바로 직능이다. 그 사람이 지닌 일에 대한 잠재력을 평가하여 그 잠재력에 맞춰 직위가 올라가는 고용 형태가 일빈적이다. 기술은 나중에 배우면 되기 때문에 기술 데이터베이스를 만드는 데 큰 의미는 느끼지 못한다.

한편, 서구에서는 대부분 직무성, 이른바 잡Job형 고용 형태를 취한다. 기업은 '이 일을 하려면 이러이러한 기술이 필요하고, 이 일을 할 줄 알면 얼마만큼의 보수가 주어집니다.'라는 잡 디스크립션(직무 정의서)을 제시한다. 일본에서 말하는 채용 공고이지만, 직무와 기술, 보수를 명시한 계약 문서인 점에서 전혀 다르다. 그 직무에 관해서 고용 계약을 맺은 근로자는 기본적으로 그 일밖에 하지 않는다. 오히려 잡 디스크립션에 표기된 일 이외의 일을 하면 직무 계약 위반이 되어 소송을 당하기도 한다. 일본에서라면 채용 공고에 프로그래머나 매니저라고 쓰여 있어도 입사한 다음에 전혀 다른 일을 하게 되는 경우가 흔하지만, 직무성 채용에서는 있을 수 없는 일이다.

마지막으로 직종성이라는 고용 형태도 있다. 서구 내에서 독일 등 대륙 쪽 국가에서 채용한 형태로, 직종 즉, 자격에 초점을 맞춘다. 사회에서 규정된 자격증을 따고 그 자격에 관련된 일을 하게 되는 형태다. 회사는 자격 단체 등에 '이번에는 기계공을 원한다.', '숙련된 드릴공을 원한다.'는 식으로 의뢰한다. 덧붙여 그 직종이나 자격이 급여와 결부된다. 이 또한 일본에서는 일부 사자가 붙는 전문 직업 등 자격이 없으면 일할 수 없는 경우를 제외하고는 찾아보기 어려운 고용 형태다.

구마자와 씨는 "이처럼 업무에 관한 규정 방식은 나라나 지역에 따라 크게 다릅니다. 그렇기에 일본에서는 기술 매칭이라는 말이

별로 와닿지 않는 실정인지도 모릅니다."라고 말한다.

/// AI, LLM은 기술에 대해 무엇을 할 수 있는가

그 결과, 일이 어떻게 변경되는지를 정리한 것이 다음 페이지의 그림이다. 직능성인 일본에서는 기업 내 이동은 비교적 쉽다. 다른 기업에 가기는 어렵지만, 잠재적인 직능이 있다면 사내에서 업무 내용이나 포지션을 바꾸는 것은 용이하다. 서구, 특히 영국과 미국은 직무성을 채택하여 잡 디스크립션에 정의된 일을 수행하는 형태다. 따라서 기업 간이라도 동일한 기술을 제공하면서 일할 수 있다면 쉽게 이동할 수 있다. 한편, 같은 기업 내 혹은 다른 기업에서도 지금과 다른 포지션으로 이동하는 것은 기술이 달라지지 않는 한 어렵다. 한편, 직종성으로 채용하는 독일 등 일부 나라에서는 자격이 있으면 다른 기업으로 이동하기는 어렵지 않다. 다만, 다른 포지션으로 이동하려면 학교 등에 가서 다시 배우고 자격을 얻는 단계를 밟아야 한다.

여기까지 살펴보면, 단순히 기술이라고 해도 다양할 수 있음을 알 수 있다. 하나는 자격증 등의 '하드 스킬'이다. 그 밖에도 개인을 중심으로 한 주위에 대한 의사소통이나 리더십 등의 능력을 나타내는 '소프트 스킬', 그룹 등을 운영하는 '파워 스킬'이 있다. 영국과 미국 등 직무성 지역에서는 하드 스킬에 따른 고용이 확보된다. 독일 등 직종성에서는 하드 스킬과 함께 자격 훈련으로써 소프트

분류	지역	고용 포인트	일의 변경(차이를 강조하여 표현)	
직능	일본	여러 가지 일을 해낼 능력이 있는가 아닌가	• 업무 내용은 기본적으로 고용 후에도 달라진다(결과적으로 장기간 고용이 이루어진다). • 업무 내용이 명확하게 정의되어 있지 않아 회사 간 이동에 대해서는 평가하기 어렵다. 반대로 회사 내에서의 이동은 비교적 용이하다.	기업 A　기업 B
직무	영국과 미국	직무 정의서(잡 디스크립션)에 일의 상세 내용이 정의되며, 그 직무 내용을 수행할 수 있는가 여부	• 업무 내용이 변경된 경우에는 직무 정의서를 수정하고 고용 계약을 갱신하게 된다. • 극단적으로 말하면, JD에 없는 일은 직무 규정 위반이 된다. • 업무 내용이 JD에 정의되어 있어 근무했던 JD에서 가졌던 기술을 비교적 비교하기 수월하다. 그 때문에 사내 이동보다 회사 간 이동이 용이하다.	기업 A　기업 B
직무·직종	유럽 대륙 국가	고용은 그 일을 수행할 수 있는 자격과 결부된다	• 자격은 행정 및 업계 단체에서 관리하며, 자격에 따른 급여 테이블이 존재한다(반대로 자격이 없으면 그 일을 할 수 없다). • 자격과 기술을 결부할 수 있어 업무 내 이동은 쉽지만, 직종 간 이동 시 자격을 취득(재교육)해야 한다. 학력 등 사실상 재취득이 어려운 경우가 있어 직종 계급이 존재한다.	교육 기업 A　기업 B

주) 여기서는 이해하기 쉽도록 차이를 강조하여 표기하였다.
반드시 각국·각 업계가 모두 똑같이 하는 것은 아니라는 점에 유의하기 바란다.

스킬도 확인하는 경우가 있다. 한편, 일본에서는 하드 스킬은 후천적으로 학습이 가능하다고 생각하여 소프트 스킬이나 파워 스킬과 같은 커뮤니케이션이나 조직 운영 능력을 중요한 기술로 여긴다.

현재 서구에서는 기술 데이터베이스의 매칭 원리를 이용하는 스킬 테크로 데이터베이스에 점차 하드 스킬를 추가하고 있는 상황이다. 파이썬으로 프로그래밍할 수 있다, 회계사 자격증이 있다,

Skills 분류	주된 평가 방법	내용	주관하는 뇌의 기능	고용 관행과의 대응
파워 스킬	그룹 워크	주위를 움직이는 능력 • 그룹에 영향을 미치는 능력 • 사람을 끌어들이는 능력, 조직을 추진해 나가는 능력 • 팀워크, 시간, 진척 관리 능력 • 사회와의 관계나 마음의 건강 관리	• 공감력 • 감정력 • 적응력	직능
소프트 스킬	면접이나 면담 등 1대 1 커뮤니케이션	개인을 중심으로 한 주위에 대한 능력 • 의사소통 능력과 리더십 • 교육 기관에서 학습 가능한 **실무 시험**을 수반하는 자격 • 문제 해결법을 탐색하는 능력(문제 정의 능력) • 암묵리에 표현된다	• 정동 • 반사력 • 직시력 • 논리 능력	직종
하드 스킬	기술 시험	• 전문 지식이나 기술 등 **필기 시험**으로 평가할 수 있는 자격 • 문제 해결 수행 능력(문제 해결 능력) • 명시적으로 정의되어 있다	• 기억력 • 논리력	직무

주) 여기서는 이해하기 쉽도록 차이를 강조해서 표기했음에 유의하기 바란다.

이 분야의 의사 면허를 가지고 있다, 이와 같은 하드 스킬이 축적되어 그 기술이 없으면 그 일에 지원할 수 없는 구조에 대응하고 있는 것이 현주소다. 소프트 스킬이나 파워 스킬에 대해서는 아직 전혀 손대지 못한 상황으로, 이러한 요구되는 기술의 차이가 일본에서 기술 데이터베이스를 활용하기 어려운 요인 중 하나다.

이러한 상황에서 생성형 AI, LLM은 스킬 테크에 어떤 효과를 주고 있을까. 구마자와 씨는 스킬 테크에는 기술과 직업을 구조화하는 세 가지 효과가 있는 것 같다고 설명한다. "하나는 직무명과 기술을 자동 통합 및 분류하는 기능입니다. 채용 공고나 이력서 데이터를 대량으로 취득해서 직종이나 필요 기술 등을 바탕으로 유사한 직무를 통합 및 분류합니다. 우선 AI로 기술 분류기가 완성되었습니다. 이 AI 기술 분류기에 의해 각 기업에서 제각기 다른 이름으로 불리는 직무명을 통일하여 분류할 수 있게 됩니다. 다음으로 직무와 기술의 관계나 어떤 기술을 가진 사람이 다음에 어떤 기술을 얻을까 하는 관계를 추측하는 데 생성형 AI를 활용할 수 있습니다. 기술 예측기 같은 것입니다. 세 번째는 이직 이력 등을 바탕으로 경력을 높이거나 기술 획득의 토폴로지**topology, 연결 구조**를 구축합니다. 이러한 경력이나 기술을 획득한 사람은 다음에 이러한 직무나 직책, 기업으로 스텝 업 한다는 식의 관계를 AI로 분석하는 것입니다." (구마자와).

/// HR 시장 측에서 AI 상황을 바라본다

여기서 관점을 바꾸어 시장 측에서 AI가 인간의 일을 어떻게 대체해 가리라고 예상하는지 살펴보자. 구마자와 씨는 현재 상황에 대해 이렇게 이야기한다. "2015년 무렵에 AI로 인해 인간의 일자리가 절반으로 줄어들지도 모른다고들 했습니다. 절반의 사람이 일자리를 잃을 것이라고 우려했죠. 그러나 2025년이 된 현시점에서 보면, 한 사람의 일을 AI가 전부 대신하는 현상은 거의 일어나지 않은 듯합니다."

어느 HR 컨설팅 기업에서 직종별로 어느 정도 AI로 대체되는

지에 대해 분석했다. 그 자료에 따르면, AI로 완전히 대체되는 업무는 전 직종 중 약 7%, 대체할 수 없는 일은 약 30%, 그리고 60% 이상은 부분적으로 대체된다고 한다. 직종에 따라서는 30% 이상 AI로 대체 가능한 것으로 나타났지만, 전체적으로는 아직도 완전히 대체 가능한 업무는 10%도 채 되지 않는 상황이다. 구마자와 씨는 "AI에 의해 부분적으로 일이 대체되었다고 해도 인간이 할 일은 여전히 남아 있습니다. 한 명의 일을 통째로 AI 인격으로 대체하기란 아직 상당히 어렵다는 점을 체감하여 이해하기 시작했을 것입니다."라고 설명한다.

즉, AI를 도입했다고 해서 인건비가 드는 사람을 통째로 AI로 대체하기란 불가능한 것이다. 까딱하면 비용 절감은커녕 인간과 AI 양쪽의 비용이 들기도 한다. 애초에 나라나 지역에 따라서는 인간의 일을 AI로 대체하기가 상당히 어렵다. 서구의 직무성 고용 형태에서는 일과 인간이 1대 1로 결부되어 있다. 이 일로 모집했으니 이 일을 하라는 것이다. 거기에 AI를 도입해서 일의 일부가 AI로 대체되면, '왜 내 일을 빼앗느냐'는 이야기가 되어 버린다. 그러면 잡 디스크립션이나 고용 계약을 다시 작성해야 하게 되면서 새로운 계약으로 재고용하는 사태로 발전할 수 있다. AI를 도입하는 것만으로도 상당히 귀찮은 일이 되는 것이다. 직능성 고용 형태를 따르는 일본에서는 어떤 업무가 AI로 대체되었다고 해도 '다른 일을 해.'라는 한마디로 끝나 버리겠지만, 그렇게는 안 된다.

그래서 "직무가 아닌 기술로 채용하자는 이야기가 나오고 있습

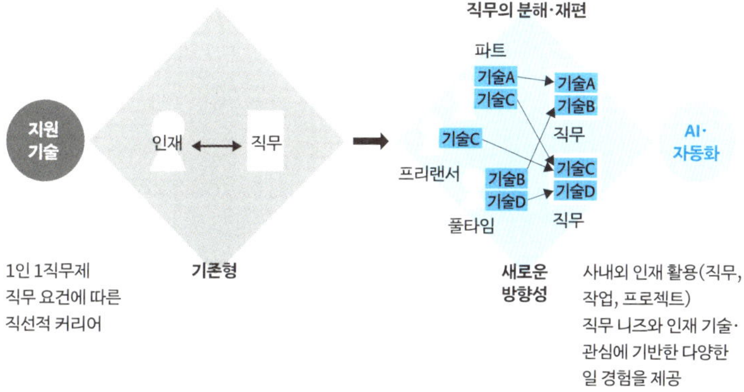

Keynote-Ravin Jesuthasan-The Skills-Powered Organization: How to Design and Activate the Enterprise for the "Next" of Work-HRTECH를 참고하여 작성.

니다. 기술로 채용하면 사원은 그 기술을 제공한다고 계약되어 있으므로 기술만 제공할 수 있다면 담당 업무를 바꿀 수 있습니다. 이러한 흐름에 따라 기술 기반으로 일 자체를 재구축, 재설계하자는 니즈가 높아져 기술 데이터베이스에 정보를 계속해서 넣는 방향으로 움직이고 있습니다." (구마자와). 서구의 인사 제도의 배경이 기술 데이터베이스를 만들 계기가 되어 현재 그 작업이 차근차근 진행되고 있는 단계에 있다.

/// 향후의 방향성, HR 기능의 재정의

HR 테크와 AI 활용 현황을 분석했으니 이제 향후의 방향성에 대해서도 살펴보자. 구마자와 씨는 "우선 HR 기능의 개편이 일어날 것입니다. 현재는 채용과 인재 관리, 노무 관리, 급여 및 복리 후생, 여기에 예산 관리라는 기능별로 팀으로 나뉜 조직이 만들어져 있습니다. 그런데 기술 데이터베이스를 사용해서 인력을 재배치하게 되면 기능별로 나뉜 팀을 운영하기 어려워집니다. '이 기술을 원하니까 이런 교육을 하자.' '이 기술이 부족하니까 더 채용하자.' '획득한 기술에 따라 급료를 달리 하자.'와 같은 식입니다. 그렇게 되면 기술 데이터베이스를 중심으로 한 피플 애널리틱스 팀을 구심점으로 삼아 각각의 기능을 실현하는 형태를 취하게 될 것입니다."라고 분석한다.

이어서 그는 한 선진기업의 사례를 들었다. "그 기업에서도 기술 데이터베이스를 만들자 '이것은 채용할 때 쓸 수 있겠다'라든가 '인재 개발에 사용할 수 있겠다' 하는 이야기가 나왔습니다. 기술이 필요할 때, 내부의 인재가 필요한지, 파트너 기업의 능력으로 기술을 보충하면 좋을지, 기술을 가진 아르바이트생으로 대응하면 좋을지 등 일하는 방식 자체의 혁신도 기술을 중심으로 생각하게 되었습니다. 기술 데이터베이스를 중심으로 다양한 인사 기능을 활용하게 됩니다. 한편 조직 체제가 유지된 채 그 상태가 되자 사원들은 기능별로 다른 앱을 사용하게 되어 꽤 번거로워졌다고 느꼈습니다."

• HR의 각 기능이 기술 데이터로 통합 → 일하는 사람에게는 자동 커리어 코치, 인사에서는 동적 인재 배치를 실현
• 각 기능이 이용자에게 최적화되어 자동화가 발전

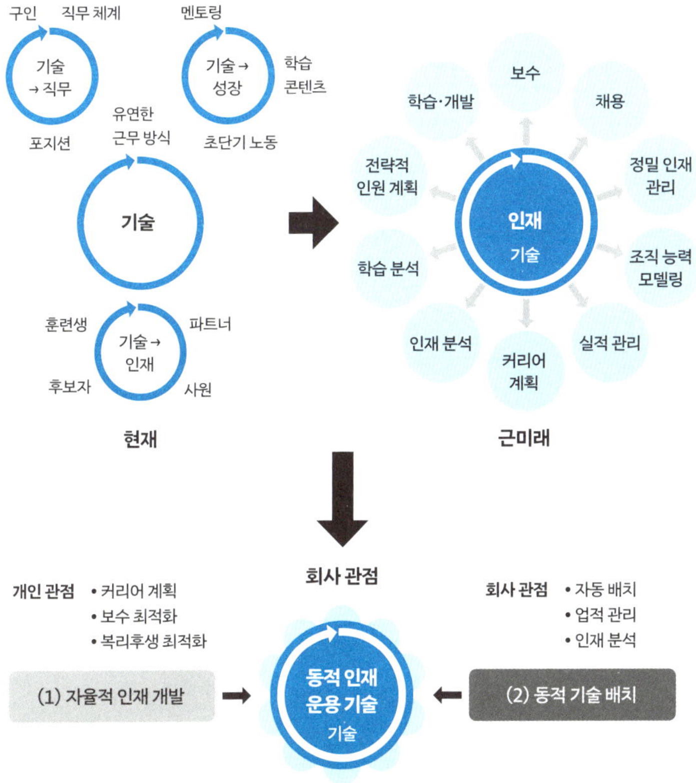

Gloat사 자료를 바탕으로 저자가 작성.

이 경험을 통해 개별 기능에 따라 기술 데이터베이스를 활용하는 근미래를 거쳐 더 먼 미래에서는 "고용하는 측과 고용되는 측, 즉 일을 받는 측과 일을 제공하는 측이라는 큰 두 개의 기능이 있고, 각각의 애플리케이션으로 정리되리라고 생각합니다."(구마자와). 일을 의뢰하는 측에서 보면, 어떤 기술을 어느 정도의 배분으로 배치하고, 어떤 계획에 따라 인력을 고용할 것인지를 최적화하는 것이 가장 중요한 기능이다. 한편, 일하는 측에서 보면, 어떤 기술을 어떤 순서로 획득해야 가장 기분 좋게 일할 수 있고, 수입도 얻을 수 있는가 하는 커리어 어드바이스, 커리어 플래닝 같은 기능이 필요하다.

구마자와 씨는 HR 테크의 미래를 다음과 같이 전망한다. "사원이 어떠한 기술을 키울까, 앞으로 어떤 일을 할까를 생각하기 위한 자기 재능 개발 AI 앱을 이용하고, 고용 측에서는 이러한 기술을 가진 사람을 어떻게 배치하면 최적화할 수 있을지를 생각하기 위한 동적 기술 배치 AI 앱을 이용한다. 이 두 가지 앱이 기술 데이터베이스를 중심으로 돌아가는 형태를 예상하고 있습니다." 기술 데이터를 매개로 삼아 고용 측과 사원 측 모두 자동화되어 최적화할 수 있는 기능을 활용하게 되는 근미래가 다가온다.

/// 가상 인격이 함께 일하는 미래

더 나아가면 HR 테크 업계는 어떻게 변할까? 구마자와 씨는 "꿈같은 이야기겠지만, 일할 때 옆에 인간이 아닌 것이 있는 세상이 올 것입니다. AI로 만들어진 가상 인격이 인간과 함께 팀을 이루어 일하게 되리라고 생각합니다."라고 전망했다.

HR 테크 중 피플 애널리틱스 분야에서 다양한 시도가 이루어지고 있다. LLM를 통해 AI가 자연어 처리 능력을 갖추게 됨에 따라 가상 인격은 상당히 만들기 쉬워졌다. 가상 인격을 만들어 가상 인격끼리 팀을 짜도록 시뮬레이션을 하면서 '이렇게 하면 팀의 성과가 좋아진다', '이런 일이 일어나면 성과가 나빠진다'라는 식의 지식을 축적하는 움직임도 보이고 있다. 현시점에서는 기술적, 윤리적 과제가 많지만, 가상 인격에 의한 기술 분석 등이 발전되는 방향으로 흘러갈 것은 틀림없다.

구마자와 씨가 한 가지 재미있는 사례를 소개했다. "LLM으로 마인크래프트라는 게임 속 인격을 만들어 서로 작업을 시켜 보았다는 논문을 읽었습니다. 그 논문에서는 LLM 에이전트에 사회적 인식을 넣지 않자 성과가 올라가지 않았다고 보고했습니다. 여기서 사회적 인식이라는 것은 에이전트 간에 좋은 인상이나 나쁜 인상이라고 인식하는 것을 말합니다. 사회적 인식의 판정 모듈을 넣자, 일이 분화되거나 전문화될 뿐만 아니라 범용화되는 일을 찾아 집단으로 움직이기 위해 알아서 규칙을 생성했습니다." 규칙이 생기면 문화 등이 구성되고, 그것이 다른 팀에게도 전파되어 간다. 지금의 AI에는 이러한 사회적인 인식이 무언가 부족한 것이 아닌가 하는 점이 차차 밝혀지고 있으며, 가상 인격이 인간처럼 일하는 미래가 다가오고 있다.

/// 일본에서는 기술과 AI의 관계가 어떻게 될까

기술의 시각화가 진행됨과 함께 조금 먼 미래까지 HR 테크의 전망에 대해 살펴보았다. 이러한 흐름은 기술을 중시하는 서구 등을 중심으로 추진될 것이다. 그렇다면 일본에서는 기술 데이터베이스를 어떻게 활용하게 될까. 구마자와 씨는 "일본에서도 직능성에서 직무성 등으로 변화를 촉진하고 있지만, 직능성에는 사원과 고용 측 모두에게 이점인 부분도 있습니다. 따라서 서구처럼 전부 직무성으로 대체되는 일은 없을 것입니다."라고 내다보았다.

한편, 서구처럼 기술을 시각화하여 분석하거나 최적화하기 어려운 것도 직능성이 가진 과제였다. 그동안 직능을 언어화하기란 매우 어려웠다. 하지만 생성형 AI와 LLM을 활용함으로써 조금씩 직능에서 중요한 소프트 스킬과 파워 스킬의 언어화가 가능해졌다. 기술을 분석함으로써 '당신의 직능이란 이러한 기술과 저러한 기술의 조합으로 이루어져 있습니다.'와 같이 직능 사전 같은 것을 만들기 쉬워졌다. 직능성에서도 기술 데이터베이스를 활용할 소지가 보이기 시작했다.

구마자와 씨는 "일본의 인사 조직이나 인사 제도에 이러한 지식이 금방 받아들여지지는 않으리라 생각합니다. 그래도, 예를 들면 상사와 부하 사이에서 '이런 건 알아 둬.' 하고 지적할 때 이미 직능과 기술이 분석되어 있다면, 상황이 시각화되어 탄탄한 근거 위에서 이야기를 하기 쉬워지는 효과가 있을 것입니다."라고 말한다.

덧붙여 일본의 직능성은 본래 개인의 능력에 맞추어 사내에서 이동하기 쉬운 제도였을 것이다. 그런데 직능이라는 제도에 매달리는 바람에 사내 이동이 어려워지면서 인재의 유동성이 낮아지는 경우도 보인다. "그러나 직능과 기술을 언어화할 수 있으면, 그러한 굴레를 벗어던지게 되는 계기가 되리라고 생각합니다. 직능성의 좋은 점을 살리면서, 기술 데이터베이스를 활용하는 방향으로 움직이면 된다고 생각합니다." (구마자와). AI 이후의 세계에서 조직을 강하게 만들기 위해서도, 생성형 AI로 기술(스킬)을 분석할 수 있게 된 지금부터 바로 시작하면 HR 테크가 변화하는 속도보다 빠르게 목적지에 도착할 수 있을 것이다.

Chapter 07

모빌리티·로봇

노베 쓰구오

나고야대학 모빌리티 사회연구소 객원 교수

1983년 와세다대학 이공학부 응용물리학과를 졸업하고 일본전기에 입사했다. 1988년 하버드대학교 비즈니스 스쿨에 유학하였으며, 동 대학원 PIRP 펠로우다. 2001년 소프트뱅크의 온라인 게임 자회사 등 여러 벤처의 CEO를 거쳐, 2004년 닛산 자동차에 입사하여 차량 IoT Vehicle IoT 개발과 사업 설립을 통괄하였다. 2012년 인텔로 이직하여 자율주행과 모빌리티 서비스 사업 개발과 정책 추진을 맡았다. 2014년부터 나고야대학에서 객원 교수를 겸하며 자율주행 기술을 개발 중이다.

❶ AI의 적용은 물리 공간에, 모빌리티와 로봇에 대한 응용이 진행된다

'피지컬 AI는 물리적 공간 속에 AI를 적응시켜 디지털 가상 공간보다 AI의 활약 범위를 넓힐 수 있다.' → **p.259**

❷ 월드 모델로 물리적 공간의 규칙을 가상으로 재현

'AI에 탑재된 월드 모델 능력을 사용하면 물리적 공간을 계획하거나, 자율주행을 실현할 수 있다.' → **p.265**

❸ 범용 로봇이 인간 전문가의 일을 재현하는 시대로

'한 번 기억시키면 생성형 AI가 변형을 계속하며 지속적으로 학습할 수 있다. (중략) 눈 깜짝할 사이에 범용 로봇이 인간 전문가가 하는 일을 재현할 수 있는 세계가 온다.' → **p.266**

❹ 자율주행은 인공 지능에 의한 자동차 산업 가치 변동의 극히 일부다

'로보택시의 핵심은 테슬라 소유자가 직접 자동차를 이용하지 않을 때 자율주행 택시로서 돈을 벌어주는 것이다.' → **p.267**

'조금 더 친근하고, 여러분이 갖고 싶어하는 EV의 기능에도 AI의 이용이 중요해지고 있다.' → **p.287**

❺ 현실과 가상의 융합이 낳는 새로운 가치 창출 사이클

'실제 자동차나 로봇에 탑재하여 물리 공간에서 가동시킨다. 물리 공간에서 가동하며 또다시 데이터를 취득할 수 있어 학습에 사용되는 순환이 생겨난다. (중략) 예를 들면, 실제 공장 안을 생각해 보자. 자동 로봇은 컴퓨터 속에 재현된 가상 공간 안에서 시뮬레이션을 하면서 움직이고 있다. 그것을 현실 공간에 반영하는 것이다.' → **p.263**

제7장에서는 지금까지 살펴본 특정 업무에서의 AI 이후의 세계의 개요에서 벗어나 모빌리티·로봇으로 관점을 옮긴다. 생성형 AI가 모빌리티·로봇에 미치는 영향은 IT의 업계에 국한되지 않고 현실 세계와 가상 세계의 교류로도 확대된다. 효율적으로, 원활하게, 그리고 안전하게 사람과 사물이 이동할 수 있는 사회를 생성형 AI가 밑받침한다. 더불어 생성형 AI와 모빌리티의 시너지로 인해 사람과 사물의 이동이 새로운 가치도 낳을 것이다.

AI의 효능이 가상공간에서 실제 공간으로 확대된다

01

/// 에이전트 AI 다음에 오는 '피지컬 AI'

제7장에서는 모빌리티와 로봇에 초점을 맞춰 AI 이후의 세계를 조망한다. 이 책의 제3장부터 제6장까지는 기존 산업에서 직종별로 AI 이후의 시대에 일이 어떻게 변할지에 관해 설명했다. 지금부터는 관점을 바꾸어 제7장에서는 모빌리티와 로봇, 제8장에서는 거버넌스와 보안이라는 서로 연관된 변화에 대해 알아보겠다.

2025년 CES에서 가장 많은 방문객을 모은 젠슨 황 엔비디아 사장 겸 CEO는 기조 강연에서 AI의 트렌드를 네 단계로 나누어 설명했다. 첫 번째가 '인지하는 AI(퍼셉션 AI)'로 인식과 예측이 가능해졌다. 다음으로 '생성형 AI(제너레이티브 AI)'가 등장하여 사물에 대한 이해가 깊어지고, 3단계 '에이전트 AI'에 의해 자율적인 판단과 에이전트 간의 협동이 가능해졌다. 그 앞에는 4단계 '물리 AI(피지컬 AI)'라는 트렌드가 기다리고 있다. 피지컬 AI는 물리적 공간 속에 AI를 적용시켜 AI가 활약할 수 있는 범위를 디지털 가

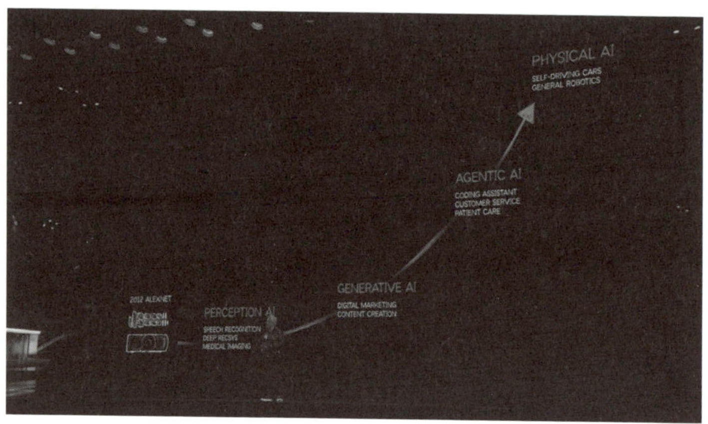

CES 2025에서 발표한 NVIDIA CEO, Jensen Huang 씨의 키노트(https://www.youtube.com/live/k82RwXqZHY8)에서 인용.

상공간보다 넓힐 수 있다.

이미 로봇은 공장 곳곳에서 사용되고 있으며, 제한은 있지만 자율주행 자동차도 등장했다. 이러한 물리 공간에서 모빌리티와 로봇이라는 실재에 AI가 큰 변화를 초래하는 시대가 왔다.

/// 가상 공간에서 대량 학습을 실현

물리적 공간 안에서 AI를 움직이고자 한다면, 현실 공간을 어떻게 캡처해서 가상 공간 안에서 학습시키는가가 중요한 포인트다. 현재는 다양한 AI 모델을 조합함으로써, 텍스트만 입력해도 가상 공간에서 현실 공간을 시뮬레이션할 수 있게 되었다. 로봇이 어떻게

CES 2025에서 발표한 NVIDIA CEO Jensen Huang 씨의 키노트(https://www.youtube.com/live/k82RwXqZHY8)에서 인용.

현실 공간을 보고 어떻게 움직이는지, 자율주행 자동차가 이러한 주변 환경 속에서 어떻게 달리는가를 마치 현실 세계에 있는 것처럼 재현할 수 있다. 즉, 현실 세계에서 실험 등을 하지 않아도 가상 공간에서 시뮬레이션을 수없이 반복함으로써 학습할 수 있다.

예를 들면 엔비디아는 옴니버스라는 산업용 디지털 트윈을 실현하기 위한 애플리케이션 개발 플랫폼을 제공한다. 3D로 움직이는 가상 공간을 만든 것이다. 이 공간을 현실 세계의 디지털 트윈으로써 확장해 나가면, 현실 세계를 재현한 가상 공간 안에서 AI가 계속해서 학습할 수 있게 된다. 현실 세계에서는 100만 회, 1,000만 시간이라는 방대한 수고가 필요한 학습을 가상 공간에서는 짧은 시간에 몇 번이고 할 수 있는 것이다.

자율주행 AI 학습에는 다양한 노면 환경의 데이터가 필요하다. 비 오는 날이나 눈 오는 날은 드물고, 길 위에 곰이 튀어나오는 예외적인 경우에는 데이터 수집조차 어려워진다. AI에 의해 확장된 가상 공간에서라면, 다양한 예외 사례도 시뮬레이션하여 학습 데이터로 이용할 수 있다. 로봇도 마찬가지다. 로봇이 인지하는 세상을 하나 만들어서 AI를 통해 확장하며 변형을 늘려가면, 다양한 패턴의 예외가 존재하는 학습을 진행하여 범용 모델을 만들 수 있다.

/// 가상 공간으로 확대하는 리즈닝 모델

생성형 AI의 등장과 진화에 따라 이러한 물리 공간의 모델화에는 어떠한 변화가 생겼을까? 지금까지도 가상 공간상에서 물리 공간을 시뮬레이션할 수 있었다. 그런데 생성형 AI가 등장하면서 물리 공간의 현상도 재현하는 '월드 모델**World Model**'이라는 공간 모델을 실용 가능한 수준으로 구축할 수 있게 되었다. 오픈AI의 o1 이후 리즈닝**Reasoning** 모델이 주목받고 있다. AI를 어느 정도 학습시킨 후 가상 공간이나 실제 공간에서 얻을 수 있는 새로운 정보를 이용하여 리즈닝 모델을 계속해서 강화 학습하여 스케일링할 수 있게 되었다.

여기서는 먼저 물리 공간의 정보를 바탕으로 시뮬레이션 공간을 만들고 그 안에서 몇만, 몇백만 패턴으로 반복 학습한다. 그다음에 그 공간 안에서 자동차나 로봇이 어떻게 움직여야 하는가 하는 리즈닝 모델을 만든다. 추가로 만든 리즈닝 모델을 에지^{Edge AI} AI로서 실제 자동차나 로봇에 탑재하여 물리 공간에서 구동시킨다. 물리 공간에서 구동하면 또다시 데이터를 취득하게 되면서 학습에 사용되는 순환이 만들어진다. 이 순환의 사이클을 짧게 만들면, 실시간에도 대응할 수 있게 된다.

예를 들어, 실제 공장 안을 생각해 보자. 자동 로봇은 컴퓨터 속에 재현된 가상 공간 안에서 시뮬레이션을 하면서 움직이고 있다. 그것을 현실 공간에 반영하는 것이다. 실제로 가동하고 있을 때 자동 로봇은 카메라 등을 통해 공장의 변화에 관한 정보를 얻고 있다. 이러한 현실 공간의 최신 정보를 사용하여 가상 공간에 안전한 복사 공간을 만든다. 그리고 리즈닝 모델을 사용하여 무한 시나리오 패턴의 시뮬레이션을 반복하여 최적의 배송이나 최적의 구축을 선택하여 실행한다.

/// 물리 공간의 규칙을 재현할 수 있는 월드 모델

이러한 AI는 모빌리티 영역, 특히 자율주행에 응용할 수 있다. 안전 주행을 달성하려면 시시각각 변화하는 도로 상황에 즉각적으로 대응해야 한다. 인간이 운전할 때도 마찬가지지만, 자율주행에서는 AI가 단독으로 변화를 포착해 판단을 내려야 한다. 기존에는 시

• 데이터가 실제로 수집되는 곳에서 컴퓨팅하는 방식

https://openai.com/ja-JP/index/sora/에서 인용.

간 축을 더한 사차원 맵(4D map)상의 시뮬레이션 공간에서 최적 경로를 학습해 왔다.

그러나 월드 모델을 사용하면, 극단적으로 까다로운 도로 상황조차 인공적으로 생성할 수 있다. 극히 드문 예외 사례도 망라하여 학습할 수 있어 현실 공간에서도 인간보다도 더 사고를 내지 않는 자율주행 자동차 개발에 속도가 붙는다.

월드 모델 실현은 미래에나 가능한 일이라고 생각하는 사람도 많을 것이다. 그러나 2024년 무렵부터 실현될 조짐이 보이기 시작했다. 예를 들면, 2024년 12월에 일반에 공개된 오픈AI의 동영상 생성형 AI, 소라에서는 텍스트만 입력하면 입체 공간 속을 움직이는 CG를 체험할 수 있게 되었다. 오픈AI는 동영상 연구를 진행하는 가운데 월드 모델이 구현되었다고 표명했다. 생성형 AI의 월드 모델이란, AI가 장시간 입체 공간의 동영상을 학습하다 보면, 물리 공간의 규칙이 AI 모델에도 구현되는 것을 말한다. 동영상을 반복 학습하면서 빛의 반사라든가, 중력에 의한 흔들림 등 자연 현상을 학습하고 재현할 수 있게 되는 것이다. 물리 공간의 규칙을 구현하여 재현할 수 있는 AI 모델은 물리 공간의 미래도 예측할 수 있게 된다. AI로 구현된 월드 모델의 능력을 사용하면, 물리적 공간을 계획하거나, 자율주행을 실현할 수도 있다.

월드 모델은 테슬라, 오픈AI 등 해외 기업만 가진 능력이 아니다. 일본에서도 '완전 자율주행' 실현을 목표로 하는 기업은 월드 모델 구현을 시작했다. 전 세계적으로 조용히, 하지만 착실히 경쟁이 시작되었다.

/// 모빌리티와 로봇의 최첨단은 어떻게 될까

실제로 자율주행이 가능한 자동차를 제공하는 테슬라의 노력도 살펴보자. 테슬라에서는 FSD**Full Self-Driving** 등 자율주행 기술을 제공한다. 자율주행 분류 중 운전자의 감시하에 운전을 지원하는 레벨 2로 분류되는데, 레벨 2 중에서는 고도의 기능을 제공한다. FSD 실현에는 원래 규칙 기반 기계 학습을 이용하고 있었다. 30여만 줄이나 되는 코드로 이루어진 프로그램으로 움직이고 있었던 것이다. 테슬라는 2023년 여름에 이 프로그램을 신경망 기반의 것으로 대체했다. 이를 통해 두 자릿수나 코드를 줄이는 데 성공했다.

물리 공간 속 물체가 AI에 의해 움직이게 되는 하나의 궁극적인 모습이 로봇 아닐까. 2025년 CES에서 엔비디아는 자사의 칩을 사용하여 약 12개 회사에서 범용형 휴머노이드(인간형) 로봇을 만들고 있다고 발표했다. 그동안 휴머노이드 로봇은 인간처럼 다양한 상황에 따라 적절하게 움직이기 어려웠다. 그러나 생성형 AI를 통해 현실 공간을 가상 공간에 재현함으로써 수천 회, 수만 패턴에 이르는 다채로운 상황을 학습할 수 있게 되었다. 그리고 점차 다양한 상황에 적절한 움직임을 실현할 수 있게 되었다.

더불어 애플의 비전 프로와 같은 입력 도구를 사용하면, 인간 전문가의 동작이나 행동 등을 입체 공간 안에서 학습할 수도 있다. 그렇게 되면 인간이 실제 시야 내에서 어떻게 조작하는지를 한 번 기억하게 하면 생성형 AI가 다양한 변형을 만들어 내 더 많은 것을 학습할 할 수 있게 된다. 환경이나 예외 처리되는 변형을 풍부하게 만들 수 있다. 동시에 로봇이 본 시야나 촉각이 어떠한가를 피드백 시뮬레이션으로 실현할 수 있다. 눈 깜짝할 사이에 범용 로봇이 인간 전문가가 하는 일을 재현할 수 있는 세계가 열린 것이다.

/// 스페시픽에서 제너럴로의 이행에 올라탄다

일본은 산업 로봇에 강하다고 알려져 있다. 확실히 지금은 아직 세계에서 50%의 점유율을 차지하고 있다. 하지만, 이는 한 가지 용도에 한정된 특정 로봇 업계에서의 강점이라고도 할 수 있다. 앞으로 일반적인 동작에 대응할 수 있는 범용 로봇이 등장하면 어떻게 될까? 일본은 특정한 Specific 시대에는 제조업에서 뛰어난 적성을 보였다. PC도 휴대 전화도 특정한 시대에는 높은 점유율을 자랑했던 사실을 기억하는 사람도 많을 것이다. 그러나 이 강점은 일반적 General이 되면 일변한다. 애플의 아이폰으로 대표되는 스마트폰이 등장하고 나서 일본 업체들은 어떻게 되었는가? 로봇 세계에서도 범용 로봇이 널리 쓰이게 되면 똑같은 일이 벌어지지 않으리라고 함부로 단언할 수 없다.

누구나 로봇을 만들 수 있고 누구나 자율주행 자동차를 만들 수 있게 되면, 하드웨어로는 수익을 낼 수 없게 된다. 특정한 것 만들기에 능한 일본은 어떻게 하면 좋을까. 테슬라에서 앞을 내다보는 하나의 답을 보여주고 있다. 테슬라는 2027년에 미국에서 로보택시 운용을 시작할 예정이다. 로보택시의 핵심은 테슬라 소유자가 자동차를 이용하지 않을 때 자율주행 택시로 운행하며 알아서 돈을 벌어다 준다는 점이다. 이 회사의 CEO 일론 머스크는 자율주행 택시로 3년 정도 운용하면 테슬라 차를 구매한 원금을 회수할 수 있다고 한다. 테슬라를 가지고 있다면, 감가상각 등을 고려할 필요가 없고, 수익이 상회하는 형태다. 게다가 테슬라 자체도 세상에서 가장 사고를 내지 않는 자동차가 됨으로써, 자동차 판매로 수익을 내지 않아도 자동차 보험으로도 수익이 올라가게 될 것이라고 언급했다.

실제로 구글 산하의 웨이모가 공개한 비교 벤치마크에서 인간 운전자는 100만 마일에 6회 사고 낼 확률로 운전하지만, 웨이모는 100만 마일에 2.2회 사고를 일으킬 확률로 운행 중이어서 이미 인간 운전자보다 사고 낼 확률이 낮다고 한다.

점점 AI를 활용하는 현대에서 비즈니스 모델은 기존의 '역스마일Frown 곡선형'에서 '스마일Smile 곡선형'으로 크게 변화하고 있다.

[디지털로 가속하는 산업 구조의 변화]

ICT의 특성 : 스마일 곡선(사물의 스마트화)

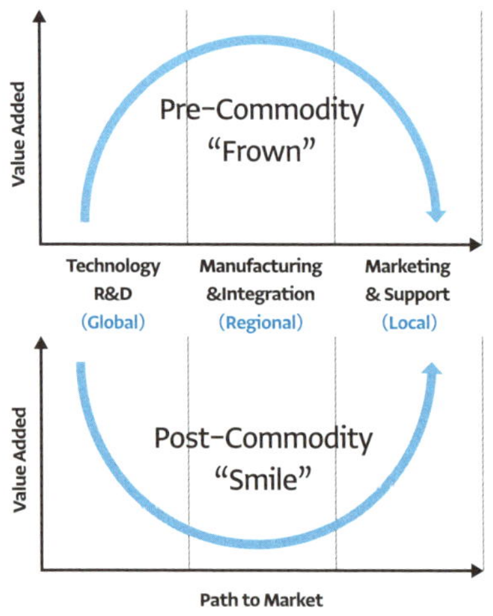

역스마일 곡선형이란 주로 제조·대량 생산·유통과 같은 중간 공정에서 주된 수익을 얻는 것으로, 기존의 제조업에서 전형적으로 보이는 패턴이다. 그러나 ICT나 AI를 활용하는 비즈니스에서는 연구 개발R&D 등 전前 공정이나, 데이터 활용·서비스 제공 등 후後 공정에 높은 부가가치가 생기는 스마일 곡선형으로 이행하고 있다. 특히 AI의 활용은 초기 단계 기술 개발에 따른 성능 차이가 경쟁 우위를 낳고, 서비스 전개와 이용 데이터에 따른 지속적 가치 창출을 가능하게 한다. 가치의 중심이 사물에서 지식으로 이행되고 있는 변화를 모빌리티와 로봇 영역에서도 인식해야 한다.

02 인간형 로봇에서 군사, 자율주행까지 폭이 넓어진다

/// 강화 학습으로 혁명이 일어난다

스타트업에 대해 소개하기에 앞서 모빌리티와 로봇 분야에서 AI가 어떻게 진화하고 있는지 확인해 보자. 오른쪽 도표 세로축에 '바둑', 'LLM', '자율주행', '로봇'이라는 용도를 표시했다. 가로축에는 AI의 진화 과정으로 '규칙 기반', '사전 학습(프리 트레이닝)', 'RL **Reinforcement Learning, 강화 학습** 혁명'을 나열했다. AI는 규칙 기반에서 사전 학습으로 진화하고, 이후 강화 학습을 통해 혁명이 일어나는 흐름을 따른다. 바둑에서는 프로 기사가 두는 수를 사전 학습시킨 알파고가 등장하여 프로 기사를 이기는 상황이 벌어졌다. 그 후 바둑의 수는 학습시키지 않고 바둑 규칙만 가르치고 AI끼리 대결시켜 강화 학습을 한 알파 제로가 등장했다. 알파 제로는 학습을 시작한 지 4일째에 최강의 프로 기사가 절대 이길 수 없는 수준에 도달했다. AI가 알아서 학습하고 점점 똑똑해지는 것이다.

LLM 업계에는 GPT가 등장하기 이전에 규칙 기반 챗봇 등이

RL : Reinforcement Learning, 강화 학습

	Rule-based	Pre-training	RL 혁명
바둑		AlphaGo	AlphaZero
LLM	챗봇 규칙 기반	GPT / o1, DeepSeek	o3 / AGI
자율주행 FSD	Tesla FSD v12 이전	Tesla FSD v13	Robo Taxi
로봇	RPA 규칙 기반	RPA LLM 풀 활용	

있었다. 그러다 사전 학습하는 GPT에 의해 성능이 크게 향상되었다. 현재는 리즈닝을 할 수 있게 된 오픈AI의 o1이나 딥시크로 인해 더욱 똑똑해졌다. 다만, 아직 학습 프로세스의 대부분을 트레이닝 단계에 할애하고 있어 사전 학습의 범주에 들어간다. 그러다 오픈AI의 o3의 등장으로, 강화 학습을 통해 계속해서 학습할 수 있게 되었다. 추론하면서 점점 똑똑해지므로 강화 학습 혁명을 일으켜 미래의 범용 인공지능에 가까워지지 않을까 싶다.

한편, 모빌리티·로봇 업계에서 자동차의 자율주행에 있어서는 가장 앞선 테슬라의 FSD에서도 버전 11 이전에는 규칙 기반의 기

계 학습을 사용했다. '일시 정지 신호가 있으면 멈춘다'와 같은 규칙이 빽빽이 적혀 있었다. 그러다 FSD 버전 12 이후에는 AI가 스스로 학습하게 되었다. 자율주행 중 운전자가 자율주행을 멈추고 브레이크를 밟는 사태가 이전 버전보다 대폭 줄어 5~6배 개선되었다고 한다. 그다음은 로보택시 차례라고 한다. 인간이 일절 운전에 관여하지 않는다. 따라서 강화 학습 혁명이 전방위로 일어나야 한다고 생각한다. 자율주행 세계는 강화 학습 혁명을 향해 나아가고 있다.

자동차 이외의 로봇은 체감상 자율주행보다 시간이 조금 더 걸리고 있다. 규칙 기반의 RPA(로봇 프로세스 자동화)는 오래전부터 있었다. 현재는 RPA라고 해도 LLM을 최대한 활용하여 이전과는 달라졌다. 많은 스타트업이 사전 학습 단계에서 열심히 노력하고 있다. 더 나아가 로봇 업계에서 도표 오른쪽의 RL 혁명으로 이어지는 스타트업은 조금 더 나중에야 등장하리라고 생각한다.

여기서부터 모빌리티와 로봇 분야에서 주목받는 스타트업 다섯 개 회사를 소개하겠다.

피겨 Figure
인간과 공동 작업할 수 있는 휴머노이드 로봇

피겨는 휴머노이드(인간형) 로봇의 제조사로 이름이 알려졌다. 가장 앞선 휴미노이드 로봇 계열 기업 중 하나다. 창고 내 작업이나 제조 현장에서 인간과 협동하는 휴머노이드 로봇과 범용 휴머

헬릭스(Helix): 범용 휴머노이드를 제어하기 위한 VLA(시각·언어·행동) 모델

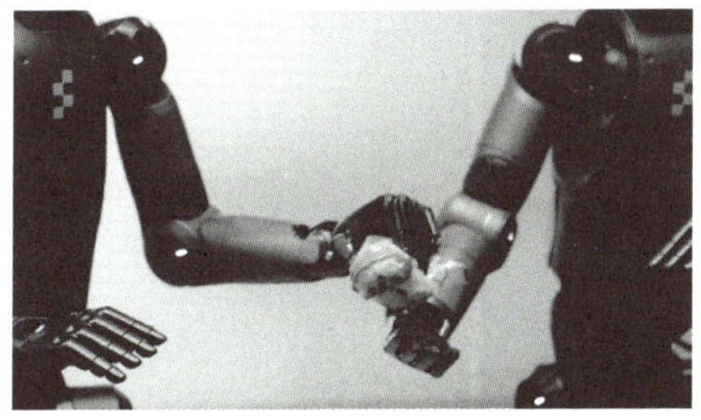

- 휴머노이드의 상반신 전체를 연속으로 제어할 수 있는 최초의 VLA 모델
- 두 대의 로봇이 협조하여 동작하는 최초의 VLA 모델
- 작업 고유의 미세 조정을 하지 않아도 아이템 선택과 배치, 서랍이나 냉장고에 사용한 물건을 넣고 빼는 등의 동작을 실행 가능

사진은 Introducing Helix, https://www.youtube.com/watch?v=Z3yQHYNXPws에서 인용.

노이드 제어용 VLA(시각·언어·행동) 모델을 개발하고 있다. 무엇이든 잘 해내는 범용형 로봇 만들기를 목표로 하고 있다. VLA 모델을 사용한 로봇의 데모 이미지를 보면, 여러 로봇이 협동하여 쇼핑해 온 다양한 물건을 냉장고나 서랍 등에 적절히 정리하는 작업을 수행한다. 로봇이 맥락을 이해하고, 어디에 물건이 있고, 어디에 두어야 하는지 판단하는 리즈닝 단계를 밟았기에 가능한 행동이다. 실제로 BMW가 일부 제조 현장에서 시범 도입하고 있듯이 실용화 단계를 밟고 있다.

한때 오픈AI가 출자한 적도 있어 주목받고 있는 회사 중 하나다. 자금 조달액은 10억 달러(약 1조 5,000억 원)를 넘는 거액을 자랑한다. 인텔 캐피탈Intel Capital, 파크웨이 벤처 캐피탈Parkway Venture Capital 등 많은 벤처 캐피탈이 투자하고 있다는 점에서도 큰 기대를 모으고 있음을 알 수 있다.

빌트 로보틱스 Built Robotics
태양광 발전 설비의 계획부터 건설까지를 자동화

빌트 로보틱스는 태양광 발전 설비의 계획부터 건설까지 AI가 자동화하는 특정 용도를 위한 로봇을 제공한다. 예를 들어 태양광 발전을 위해 기초 말뚝을 박을 때 그 어떤 토양 조건에서도 측량, 말뚝 분배, 말뚝 박기, 데이터 수집의 네 가지 단계를 자율적으로 실행하여 3분 이내에 기초 말뚝을 박을 수 있다. 태양광 발전 설비의 계획부터 건설까지 나름대로 대규모 공사를 해야 하는데 상당 부분을 자동화할 수 있다. 아울러 시공 현장의 안전성을 위해서 카메라 이미지로 현장을 감시하는 멀티모달 AI도 활용되고 있다.

빌트 로보틱스

태양광 발전에 사용하는 기초 말뚝 자동 설치

어떠한 토양 조건에서도 측량, 말뚝 분배, 말뚝 박기, 데이터 수집의 네 가지 단계를 자율적으로 실행하고, 3분 이내에 기초 말뚝을 박을 수 있다.

사진은 https://www.builtrobotics.com/solutions/solar-piling에서 인용.

투자자로는 타이거 글로벌 매니지먼트 **Tiger Global Management**와 뉴 엔터프라이즈 어소시에이츠 **New Enterprise Associates**와 같은 저명한 벤처 캐피털을 들 수 있다. 자금 조달액도 1억 1,200만 달러(약 1,680억 원)에 이른다.

쉴드 AI Shield AI
GPS가 닿지 않는 환경에서 자율 비행할 수 있는 군사용 AI 파일럿

모빌리티와 로봇 영역에서는 군사 관련 용도가 늘어나고 있다. 쉴드 AI는 군사용 드론용 AI 파일럿을 제공한다. 정보 수집과 정찰, 위험 지역에 출동하여 인간 부대를 보호하는 등 작전에 이용되는 군사 드론이다. GPS를 이용한 위치 측정이 되지 않거나 통신이 끊기는 상황에서도 현장 상황을 판단하여 자율적으로 판단할 수 있는 소프트웨어 '하이브마인드 **Hivemind**'가 탑재된 것이 특징이다.

쉴드 AI

실내 클리어링(실내 정찰)부터 방공망 돌파 비행, 전투기 간의 격투전(도그파이트)까지 대응 가능한 자율제어 AI

드론(Nova2)	해상 UAS(V-BAT)	전투기(F-16)

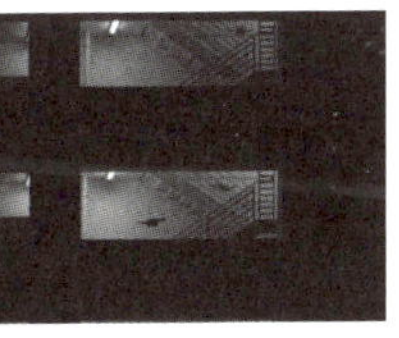

사진은 https://shield.ai/에서 인용.

자금 조달 규모가 11억 달러(약 1조 6,500억 원)를 넘는 상당히 큰 스타트업이다. 주요 투자자로는 허큘리스 캐피탈Hercules Capital, 라이엇 벤처스Riot Ventures 등 벤처 캐피털을 꼽을 수 있다.

특히 미국이 군사 기술의 국산화를 추진하면서 군사 계열 스타트업이 매우 많아졌다. 하늘을 나는 드론 스타트업뿐만 아니라 해양 대응, 무인 전투기 개발 등도 이루어지고 있다. 더불어 하늘에서뿐만 아니라 우주에서도 군사적 상황을 파악하기 위해 데이터를 수집하는 스타트업도 등장했다.

헬싱 Helsing

실제 전장에서 벌어지는 일을 파악하는 전쟁 상황 AI

헬싱은 독일의 스타트업이다. 알고리즘이 전장 데이터를 검출함으로써 실제로 전장에서 어떤 일이 일어나고 있는지를 보여주는 운영 체제를 제공한다. 드론을 띄울 때 드론이 스스로 자율적으로 판단하여 비행하면서 다양한 데이터를 수집하고 AI를 통해 전쟁 상황을 파악할 수 있는 '전쟁 상황 파악 AI'를 제공한다. 그 밖에도 자율적으로 목표물을 탐색하고 교전을 벌일 수 있는 'AI 스트라이크 드론', 미지의 대공 레이더 신호를 해석하는 '레이더 해석 AI', 강화 학습을 통해 공중 전투를 벌이는 'AI 파일럿' 등의 기술도 보유하고 있다.

자금 조달액은 약 8억 달러(약 1조 2,000억 원)로 금액이 제법 크다. 유럽에서는 미국에 군사력을 의존하지 않도록 국방비를 늘리

4가지 방위 AI 기술

전황 파악 AI	AI 스트라이크 드론	레이더 분석 AI	AI 파일럿
			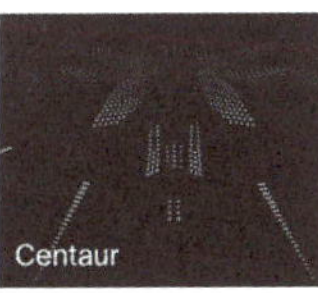

드론 등이 보내 온 전장의 정보를 통합하여 목표물을 식별, 위치 파악, 교전 판단 등을 지원

지속적인 데이터 접속 없이도 자율적으로 목표물을 탐색, 재식별, 교전 가능

보이지 않는 곳에서 자유자재로 변환되는 대공 레이더의 신호를 분석 및 분류하여 그 의도를 읽고 해석하는 AI

강화 학습을 통해 공중 전투에서 인간 수준의 성과를 실현

사진은 https://helsing.ai/에서 인용.

기 위한 논의가 이루어지고 있다. 민주주의 국가의 군대에 기술을 제공하는 시장을 내다본 스타트업에도 주목해야 할 것 같다.

바유 로보틱스 Vayu Robotics
자율주행을 위한 로봇 기반 모델

바유 로보틱스는 라스트 원 마일 딜리버리를 해 주는 자율주행 로봇 기반 모델을 제공한다. 자율주행으로 배달하는 로봇을 제공하는 스타트업은 많지만, 바유 로보틱스의 로봇은 크기가 작아 거리의 자동차나 사람 사이를 쓱 빠져나올 수 있다는 점이 특징이다. 더불어 이 로봇에는 물체까지의 거리나 방향을 감지하는 라이다LiDAR 기술을 사용하지 않는다. 카메라 이미지만으로 AI 자율주행이 가능하며, 라이다를 사용하는 로봇보다 저렴하게 배달 로봇

세계 최초의 로봇 기반 모델을 탑재한 노상 배달 로봇

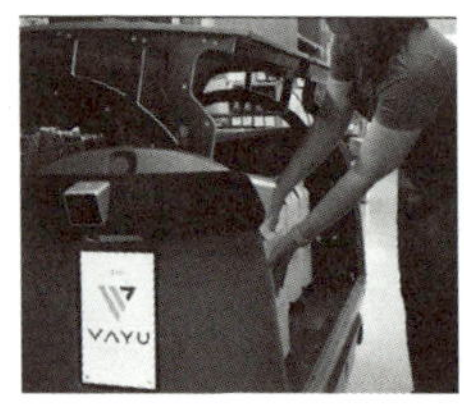

라이다가 필요 없는 저렴한 센서로 도로를 사전에 매핑하지 않아도 매장 내나 시가지를 자율적으로 이동할 수 있는 로봇 기반 모델을 탑재한 배달 로봇

사진은 https://www.vayurobotics.com/press-releases/vayu-robotics-debuts-the-worlds-first-on-road-delivery-robot-powered-by-ai-robotics-foundation-models에서 인용.

을 제공할 수 있다.

앞서 이야기한 네 개 회사에 비하면 자금 조달액은 아직 적지만, 그래도 1,270만 달러(약 191억 원)를 조달하였으며, 앞으로 더 늘어날 것으로 기대된다.

이 회사뿐만 아니라 라스트 원 마일 딜리버리에 대한 수요가 있어 앞으로 더 많은 스타트업이 등장할 것으로 보인다.

제조에서 반도체·AI로 가치 창출이 이행되는 시대에 대비한다

03

/// 반도체 진화부터 소프트웨어화에 이르는 모빌리티의 변화

모빌리티와 로봇 분야의 AI 이후의 세계를 내다보기 위해 AI 활용이 선행되고 있는 자율주행을 중심으로 향후 전망을 살펴보겠다. 인텔과 닛산 자동차에서 모빌리티 서비스를 추진하였으며, 현재는 나고야대학에서 자율주행기술 연구를 개발하고 있는 노베 쓰구오 씨가 지금까지의 상황을 간단히 정리해 주었다.

"큰 흐름으로 보면, 반도체가 진화하면서 생성형 AI와 같은 소프트웨어가 움직이게 되었고, 그로 인해 자율주행 개발이 가속화되고 있습니다. 더욱이 최근에는 자동차의 기본 기능을 소프트웨어로 실현하는 SDV(소프트웨어 중심 차량)가 화제를 모으고 있습니다. 특히 EV에 필수적이며, 여기서도 생성형 AI를 이용합니다. EV 구매를 결정하는 요인으로 항상 긴 주행거리와 빠른 급속 충전이 상위를 차지합니다. 이러한 제어도 생성형 AI로 인해 고도화되면서 자동차 경쟁력의 원천이 되었습니다."(노베).

지금까지는 내장 소프트웨어가 자동차의 각종 제어 기능을 개별적으로 실현해 왔다. 반도체의 진보가 뒷받침되어 앞으로는 고도의 반도체 위에 범용적인 OS를 올려 애플리케이션 소프트웨어가 기능을 실현하게 된다. 또한, 생성형 AI를 이용하여 애플리케이션을 개선하고 OTA^{over the air} 업데이트를 통해 항상 신차와 같은 기능을 갖추게 된다. 이것이 바로 SDV다. 지금까지와 같은 하드웨어 승부가 아닌 소프트웨어가 자동차의 경쟁력을 창출하게 될 것이라고 한다.

/// 반도체가 인간의 처리 능력을 따라잡고 추월한다

노베 씨는 먼저 반도체의 진화에 대해 대략 설명했다. 반도체는 1960년대부터 디지털화된 컴퓨터로 실용화가 시작되었고, 그 후 2000년 무렵까지는 2년 만에 성능이 두 배로 향상(가성비)되었다. 그런데 윈도우 95가 등장하면서 일반적으로 인터넷을 이용하게 되었을 무렵부터 성능을 1년에 두 배 향상할 수 있게 되었다. 노베 씨는 "인간의 뇌에는 1만 TOPS(1 TOPS는 1초에 1조 번을 연산) 정도의 능력이 있다고 한다. 천 달러짜리 컴퓨터는 2020년대에 인간의 계산 능력을 뛰어넘었고, 2045년에는 전 인류의 뇌의 합을 뛰어넘는 계산 능력을 갖추게 될 것으로 예측하는 의견도 있다. 이것이 싱귤래러티(기술적 특이점)이다. 실제로 2023년 9월에 출하되기 시작한 대략 천 달러의 아이폰 15 프로는 35 TOPS의 처리 능력이 있는 것으로 알려졌으며, 거의 싱귤래러티 곡선을 타고 있습니다."라고 설명한다.

자동차로 말하자면 현재 가장 앞서가는 첨단 안전 운전 지원 시스템**ADAS**의 경우, 약 100 TOPS급 반도체가 필요하다고 하며, 2025년에는 이미 EV에 100 TOPS가 넘는 반도체가 들어가기 시작했다. "마치 인간이 운전할 때 필요한 뇌의 일부 처리 능력과 비슷한 계산 능력을 차에 탑재된 반도체가 지니게 되었을 가능성이 있습니다."(노베).

앞으로 특정 환경에서 운전자의 개입 없이 자율주행을 할 수 있는 레벨 4가 되면 1,000~2,000 TOPS 정도의 처리 능력이 필요하

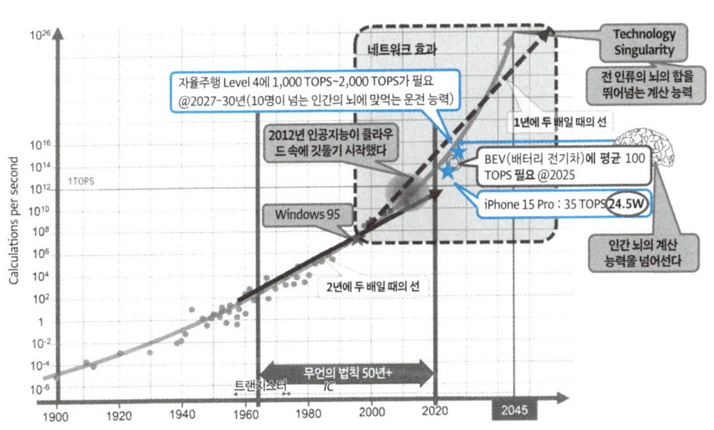

Ray Kurzweil, The Age of Spiritual Machines, 1999, VIKING, p24를 바탕으로 수정하여 작성.

다고 하며, 이미 고가의 하이엔드 반도체로서 출하가 시작되었다. 더 나아가 인간이 운전할 수 있는 모든 장소와 날씨에도 자율운전이 가능하다는 레벨 5가 되면, 10배 이상 높은 처리 능력이 필요하다. 거의 자율주행 레벨 3에 가까운 최첨단 ADAS가 약 100 TOPS이고, 사람 한 명이 운전하는 정도의 처리 능력이라고 한다면, 1,000 TOPS에서 2,000 TOPS가 필요한 레벨 4에서는 10~20명이 운전하는 능력으로 한 대의 차를 운전하는 셈이다. 컴퓨터가 이대로 싱귤래러티 곡선을 타고 진화한다면, 2040년에는 100명이 넘는 전문 운전자가 에이전트로서 AI 반도체에 탑재되어 레벨 5의 자율주행이 실현될 가능성도 있을 것 같다.

노베 씨는 현재 상황을 다음과 같이 정리했다. "반도체의 처리 능력이 인간의 계산 능력을 뛰어넘는 단계에 들어선 것이 중요한 요인이며, 소프트웨어를 개발하면 자동차 운전 실력이 좋아지는 것이 지금 우리가 사는 사회입니다."

◢◢◢ AI의 자율적 판단으로 자율주행을 지원한다

여기서 잠시 컴퓨터가 자동차를 어떻게 운전하는지를 복습해 보자. 우선 '인지하는 AI'의 등장이 중요하기는 하지만, '지도 정보' 역시 중요하다.

노베 씨는 "예를 들면 번화가인 긴자의 도로를 밤에 달리고 있을 때, 인간이라면 수많은 색의 광원이 모여 있는 가운데 어느 것이 신호이고, 어느 신호를 보면 좋을지 한순간에 알 수 있습니다. 그러나 컴퓨터가 카메라 이미지만을 보고 처리해서 인간처럼 판단하기는 매우 어렵습니다."라고 말한다. 교차로에서 우회전이나 좌회전을 하려고 할 때, 필요한 것은 바로 앞 신호의 색과 우회전 좌회전 가능 여부를 확인하는 일이다. 이때 두 개 앞에 있거나 다른 방향을 가리키는 신호를 인식해 버리면, 바로 앞에 있는 신호가 빨강인데도 직진해 버릴 가능성이 있다.

그래서 컴퓨터는 4차원 맵을 참조한다. 내비게이션으로 목적지를 설정해 두면 이 교차로에서는 어떤 신호의 색을 확인해야 하는

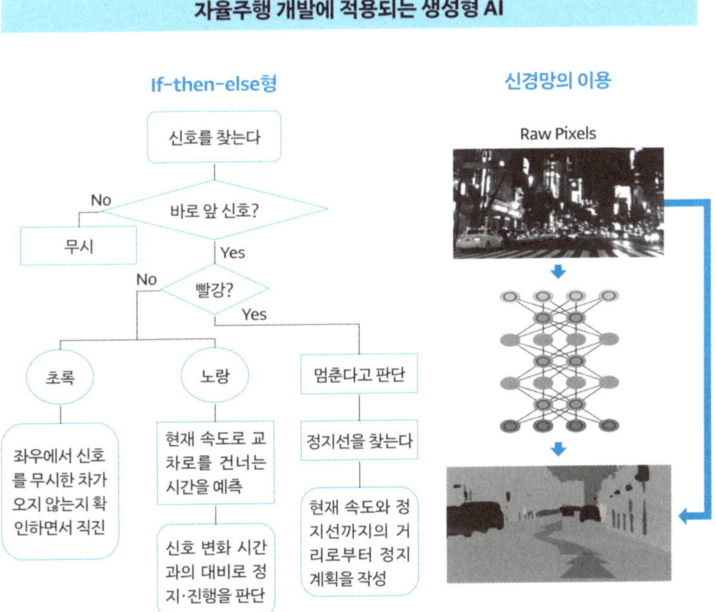

지 지도 정보의 도움을 받아 쉽고 정확하게 알 수 있다.

"초기 자율주행 개발은 가능한 한 정확한 인식을 바탕으로 한 규칙 기반에 가까운 개념이었습니다. 그런데 2023년 무렵 딥러닝의 성장과 함께 큰 변화가 생겼습니다. 하나는 인간이 모든 것을 규칙 기반으로 프로그래밍하지 않아도 자동차에 탑재된 AI가 이미 학습한 다양한 상황을 인식하고 자율적으로 조합하여 판단할 수 있게 된 것입니다."(노베).

규칙 기반으로 대량의 코드를 작성했던 테슬라의 Ver.11 이전 FSD에서는, 예를 들어 쇼핑몰 주차장에 들어가려고 할 때 입구 앞을 보행자가 가로지르려고 하면 자율주행 자동차가 움직이지 못하는 경우가 있었다. 그런데 2024년 4월 Ver.12.3부터 신경망 구동으로 이행하여 출시하면서 상황에 따라 천천히 달리면서 복합적으로 판단하고 전진하게 되었다. "규칙 기반 프로그래밍에서 규정되지 않은 상황에서도 생성형 AI가 자율적으로 판단하여 달릴 수 있게 되었습니다. 이러한 상황을 2023년 8월 일론 머스크는 개발 중인 '테슬라 차량에 마인드mind가 있다. AGI의 한 측면을 드러냈을지 모른다.'라고 설명했습니다." 노베 씨가 AI 적용의 진보에 대해 설명했다.

같은 시기에 웨이모에서도 AI 적용의 진보 사례를 찾아볼 수 있다. 노베 씨는 "미국(우측 통행)에서 신호를 우회전하고 싶은 상황에서 웨이모 차량이 달리다 보니 우회전 차선의 왼쪽을 따라 도로에 원뿔 표지판이 나란히 놓여 있었습니다. 인간 운전자 없이 이 상황을 본 웨이모 차량은 조금 후진했다가 하나 왼쪽으로 차선을 변경하여 직진한 후, 다음 신호에서 우회전했습니다. 이러한 특수한 상황에서도 상황 판단을 조합하여 자율적으로 해결할 수 있게 되었습니다."라고 이야기했다. 이러한 현재 상황을 보면 이미 자율주행 개발에 범용인공지능처럼 작동하는 생성형 AI가 적용되었음을 알 수 있다.

◢◢◢ 자율적으로 학습하는 AI 모델화 프로세스를 적용

조금 더 구체적으로 생성형 AI 시대의 자율주행 기술에 대해 알아보겠다. AI 자체는 1950년대부터 연구가 진행되어 2012년 무렵부터 딥러닝(심층 학습)의 실효성이 입증되며 곧바로 다양한 현실 현장에서 활용될 것이라는 기대를 모았다.

음성 인식을 예로 들어보겠다. 예전에는 음성 데이터를 입력하고 텍스트 데이터가 나오면 인간 연구자가 맞는지 틀리는지 직접 확인하고 알고리즘을 개선했다. 그런데 2012년 말 당시 10억 대가 존재하던 스마트폰에 유저가 음성으로 단어를 입력함으로써 클라우드상에서의 딥러닝을 통해 음성 인식 기술이 빠르게 발전하게 되었다. 그것도 자연스럽게 발화하는 다국어로 입력되었다. 예를 들어 음성으로 '도쿄'라고 입력했을 때 '도쿄東京'라고 올바르게 표시되지 않으면 유저가 다시 말해 준다. 올바르게 표시되면 유저는 다음 액션으로 넘어가므로, 유저의 액션 자체가 맞는지 틀리는지

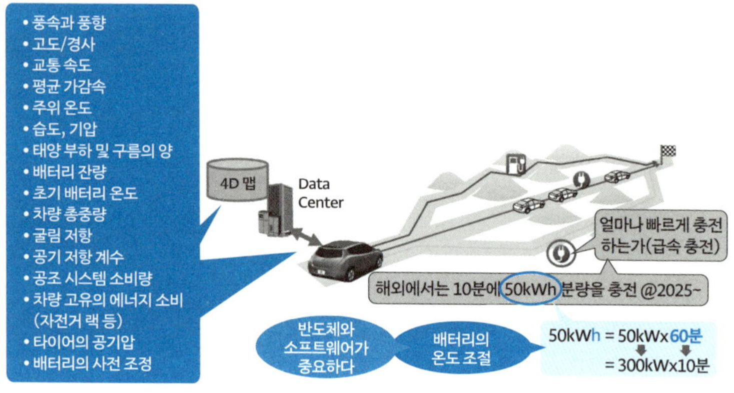

확인해 주는 셈이 되어 학습할 수 있게 된 것이다. 그 대상이 단어에서 문장으로 확대되고, 더 나아가 전 세계의 텍스트 데이터를 분석하여 '이 단어 다음에 이 단어가 올 확률은 몇 %'와 같이 막대한 양을 분석하다 보면 GPT 등 LLM이 완성된다. 노베 씨는 "이러한 프로세스를 자동차에서 실행한 것이 테슬라입니다."라고 말한다.

테슬라는 2016년 무렵부터 FSD, 즉 풀 셀프 드라이빙 기능을 개발하고 있다. 2020년에는 β판을 발매했다. 테슬라 자동차는 신호등이 파란색으로 바뀌면 디스플레이상의 신호도 파란색으로 표시하여 컴퓨터가 환경을 어떻게 인식하는지를 운전자에게 알린다. 여기서 "신호등이 파란색이 됐는데도 자동차가 달리지 않으면 운전자가 액셀을 밟아 줍니다. 그러면 자동차는 파란색으로 인식한 것이 옳았다고 학습합니다. 한편 빨간색인데 달리기 시작하면 운전자가 브레이크를 밟으므로 무언가 잘못되었음을, 더 나아가 어떻게 대처했어야 하는지를 학습합니다. 이러한 운전자의 행동이 학습 데이터가 되어 다양한 상황에서 자율운행의 판단이 옳은지 틀렸는지를 학습할 수 있었습니다."(노베).

동시에 자율주행과 LLM의 관계도 깊어진다. 이러한 공간 인식은 기본적으로 주위에 무엇이 있는지, 주위의 자동차나 오토바이와의 상대적인 위치와 상대적인 속도는 어떠한지, 봐야 할 신호는 무엇이며 무슨 색인지 등 모두 텍스트와 숫자로 표현되어 자동차가 앞으로 어떻게 움직일지를 계산한다. 노베 씨는 "이미지 인식 후에 노면 환경의 데이터를 언어 공간화하므로 자율주행 알고리즘 개발과 LLM는 친화성이 높습니다."라고 현재 상황을 분석했다.

AI가 자동차의 다양한 제공 가치를 창출한다

AI가 모빌리티의 진보와 관련된 것은 사실 자율주행에서 뿐만이 아니다. 노베 씨는 "조금 더 친근하고 여러분이 갖고 싶어 하는 EV의 기능에서도 AI가 경쟁 요인으로 작용합니다. 앞서 이야기했듯이 EV의 주행거리를 늘리거나 급속으로 충전하는 방법이 그 예다. 게다가 브레이크를 밟고 멈출 때까지의 기동 제어나, 현재 충전량으로 어디까지 달릴 수 있는지 보다 정확하게 예측하는 기술 등에 AI가 관련되어 있습니다."라고 이야기한다.

모터로 달리는 EV는 감속해서 정지할 때까지 대부분 모터를 발전기로 사용하는 회생 제동 방식을 사용한다. 반도체와 소프트웨어로 전류와 전압을 제어하여 제동을 걸 수 있다. 더불어 멈추는 순간에 머리가 덜컹거리지 않도록 하는 등 편안한 승차감도 회생 제동으로 제어한다. 테슬라는 2018년 5월 모델 3의 양산을 시작했을 무렵, 긴급 시 제동거리가 길어 지적받은 바가 있지만, 무선 업데이트^{OTA}로 개선된 소프트웨어를 배포해 제동거리를 6m 줄이고 안전성을 높이자 이후 판매가 급증하며 테슬라의 흑자 전환과 주가 상승이 이어졌다. 이는 EV의 회생 제동과 이를 OTA로 소프트웨어 업데이트 하는 일의 중요성을 보여준다.

노베 씨는 "게다가 최근에는 회생 제동의 효율적인 이용을 다양한 파라미터로 분석하게 되었습니다. 풍속과 풍향, 고도, 경사, 정체 등을 나타내는 교통 속도, 더불어 배터리 온도 등의 데이터를 수많은 자동차가 데이터 센터에 업로드하고 이들을 데이터베이스화 합니다. 딥러닝을 통해 분석함으로써 전 세계의 도로와 주행 상황을 파악할 수 있습니다. 어느 한 자동차가 내비게이션을 설정해서 현재 위치에서 목적지로 가는 과정의 동적 상황을 파악하고 에너지 이용을 최적화합니다. 이때 차에 탑재된 반도체^{SoC}와 소프트웨어를 사용하여 가능한 한 정확하게 남은 배터리로 어디까지 갈 수 있는지를 계산합니다."라고 설명한다.

항속 거리의 불안에서 해방되면 EV로도 안심하고 멀리 나갈 수 있다. 더불어 중간에 충전이 필요할 경우 효율적으로 급속 충전을 하기 위해 배터리 온도를 낮춰야 하는데, 어디서 충전할지를 내비게이션 시스템과 연계하여 결정하고 배터리 온도를 미리 낮추는 식으로 제어하기도 한다. 이러한 제어 소프트웨어의 알고리즘에 딥러닝이 활용되어 자동차의 경쟁력이 향상되는 시대가 왔다.

/// EV는 소프트웨어로 움직인다

지금까지의 내연기관을 실은 자동차는 휘발유 등 연료와 공기를 혼합하여 압축하고 점화해서 폭발시켜 운동 에너지로 변환했다. 그런데 이 방식은 휘발유를 연소해서 얻을 수 있는 에너지의 20% 정도밖에 운동 에너지로 변환하지 못한다. 나머지는 열과 소리, 진동 에너지로 방출된다. 그리고 그것들은 불가역이며 돌아오지 않는다.

한편 EV는 모터로 전기 에너지를 운동 에너지로 변환하여 주행한다. 이때 EV의 전기 에너지가 운동 에너지로 변환되는 효율은 일반적으로 90% 정도로 알려져 있다. 반대로 감속하여 정지할 때까지는 회생 제동을 통해 운동 에너지를 전기 에너지로 되돌린다. 이처럼 가역적으로 에너지를 쓸 수 있다는 점이 내연기관 자동차와 EV의 중요한 차이점이다. 그리고 이러한 효율적인 에너지 이용 방법 역시 반도체와 소프트웨어가 계산한다.

게다가 노베 씨는 반도체와 소프트웨어로 움직이는 EV의 본질은 차에 싣는 범용 OS를 탑재하는 데 있다고 지적한다.

　기존 자동차에서는 ECU(전자제어장치)라는 마이크로컴퓨터가 탑재되어 여기에 설치된 소프트웨어가 브레이크 잠김 방지 시스템**ABS**과 미끄럼 방지 장치**ESC** 등 개별 기능을 구현했다. 말하자면 자동차는 워드프로세서 전용기기처럼 '특정한' 기능을 가진 전용 부품이 다수 탑재된 상태에서 주행했던 것이다. EV화가 진행되면서 자동차에 탑재된 제어 계열 ECU도 통합되어 고도의 반도체 위에 OS를 올려 전방 충돌 경고와 차선 유지 보조, 차선 변경 지원 등 자동차에 매우 중요한 ADAS(첨단 운전자 보조 시스템) 기능도 OS 상의 애플리케이션으로 실현하는 방향으로 나아가고 있다. 이로 인해 ECU 간의 배선과 커넥터가 대폭 줄어들고, 중량과 인건비를 포함한 비용이 절감되어 EV가 휘발유 차량보다 저렴해지는 사례도 있다. 이는 자동차 업계에서 워드프로세서 전용기기 같은 '특정한' 단말기에서 '일반적인' PC로 바뀌는 변화가 일어나고 있는 것이나 다름없다.

　"PC와도 같은 세계관이 자동차에 들어가고, 많은 애플리케이션이 협조하여 자동차는 보다 안전하게, 쾌적하게, 높은 에너지 효율로 달리게 됩니다. 게다가 당연하게도 자동차는 클라우드와 연결됩니다. 이를 통해 버스나 철도, e-스쿠터 등 다른 이동 물체의 위치 정보를 가진 디지털 트윈과 연계할 수 있습니다. 전력이 부족할 때는 EV의 배터리에서 계통 전력으로 전력을 되돌리는 식으로도 제어힐 수 있습니다. 따라서 전력을 운반하는 이동체로서 EV가 재생 가능 에너지의 공급 안정화나 새로운 모빌리티 서비스의 핵이

자동차 자체의 고도화		
전방 충돌 경고·자동 긴급 제동	차선 유지 보조	차선 변경 경고·지원
도로 표지판·신호 인식·연동	내비게이션 연동 시가지 반자율 주행	고속도로 정체 시 반자율주행
차량 사각 감시	동적 환경 시뮬레이션 및 표시	맵 업데이트 기능
운전자 모니터링 시스템	드라이버 긴급 시 지원	**EV: 항속 거리 연장, 충전 고속화**
자동 주차 시스템	자동 원근 빔 제어	충전소에서 자동 주차
로보택시	자동운전 (Lv3, Lv4, Lv5)	

인간이나 사물이 이동할 때 생기는 데이터는 어떻게 활용될까

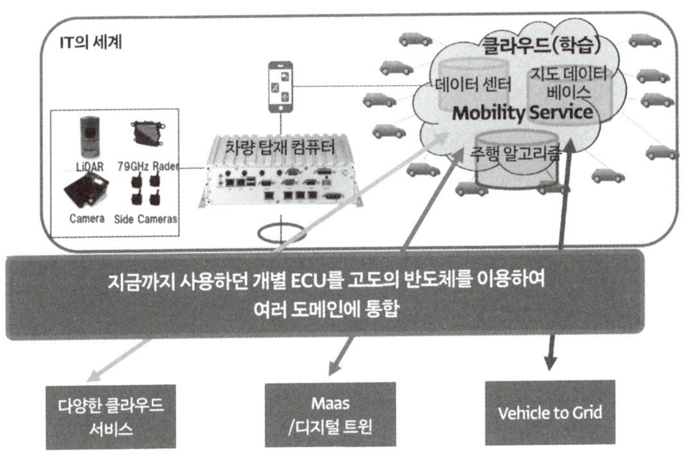

될 가능성도 큽니다."(노베).

자동차 자체를 판매하거나 제공하는 형태도 PC화된 자동차 시대에서는 달라진다. 노베 씨는 변화에 대해 다음과 같이 설명한다. "제품 판매형 사업에서 온라인 사업으로 비즈니스 형태가 달라집니다. 지금까지는 제품 판매형이었습니다. 제품 출시 시기에 맞춰

EV가 사업 구조, 사업성을 바꾼다

휘발유 차에서 EV로 변화함에 따라 부가 가치가 역전된다
■ Acer Stan Shih's Smile Curve / Frown Curve

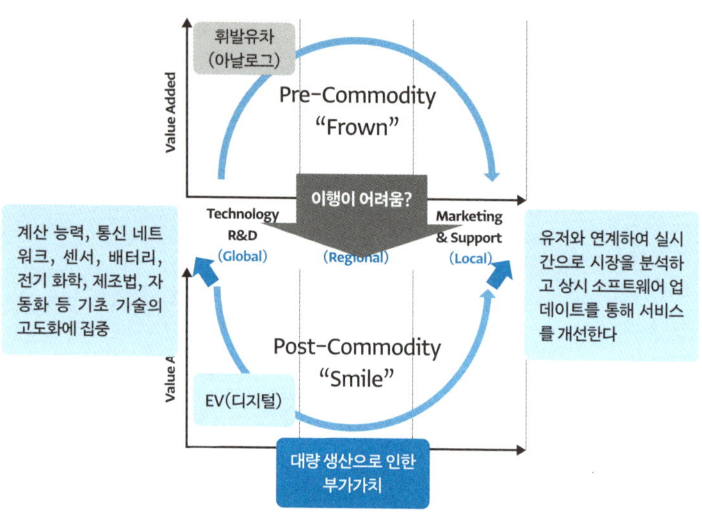

개발하고 새로운 차를 선보이면 개발진은 다음 차를 개발하는 데 몰두합니다. 그리고 당연히 한번 상품을 출시한 후에는 소프트웨어가 업데이트되지 않습니다. 신형 차는 발매 시점에 가장 큰 인기를 누리다가 점점 팔리지 않게 되는 비즈니스 모델에 해당합니다. 그런데 커넥티드 카는 출시 후에도 계속해서 개발이 이루어지며 소프트웨어가 업데이트됩니다. 인기가 많은 자동차는 더 많은 데이터를 획득하게 되고, 유저의 니즈를 소프트웨어에 반영하여 더욱더 잘 팔리게 됩니다." 신형 차가 출시되는 타이밍에 최고점을 찍는 것이 아닌, 그 후에도 유저의 즐기는 방식, 이용 방식과 불만 등을 파악해 서비스나 기능을 개선해 가는 비즈니스 모델로 변화한다. 그러기 위해서는 자동차가 만들어 내는 각종 데이터의 수집과 무선 업데이트를 통한 소프트웨어 제공, 자율적인 판단이 가능한 알고리즘을 만드는 생성형 AI 활용과 같은 IT 측의 지원이 자동차 개발의 전제가 된다.

▰▰▰ 데이터를 수집하지 못하는 자동차 제조사는 가치를 창출하지 못한다

자동차의 가치를 구현하는 다양한 기능에 반도체와 소프트웨어의 능력이 필수가 될 때, 생성형 AI의 역할도 더욱 확대될 것이다. 테슬라의 EV도 이전에는 항속 거리 예측 기능은 그다지 신용할 수 없었다. 현재 경쟁력 있는 EV는 소프트웨어 업데이트로 인해 더욱더 정확해졌다. "자동차는 반도체와 소프트웨어로 기능이 정의됨을 인식하고, AI를 활용하여 지속적으로 개선하는 EV 개발의 본질을 처음부터 이해하고 있지 않았더라면 할 수 없는 발상이었다고 생각합니다."(노베). 테슬라는 이러한 패러다임의 변화를 빠르게 알아채고 실행에 옮겨 왔다. 중국계 EV 스타트업 중 일부도 비슷한 사고방식을 가지고 있는 것이 현재 상황이다.

'EV를 AI로 진화시켜 가면, 자동차 그 자체의 부가가치가 높아진다'는 것이다. AI의 도입은 자율주행이나 로보택시와 같은 서비스의 실현이 목적이라고 여기기 쉽다. 그러나 AI는 자동차의 항속 거리를 늘리고, 제동 거리를 줄이며, 매끄럽게 발진 및 정차하여 안전 성능과 효율적인 에너지 이용을 촉진하는, 자동차 자체의 가치를 높이는 데에도 그 효과를 보이기 시작했다.

SDV 시대가 되어도 자동차 산업의 가장 본질적인 가치는 자동차가 팔리는 것임은 앞으로도 변함없다. SDV처럼 소프트웨어로 업데이트할 수 없는 자동차는 앞으로 점점 더 매력이 사라질 가능성이 크다.

게다가 주행 상태 등 데이터가 많을수록 유저가 원하는 새로운 알고리즘을 개발하기 쉬워진다. 즉 판매량이 많은 제조사일수록 더 잘 팔리는 자동차를 만들 수 있는 셈이다. 잘 팔리지 않는 자동차 제조사는 데이터를 충분히 수집하지 못해 AI 학습을 할 수 없게 된다. 그 결과 더더욱 팔리지 않게 되는 악순환에 빠진다. 한편, 잘 팔리는 자동차 제조사는 데이터를 이용하여 새로운 기능을 개발할 수 있고, 잘 팔려서 이익이 많아지면 그만큼 투자도 더 받을 수 있다. 대량 생산 효과로 반도체나 소프트웨어의 비용이 낮아지면서 사업으로서 한층 더 탄탄해지게 된다. 일본의 자동차 제조사에서도 이와 같은 데이터에 의한 과점화가 진행되리라는 점을 충분히 고려하여 지금부터 AI 이후 시대의 자동차 사업에 대해 검토하기 시작해야 한다.

/// 월드 모델과 현실의 융합으로 새로운 가치 창출

반도체와 소프트웨어가 만들어 내는 자동차가 AI 활용에 따라 차차 변화한다는 점은 충분히 전달되었으리라고 생각한다. 한편으로 그렇다면 엔비디아와 같은 기업들이 디지털 트윈 세계에서 수많은 데이터를 분석한다면 가상 공간에서 시뮬레이션하여 훌륭한 자동차를 만들어 낼 수 있지 않을까 하는 생각도 들 수 있다. 그러나 소프트웨어로 자동차의 가치를 창출하는 것은 그 반도체를 이용하여 데이터를 분석하고, 소프트웨어를 개발하는 기업의 몫이다.

노베 씨는 "게다가 가상 공간을 활용하여 인식, 판단, 조작 같은 소프트웨어를 만들 수 있더라도 실제로 자동차라는 현실 공간에서 움직이는 것과 결합하기란 어려운 일입니다. 자동차에 설치할 수 없다면 반도체와 소프트웨어 모두 무용지물입니다."라고 경종을 울린다.

아무리 고도의 시뮬레이션을 한다고 해도 현실 세계에서는 상상을 초월하는 일이 일어난다. 지금 한 사람분의 운전 능력을 갖추기 시작한 반도체는 몇 년 안에 그것을 훌쩍 뛰어넘을 것이다. 노베 씨는 "비유적으로 말하면, 여러 명, 수십 명의 전문 운전자가 운전하게 될 것입니다. 조금 과장해서 말하자면, 지금 마력이라고 표현하는 자동차의 성능을 백인력(百人力)이라든가, 천인력(千人力)이라고 표현하게 될지도 모릅니다. 한 대의 차가 학습한 내용은 클라우드를 통해 모든 차량의 알고리즘 고도화에 기여하며, 모든 차량이 업데이트됩니다." 하고 앞으로 일어날 변화의 한 방향성을 제시했다.

Chapter 08

거버넌스·보안

하부카 히로키

교토대학 대학원 법학연구과 특임교수, 변호사(일본 · NY주), 스마트거버넌스 대표이사 CEO

1985년 출생. 교토대학 법정책공동연구센터 특임교수, 도쿄대학 법학부 객원 부교수, 스마트거버넌스 주식회사 대표이사 CEO. 변호사(일본 · 뉴욕주), 모리 · 하마다 마쓰모토 법률사무소, 금융청, 경제산업성 등을 거쳐 지금에 이른다. 도쿄대학 법학부 · 법과대학원, 스탠퍼드대학교 로스쿨 졸업(풀브라이트 장학생). 2020년 세계경제포럼 및 에이폴리티컬Apolitical이 발표한 '공공 부문을 개혁하는 세계에서 가장 영향력 있는 50인'에 선정되었다. 주요 저서로 『AI 거버넌스 입문: 리스크 관리부터 사회 설계까지』(하야카와 신서)가 있다.

이 장의 포인트

❶ AI 진화에 대비한 가드레일 설계가 포인트

'AI 활용의 액셀을 밟음으로써 거버넌스와 보안을 보장할 수 없게 되면 다 소용없으므로 가드레일이 잘 유지되어야 한다. 가드레일이 있기에 액셀을 끝까지 밟을 수 있는 것이다.'
→ **p.299**

❷ AI의 국제적인 개발 경쟁 심화가 거버넌스와 보안의 중요성을 높인다

'AI는 단순히 새로운 발명을 한다는 장점만 있는 것이 아니라, 딥페이크와 같은 문제를 일으키는 존재이기도 하기 때문이다.' → **p.302**

❸ AI 거버넌스는 윤리 원칙의 정비와 적용 단계를 거쳐 이제 규제와 국제 협조의 균형에 초점을

'지난 10년 정도에 걸쳐 AI의 위험이 인지되었고 AI 윤리, AI 원리가 만들어지면서 실무에 반영할 만한 가이드라인과 표준이 나왔다.'
'하지만 AI가 국가 경쟁력과 직결되면서 최근에는 국제 협조에 변화의 조짐이 보이기 시작했다.' → **p.307**

❹ AI 리스크는 인간의 리스크와 본질적으로 겹쳐져 있다

'AI 리스크라고 생각되는 것의 대부분은 인간의 리스크이기도 하다.'
'AI 리스크는 인간의 리스크와 매우 비슷하다는 것을 잘 알 수 있다.' → **p.324**

❺ 대화와 실행을 중시하는 중용적 접근법을 취하는 AI 거버넌스의 확산

'이러한 중간적인 일본의 대처는 세계의 주목을 받고 있다. 일본이 AI 거버넌스에 대한 능숙한 대응책을 제시할 수 있다면 세계에서도 효과를 거둘 수 있다.' → **p.332**

모빌리티·로봇이 현실 세계와 생성형 AI의 가교가 되듯이, 거버넌스·보안은 생성형 AI가 길을 벗어나지 않기 위한 가드레일이 된다. 머지않아 AI는 스스로 개선하면서 지식 폭발로 향해 갈 것이다. 그러한 AI 이후의 세계에서 악용 등의 리스크를 막으면서 안전하게 운용하기 위한 방안을 살펴보겠다. 여기서는 기술 관점뿐만 아니라 인간과 사회가 AI 이후의 시대에 어떻게 변화해야 하는가에 대해서도 질문을 던진다.

AI에 의한 지식 폭발을 견디는 가드레일

/// 혁신 지점에 도달하는 AI 혁명

제8장에서는 거버넌스·보안 측면에서 AI 이후의 세계를 살펴보겠다. AI를 활용한 사회 혁신을 점점 속도를 붙이며 진행되고 있다. 생성형 AI가 태어나기 전의 세계에서 AI 이후의 세계를 향해 파괴적인 변화가 잇달아 일어나고 있다. AI 이후의 세계를 목표로 가장 빠르게 나아가기 위해서는 액셀을 밟아야 한다. 한편, AI 활용 액셀을 밟음으로써 거버넌스와 보안을 보장할 수 없게 되면 아무 소용 없으니 가드레일도 단단히 유지되어야 한다. 가드레일이 있기에 액셀을 끝까지 밟을 수 있는 것이다.

AI의 진화에 대해 이전에는 '스케일링 법칙 scaling law'이라는 법칙에 따라 모델의 규모(파라미터 수)와 학습 데이터양을 지수 함수적으로 늘리다가 더 높은 지능이나 독창적인 능력이 나타나리라고 예상했다. 그러나 현재는 빠르게 대답하기보다 더 깊이 생각하는 리즈닝 모델이 점점 빠르게 진화하고 있다. 어느 정도 학습된 지식

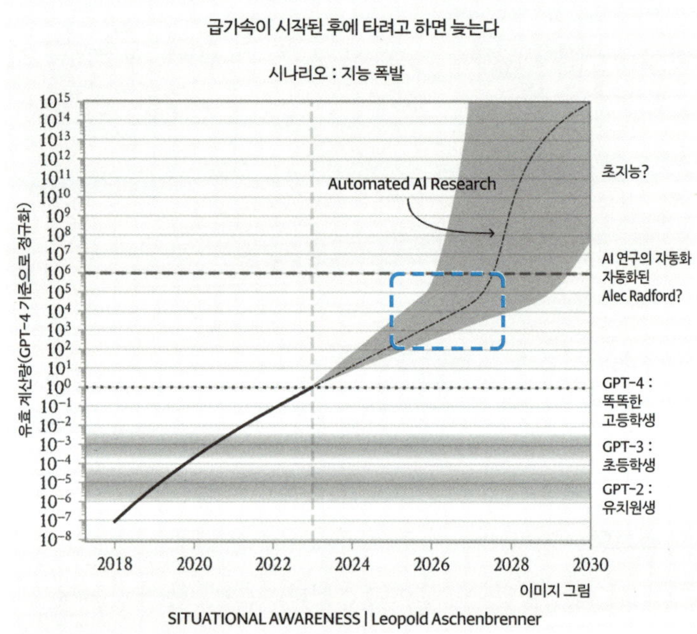

https://situationalawareness.ai/from-agi-to-superintelligence/에 게재된 그림을 번역하여 가공함.

을 조합하여 깊은 지식을 얻고, 그 지식들을 조합하여 새로운 지식을 만들어 내는 영역에 발을 들여놓고 있다. 리즈닝 모델을 필두로 지금까지 있던 지식을 조합하여 새로운 지식을 만들어 낼 수 있게 되자 어느 순간 AI가 스스로 개선할 수 있는 단계에 들어간다.

AI가 스스로 개선할 수 있게 되면 큰 변화가 찾아온다. AI가 하루 만에 스스로 단 1%라도 개선할 수 있게 된다면 어떨까? AI는 24시간 365일 쉬지 않기 때문에 불과 1.01배라도 1년이 지나

365제곱이 되면 40배 가까이 개선된다. 게다가 100만 대가 되었든 1,000만 대가 되었든 동시에 작동할 수 있어서, 그야말로 인간의 예측을 뛰어넘는 진화를 이루게 된다.

이러한 지식의 자기 창조나 AI의 자기 개선이 진행되면, AI가 만들어 내는 지식 폭발이 멈추지 않게 될 것이다. AI의 지식 폭발이 일어나는 시점은 2027년이라고도 한다. 즉, 현재는 초가속이 시작되기 직전인 셈이다. 본격적으로 AI의 지식이 초가속으로 움직이기 시작하면, AI 이후로 향하는 버스를 탔다고 한들 먼저 초가속한 사람들을 따라잡을 수 없다. 초가속이 시작되기 전인 지금 타이밍에 마지막 버스를 타야 한다.

◢◢◢ 거버넌스는 지식 폭발 앞에 놓인 과제

AI에 의한 지식 폭발이 일어날 미래가 다가오는 가운데, 가드레일 역할을 하는 것은 거버넌스와 보안이다. 이미 트럼프가 미국 대통령으로 재당선되었을 무렵부터 거버넌스의 고삐가 점점 느슨해지는 상황에 놓여 있다. 미·중의 대립이 깊어지고, AI 분야에서도 대립 구조가 생겨나고 있다.

그래서 트럼프는 AI 개발 경쟁을 제2차 세계대전 당시의 원자력 폭탄 개발에 빗대어 제2의 맨해튼 계획이 시작되었다고 평가한다고 한다. 중국발 생성형 AI '딥시크^{DeepSeek}'와 자립형 범용 AI 에이전트 '마누스^{Manus}' 등이 가져온 충격 속에서 미국은 AI 개발에

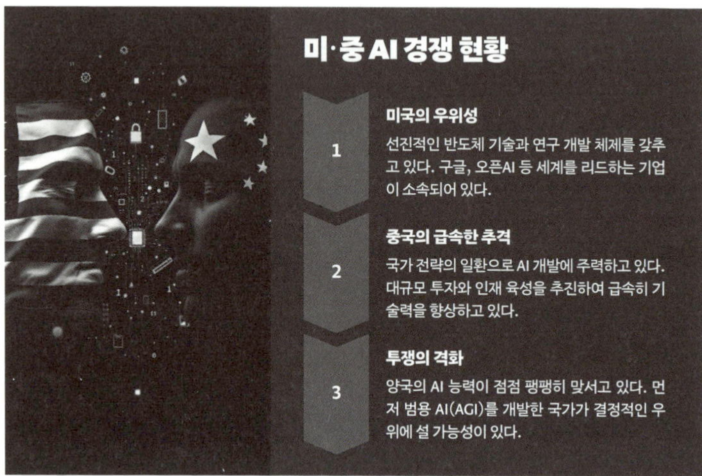

생성형 AI 서비스 'Gamma'를 사용하여 작성.

더욱 속도를 붙이지 않을 수 없게 되었다. AI는 단순히 새로운 발명을 한다는 이점만 있는 존재가 아니라 딥페이크와 같은 문제를 일으키는 존재이기도 하기 때문이다. 중국이 AI 개발을 추진한다면 미국은 더 앞서야 하는데, 그러한 개발 경쟁 속에서 거버넌스와 보안이 어떻게 보장될지는 불투명해지고 있다.

/// 거버넌스·안전의 네 가지 핵심 포인트

원자력과 같은 대발명은 기회일 뿐만 아니라 위협도 초래한다. AI도 큰 발명이므로 AI로 인한 위협을 중장기적 관점에서 어떻게 보

https://cdn.openai.com/openai-preparedness-framework-beta.pdf에 실린 그림을 번역함.

느냐가 중요하다. 2023년 오픈AI의 샘 올트먼이 CEO에서 전격 해임된 일이 아직도 생생하게 기억날 것이다. AI의 기술 진화를 서두르는 샘 올트먼과 가드레일의 강화를 요구하는 보드 멤버의 의견 차이가 원인이었던 모양이다. 그 후 샘 올트먼은 AI 거버넌스와 안전에 대해 어떻게 생각하는지를 블로그에 올리며 네 가지 포인트를 지적했다.

첫 번째는 사이버 보안이다. AI가 자율적으로 다양한 것을 제어하게 되었을 때 보안이 중요해진다는 관점이다. 정부 시스템과 발전 장비와 같은 중요 인프라, 방송국 등을 AI가 자율적으로 제어하는 시대에는 고도의 보안이 필수적이다.

두 번째는 CBRN 테러에 대한 대응이다. 많이 논의되지는 않지만 화학Chemical, 생물Biological, 방사성 물질Radiological, 핵Nuclear을 사용한 공격이나 테러에 대한 대비다. AI의 발전에 따라 이러한 유해 물질을 사용하는 공격에 속도가 붙을 리스크가 높아진다.

세 번째는 설득이다. 일본에서도 이제 막 인지하게 되지 않았을까. 미국을 비롯한 선거에서 볼 수 있듯이 정보를 사용하여 민중을 클러스터화(집적화)하고 가치관을 탈바꿈할 때 AI에 의한 설득이 이용되었다. AI의 진화를 교묘하게 사람들을 설득하는 데 사용할 가능성이 있다.

네 번째가 모델의 자율성이다. AI가 스스로 개선해 나갈 때, AI가 자신들에게 유리하도록 인간에게 거짓말하는 일이 일어나지 않도록 모델의 자율성이 필요하다.

//// AI 거버넌스의 역사

이러한 AI의 거버넌스와 보안 이야기는 사실 오래전부터 오가고 있다(다음 페이지의 그림 참조). 특히 딥러닝이 주목받은 이후 현재까지 10여 년에 걸쳐 논의가 어어져 왔다. 여기서 AI 거버넌스의 역사에 대한 게스트 스피커로 초청한 교토대학 대학원 법학연구과 특임교수 하부카 히로키 씨의 해설을 정리해 보겠다.

가장 먼저 AI의 리스크에 대해 의식하게 된 것은 2010년대 중

1. 어웨어니스 (2015-2018)

- Google Photo에 의한 '고릴라' 판정(2015),
  Tesla 자율주행 자동차에 의한 사망 사고(2016),
  아마존 채용 AI에 의한 성차별(2018) 등

2. AI 윤리·원칙 붐 (2019-2021)

- 인간 중심의 AI 사회 원칙(일본, 2019),
  신뢰할 수 있는 AI를 위한 윤리 가이드라인(EU, 2019),
  OECD AI 권고(2019),
  UNESCO AI 윤리 권고(2021) 등

- 대체로 **"Safety, Security, Privacy, Fairness, Transparency, Accountability"**
  와 그 파생형

3. 가이드라인·표준의 발전 (2021-2024)

- NIST AI Risk Management Framewor(미국, 2023),
  ISO AI 매니지먼트 표준(2023),
  AI 사업자 가이드라인(일본, 2024)

4. 법제화와 국제 협조의 움직임(2024)

- 바이든 AI 대통령령(2023),
  EU AI법(2024),
  캘리포니아주 AI 투명성법(2024)

- 히로시마 AI 프로세스 국제 지침 및 행동 규범(2023), AI 조약(2024)

5. 반동의 시대? (2025-)

반이다. 구글 포토가 아프리카계 인물을 고릴라로 판정해 버린 사례와 테슬라의 자율주행 자동차에 의해 사망 사고가 일어난 사례가 유명하다. 이후에도 아마존이 직원 채용에 AI를 활용하기 시작했다가 아무리 해도 남녀 차별을 배제할 수 없었다며 AI 알고리즘 채용을 그만두었다는 이야기도 있었다. 이것이 2018년의 일이다. 새로운 AI라는 기술이 나오면서 다양한 리스크가 함께 나타났고, 그것이 여기저기서 눈에 띄기 시작한 것이 2010년대 중반 이후라는 말이다.

이러한 리스크로 인해 2019년 무렵부터 2021년 즈음까지 AI 윤리와 AI 원칙에 관한 정책을 제정하는 것이 세계적으로 붐을 일으켰다. 일본에서도 2019년에 내각부가 '인간 중심의 AI 사회 원칙'이라는 문서를 작성했고, EU와 OECD, 유네스코 등 다양한 나라와 국제기구, 기업 연합체 등이 AI 윤리와 AI 원칙을 만들었다. 붐이 일면서 이러한 윤리와 원칙이 굉장히 많이 만들어졌다.

OECD의 데이터베이스를 보면, 국가가 책정한 AI 윤리나 AI 원칙을 다룬 문서는 등록된 것만 해도 1,000개를 웃돈다. 그만큼 많은 윤리와 원칙이 만들어졌다. 그러면 이것을 전부 다 이해해야 하는가 하면 그렇지 않다. 각각이 말하고자 하는 내용은 기본적으로 크게 다르지 않기 때문이다. 기본적으로 안전성, 보안, 프라이버시, 공평성, 투명성, 책임^{accountability} 등의 항목이 나열된 패턴이 많다. 100개, 1,000개나 되는 문서를 전부 읽을 필요는 없지만, 모든 문서에 대략 비슷한 내용이 쓰여 있다는 점을 알아두면 좋겠다. 실제로 AI 윤리와 AI 원칙 차원에서는 2020년대 초기에 충분히 논의되었다. 그러면 2020년대 이후에는 무엇에 주목하고 있는가 하면, 안전이나 보안, 프라이버시를 어떻게 AI에 적용할 것인가에 관해서다. 이와 관련하여, 예를 들어 미국의 국가기관 NIST(미국 국립표

준기술연구소)에서 AI 리스크 매니지먼트 프레임워크AI-RMF라는 프레임워크를 내놓았다. IS(국제표준화기구)도 AI 매니지먼트 시스템에 관한 국제 규격 ISO/IEC 42001을 2023년에 발행했다. 일본에서도 총무성과 경제산업성이 합동으로 자국의 AI 거버넌스에 대한 통일된 지침인 'AI 사업자 가이드라인'을 정리했다.

안전과 보안, 어웨어니스(인지)를 실현하라고 해도 실제로 어떻게 대처하면 좋을지 명확하지 않다. 그래서 AI 매니지먼트 방법을 기술한 구축 도구로써 AI 매니지먼트의 규격과 가이드라인을 제공하게 되었다. 이들은 규제가 아닌 어디까지나 참고 문서일 뿐이다. 한편, 2020년대 전반에 규격과 가이드라인이 일제히 쏟아져 나왔다고는 하지만 이행 의무는 없다. 이에 실행되지 않는 과제들이 눈에 띄기 시작하면서 2020년대 전반에는 AI 규제 이야기로 들끓기 시작했다.

정리하자면, 최근 10여 년에 걸쳐 AI의 리스크가 인지되고 AI 윤리, AI 원리가 만들어졌으며, 실무에 반영할 수 있는 가이드라인과 표준이 나왔다. 더 나아가 인센티브를 주는 법 규제가 정비되거나 국제 협조가 이루어지기도 했다. 하지만 AI가 국가 경쟁력과 직결되면서 최근에는 국제 협조에 변화의 조짐이 보이기 시작했다. 향후의 전망에 관해서는 8.3절에서 자세히 설명하겠다.

AI의 기술적 리스크를 회피하는 서비스가 속속 등장

/// 블랙박스에서 해석 가능한 AI로

AI 이후의 세계에서는 거버넌스와 보안 측면에서 본질적인 위협을 느끼게 된다. 그 최대 위협은 생성형 AI를 비롯한 신경망 계열의 AI가 블랙박스화되기 쉽다는 점이다. AI가 답변을 도출할 때 '어떤 논증을 거쳤는가?', '무엇을 근거로 논의하는가?' 등을 인간이 이해할 수 없는 상태라면, 그 답변을 어떻게 평가해야 할지 알 수 없다. 블랙박스에서 나온 답변이 인간에게 해를 끼치는 일일지도 모르는 위험성도 내포하고 있다. 여기서 인간을 기업이나 국가에 비유해도 된다.

그런 가운데 AI의 설명 가능성을 찾는 많은 연구가 이루어졌다. 그 하나로서 LLM을 리버스 엔지니어링**Reverse Engineering**하는 연구가 진행되고 있다. 이 연구에서 성과를 거둔다면, 리버스 엔지니어링을 통해 LLM을 제어할 수 있게 될 것이다. 리버스 엔지니어링으로 제품이나 프로그램 등을 제어하려는 생각은 AI에만 국한된 이야기가 아니다. 예를 들어, 자동차의 엔진을 제어하려고 할 때, 엔진이 어떻게 움직이는지, 어떻게 하면 폭주해 버리는지와 같은 현상을 리버스 엔지니어링함으로써, 제어하기 쉬워진다. 영어로는 'Interpredictability'라고 하며, 번역하자면 해석 가능성이라고 할 수 있겠다. LLM의 행동을 어떻게 해석 가능하게 하는가를 연구하고 있는 것이다.

사실 생성형 AI 붐에 불을 붙인 LLM이 등장하기 이전부터 기계 학습 AI 모델은 많이 존재했다. 기계 학습 모델을 검증하거나 감시하는 기능과 서비스를 제공하는 기업도 세상에는 이미 많이 존재한다. 그로부터 발전한 AI 검증, 감시 기술과 노하우를 LLM 시대에 맞추어 응용하여 LLM에 대응하는 거버넌스와 보안 소프트웨어를 만들고 있는 실정이다. 제8장에서는 LLM 시대의 거버넌스와 보안에 대응하는 여섯 개의 스타트업을 소개하겠다.

피드자이 Feedzai
인간의 부정행위를 감시하여 금융 사기를 방지

피드자이는 금융 사기를 방지하는 서비스를 제공하는 스타트업이다. 금융 거래를 하는 유저 개인의 고유한 특징이나 행동 패턴 등 '행동 바이오메트릭스 Biometrics, 생채 정보 인증 방식'를 취득하여 계좌 개설이나 금융 거래 시의 부정행위와 사기를 예방한다. 자금 세탁 방지 AML 규정 등에도 적용할 수 있다. 피드자이는 LLM의 거동을 감시하는 것이 아니라 LLM이 행동 바이오메트릭스 데이터로부터

행동 바이오메트릭스 데이터를 수집하여 부정 탐지에 활용

이상을 감지하거나 부정한 접근, 거래를 식별하기 위해 고객의 평상시 행동 패턴을 프로파일링

평소와 다른 시간대의 로그인, 평소와 다른 조작 패턴, 부자연스러운 거래 행동 등을 종합적으로 평가하여 행동 바이오메트릭스 데이터와 거래 데이터를 조합하여 분석

위장이나 부정 접속에 의한 거래를 조기에 발견할 수 있으며, 1초당 3,000건 이상의 거래를 분석하고, 그중에서 부정한 거래를 고정밀도로 검출 가능

사진은 https://www.feedzai.com/에서 인용.

인간의 부정한 행동을 학습하여 고정밀도로 부정행위를 감지한다. 실시간 고속 처리도 가능하다. 현대에서 금융 거래는 대부분 전자 거래로 이루어지므로, 부정 감지 작업에 드는 품도 방대해졌다. LLM을 사용한 피드자이는 1초에 3,000건이 넘는 거래를 분석 가능한 처리 능력을 갖추었으며, 대규모 금융 기관의 대량 트랜잭션에도 대응할 수 있다.

자금 조달액이 약 2억 8,000만 달러(약 4,200억 원)에 이르는 매우 큰 스타트업이다. 투자자로 코네소 벤처스Conexo Ventures, 콜버그 크래비스 로버츠KKR, 시티 벤처스Citi Ventures 등을 들 수 있다.

몬테 카를로 **Monte Carlo**
엔드 투 엔드 데이터를 관측하여 실시간으로 이상 탐지

몬테 카를로는 데이터 품질과 신뢰성을 개선하고자 하는 금융 업계와 미디어 업계를 위한 서비스를 제공한다. LLM 모델을 구축할 때 애초에 학습 데이터에 오류가 있으면, 틀린 답을 내놓게 된다. 인종이나 성별, 지역, 시대 등에 대한 편견이 있거나, 폭력이나 거짓에 관계되는 데이터가 포함되어 있으면, LLM은 이러한 잘못된 내용을 계속 정답이라고 출력한다. 이러한 상황은 거버넌스상 굉장히 무서운 일이기 때문에 몬테 카를로 서비스에서는 데이터 파이프라인을 보고 데이터의 이상을 빠르게 감지하고 경보를 울린다. 경우에 따라서는 이상이 있는 데이터를 수정할 수도 있다. LLM 모델 자체라기보다는 그곳에 출입하는 데이터, 특히 학습 데이터를 단단히 지키는 서비스를 제공하고 있다. 몬테 카를로의 사용 사례로는 세계적인 제약·헬스케어 기업 로슈의 사례를 꼽을 수 있다. 의료계나 제약계에서 생성형 AI를 활용할 경우 학습 데이터에 오류가 있으면 큰 영향을 미치게 되기 때문에 그 부분을 제대로 감시하는 용도이다.

자금 조달도 2억 3,600만 달러(약 3,540억 원)에 달한다. IVP, 액셀**Accel**, 아이코닉 그로스**ICONIQ Growth** 등 저명한 투자자로부터 투자를 받고 있는 것을 보아도 주목받고 있는 영역임을 알 수 있다.

이러한 서비스가 필요하게 되는 이유는 AI가 기업 활동에 큰 영향을 미치기 때문이다. 미국에서는 '데이터 포이즈닝**Data poisoning**'이

신뢰성 높은 데이터와 AI 제품 구축의 흐름

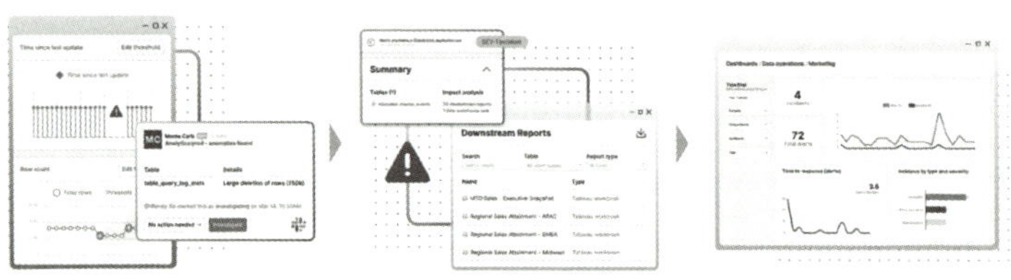

Step 1:
데이터, 시스템, 코드 전체의 문제를 엔드 투 엔드로 검출

Step 2:
데이터가 파손된 이유, 영향을 받는 사람, 해결 방법을 파악하여 소비자에게 정보를 제공

Step 3:
데이터 품질과 스코어카드, 비용 최적화 도구를 이용하여 데이터·AI 제품 건전성을 추적하고 팀 책임 체제를 확립

사진은 https://www.montecarlodata.com/에서 인용.

라는 말이 나오고 있다. 이는 경쟁사에서 AI가 학습하는 데이터에 일부러 편견을 집어넣어 AI의 품질을 떨어뜨려 경쟁자를 밀어내려는 공격 수법이다. 제약이나 의료 같은 기업이 데이터 포이즈닝에 당하면 생명의 위기로 이어진다. 기업을 협박하기 위해 데이터 포이즈닝을 이용한 사이버 공격을 하지 않도록 하기 위해서도 몬테 카를로가 제공하는 입출력 데이터 감시 기능은 앞으로 더욱 중요해질 것이다.

레플리케이트 Replicate
거버넌스 체제를 갖추고 AI를 파인 튜닝

레플리케이트는 LLM이나 이미지 생성 모델 등 오픈 소스 AI 모델을 손쉽게 파인 튜닝하고 배포할 수 있도록 지원하는 기업이다.

적은 이미지로 시작할 수 있는 웹 기반의 유연한 파인 튜닝
언어 모델과 연계하여 다채로운 프롬프트 생성과 고품질 이미지 생성

사진은 https://replicate.com/explore에서 인용.

유저 기업이 갖고 있던 기존의 데이터로 오픈 소스 AI 모델을 파인 튜닝할 때 사용한다. 오픈 소스 AI 모델에는 부족하기 쉬운 버전 관리와 규제 대응, 내부 감사 프로세스 모델에 대한 정책 적용 등도 할 수 있다.

앤드리슨 호로위츠Andreessen Horowitz, 와이 콤비네이터, 세콰이어 캐피탈이 투자자로 나섰듯이, 주목받고 있는 기업임을 알 수 있다. 거버넌스·보안 분야에서 앞서 소개한 피드자이나 몬테 카를로에 비하면 조금 새로운 회사여서 자금 조달액도 한 자릿수 적지만, 그래도 5,800만 달러(약 870억 원)의 자금을 모았다.

생성형 AI는 활용하고 싶지만 오픈AI나 앤트로픽 등 폐쇄적인 LLM 모델에 너무 의존하기는 겁난다. 저작권을 침해할 리스크를 줄이기 위해 학습 데이터와 파인 튜닝 프로세스를 직접 관리하고 싶은 기업에 오픈 소스 AI를 활용할 기반을 제공해 준다. 역시 오픈 소스는 보안부터 운영까지 자사에서 관리해야 하므로, 그 틈을 메우는 솔루션으로써 주목하고 싶은 분야다.

로버스트 인텔리전스 Robust Intelligence
AI 모델의 안전성을 평가하여 지속적으로 보호

로버스트 인텔리전스는 LLM 모델 등 AI 모델 그 자체의 안전성을 평가, 감시하는 서비스를 제공하는 스타트업이다. 웹이나 스마트폰용 앱을 개발할 때는 생성형 AI가 보급되기 전부터 반드시 보안 테스트를 해 왔다. 이와 마찬가지로 AI의 LLM 모델에 대한 보안 테스트를 한다고 생각하면 쉽게 이해될 것이다. 안전 측면에서 AI 모델의 취약성을 자동 평가하고 특정 위험에 대한 보호책을 실시간으로 적용하는 'AI 테스팅 Testing'을 제공한다. 더불어 생성형 AI를 오작동하도록 공격하는 프롬프트 인젝션이나, 데이터 포이즈닝 등 악의적인 입력이 발생해도 실시간으로 감지·방어하여 모델이 부적절한 응답을 생성하지 않도록 보호하는 'AI 파이어월 Firewall' 서비스도 제공하고 있다.

로버스트 인텔리전스의 창업자 중 한 명은 하버드대학교에서 AI의 취약성에 관해 연구해 온 오시바 고진 씨로, 아는 사람도 있을 것이다. 자금 조달액은 4,400만 달러(약 660억 원)다. 사실 이미 상당히 큰 금액으로 매각하면서 엑시트 Exit에 성공한 스타트업이다. 서비스 측면에서 봐도 앞으로 세상에서 더욱더 필요해지면서

AI Testing

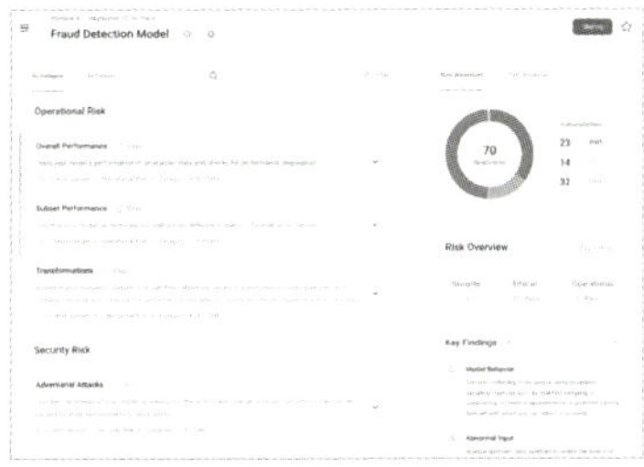

- 개발 초기의 리스크 선제 검출과 전용 테스트, CI/CD 연계를 통해 자동으로 취약성 평가
- 신속하고 포괄적인 모델 검증과 주요 AI 리스크 프레임워크에 준거한 통계적 테스트를 출력
- 수백 가지 표준 테스트와 유연한 파라미터 조정을 통해 AI 리스크 기준을 구현

사진은 https://www.robustintelligence.com/jp/platform/ai-testing에서 인용.

살아남게 될 서비스 중 하나가 될 것이다.

칼립소 AI Calypso AI
기업에서 활용하는 AI의 보안을 포괄적으로 제공

칼립소 AI도 로버스트 인텔리전스와 유사하게 AI의 보안을 강화하는 시스템을 개발 및 제공하고 있다. 포괄적인 보안 관리가 가능한 점이 특징이다. 크게 세 가지 제품이 있다. 하나는 자사의 AI 시스템에 실제로 공격을 가해 보고 어느 정도 공격에 내성이 있는지를 확인하는 '레드 팀'이다. 두 번째는 실제로 공격이 들어왔을 때 실시간으로 방어하는 AI 공격 감지형 '디펜드'다. 세 번째는 실제로 어느 정도의 공격이 있었는지, 어느 정도 막아냈는지 등 AI 활동을 시각화하는 '옵저브'다. 회사 전반에 걸친 AI 활동을 실시간으로 감시하고, 로그를 통합 관리하여 시각화하며, 규정 강화를

Red-Team : AI 공격을 통한 AI 보안 테스트

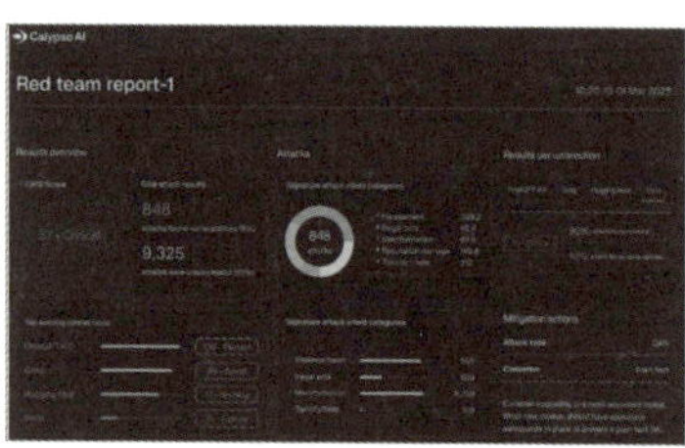

- 실제 대화 시나리오와 동적 적응에 따른 실전형 대화 공격 검증
- 10k+프롬프트와 표준 공격 수법에 따라 광범위한 서명 공격을 통해 포괄적인 취약성을 진단
- 정기 테스트와 운용 스트레스 해석에 따른 자동화 지속 평가를 통한 전체 시스템 방어

Defend : 실시간 공격을 저지

- 각 입력·출력의 순차적 해석에 따른 추론층의 실시간 보호, 공격 징후의 즉각적인 검출
- 커스터마이징 가능한 보안 제어, 정책 설정 기능
- 적응형 보안과 콘텐츠 모더레이션에 따라 성과 유지와 안전성, 혁신과 방어의 양립

Observe : 회사 전반에 걸친 AI 활동의 시각화와 규정 강화

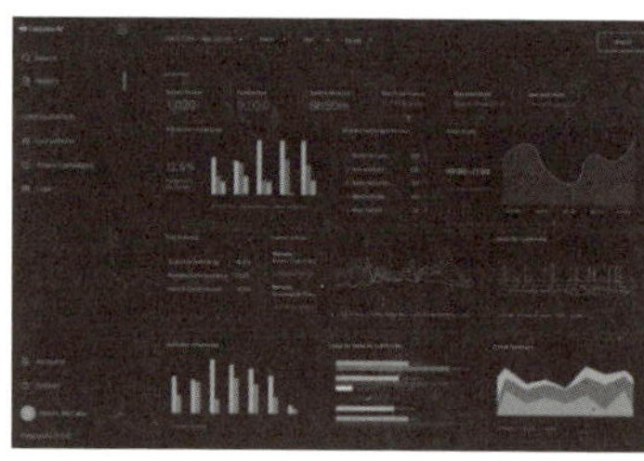

- 상세한 감사 로그와 풍부한 이용 데이터를 바탕으로 회사 전반에 걸친 AI 활동의 실시간 감시, 로그 통합 관리 기능
- 자동화된 정책 플래그 기능과 최신 위협 인텔리전스에 따른 위험 조기 감지 및 규정 준수, 위반의 자동 탐지

위에서부터 차례로
사진은 https://calypsoai.com/inference-platform/red-team/에서 인용.
사진은 https://calypsoai.com/inference-platform/defend/에서 인용.
사진은 https://calypsoai.com/inference-platform/observe/에서 인용.

지원한다.

자금 조달액은 3,800만 달러(약 570억 원)다. 투자자로는 해클루트 캐피털^{Hakluyt Capital}, 록히드 마틴 벤처스^{Lockheed Martin Ventures} 등을 꼽을 수 있다.

다이나모 AI Dynamo AI
프라이버시와 환각을 자동 감사

다이나모 AI는 기업용으로, LLM의 리스크 평가와 성능 향상, 에지 케이스 특정을 자동화함으로써, 프라이버시와 보안, 규정을 확보한 LLM 운용을 지원하는 회사다. 보안 가드레일과 지속적으로 평가를 갱신한다. 그 외에도 실시간 환각^{Hallucination} 검출 및 문제가 있는 LLM의 출력을 수정하기 위해 상세한 근본 원인 분석 기

다이나모 AI

규제 감사용 문서 생성	데이터 자동 성형	RAG 파이프라인을 최적화

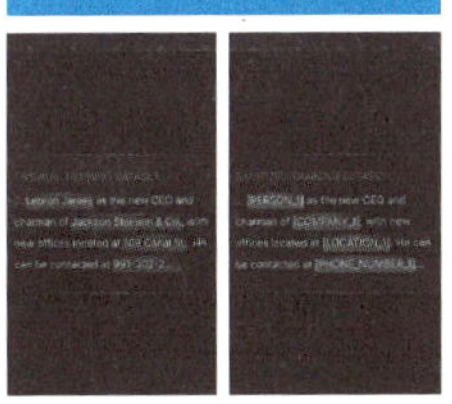 

MITRE ATLAS나 RMF 등 주요 프레임워크를 활용하여 AI 모델의 리스크를 자동 테스트하고 **규제 감사에 필요한 문서를 자동 생성**

개인 이름을 비롯한 개인 정보의 출력 리스크와 모델 배포 전에 특정된 **기타 리스크를 자동 배제**

엔드 투 엔드 RAG의 미세 조정, 검색 전략의 최적화(청크화, 인덱스 작성 등)를 통해 **RAG 파이프라인의 환각 문제에 대처**

사진은 https://dynamo.ai/에서 인용.

능이 탑재되어 있다. 데이터 자동 성형이나 RAG 파이프라인의 최적화 등을 통해 문제에 대처한다. 더불어 규제 감사에서 요구되는 문서를 자동 생성하는 기능도 갖추고 있다. 새로운 규제가 생기면 이에 대응하기 굉장히 번잡해지는데, AI 모델의 리스크를 자동 테스트하고 검증하여 문서까지 작성해 주는 매우 편리한 기능이다.

자금 조달액은 1,930만 달러(약 290억 원)로, 거버넌스·보안 분야에서 소개한 스타트업 중에서는 아직 적은 편이지만, 앞으로 주목받는 분야의 기능을 제공하는 스타트업으로서 눈여겨볼 만하다. 주요 투자자는 넥서스 벤처스 파트너스, 카나피 벤처스^{Canapi Ventures} 등이다.

03

반드시 기술적 리스크와 사회적 리스크의 양측에서 대응해야 한다

/// AI 거버넌스의 국제 협조에 대한 반동

여기서부터 다시 쿄토대학 대학원 법학연구과 특임교수인 하부카 히로키 씨의 해설을 정리하면서 생성형 AI를 둘러싼 거버넌스와 보안 분야 상황의 전모를 파악하여 향후 대처의 지침으로 삼도록 하자. 하부카 씨는 변호사이자 2022년부터 교토대학에서 연구하는 동시에 스마트거버넌스라는 기업의 경영자로서 기업을 대상으로 최첨단 기술과 거버넌스 도입을 지원하고 있다. 그는 경제산업성에 재적하던 당시, 지금의 AI 정책의 기둥이 된 '애자일 거버넌스Agile Governance'라는 개념을 정리한 보고서 집필을 맡았다.

8.1절에서 소개한 바와 같이 AI 거버넌스는 2010년대 중반부터 다양한 논의와 대처가 이루어졌다. 하부카 씨는 "많은 사람이 그동안 굉장히 순조롭게 AI 거버넌스에 관한 대처가 이루어졌다고 낙관적으로 생각했습니다. 그런데 2025년에 들어서면서부터 지금까지 이어져 오던 국제 협조 흐름에 대한 반동이 생겨났습니

다. 이를 상징하는 것이 2025년 2월에 프랑스의 파리에서 개최된 AI 액션 서밋이라는 이벤트입니다." 하고 현재 상황의 변환점을 지적했다.

AI 액션 서밋은 세 번째로 개최되는 행사였다. 그러나 이전에 열린 두 회차는 'AI 세이프티 서밋'이라는 명칭으로 개최되었다. 제1회는 영국에서 개최되었으며, 미국, 중국, EU, 일본 외에 중동, 아프리카 나라들도 포함한 29개국·지역에 공동 선언 'AI 안전에 관한 브레츨리 선언^{Bletchley Declaration}'도 공표되었다. 다양한 입장의 나라들이 모여 AI에 대해 적어도 안전이라는 가치에 대해 협조해 나가자는 이벤트로 시작되었다.

그런데 3회차인 2025년 행사는 'AI 액션 서밋'이라는 명칭으로 개최되었다. 안전이 액션의 항목 중 하나로 위치가 달라진 것이다. "사실 이는 갑자기 일어난 일이 아닙니다. 사전에 프랑스 마크롱 대통령은 유럽의 AI에 대한 규제가 너무 엄격하다는 관점에서 발언했습니다. 2024년 전 마리오 드라기 유럽중앙은행 총재가 감수한 '드라기 보고서'에서도 미국과 중국에 대한 EU의 경쟁력 저하를 지적하며 엄격한 규제를 할 때가 아니라고 보고했습니다." (하부카). 즉 경쟁력 강화를 위한 AI 개발이 요구되는 것이다.

하부카 씨는 "이러한 EU 내 사정도 있어서 규제만 하고 있을 때는 아니라는 의견이 강해졌을 때 AI 액션 서밋이 개최되었습니다. 여기서 트럼프 미국 정권에서 부대통령을 지내는 JD 밴스 씨가 'AI의 가능성에 관해 이야기하는 것이 목적이며, 리스크에 대해 이야기하러 온 것은 아니다.'라고 말한 것처럼 혁신과 경쟁으로 방향이 틀어졌습니다."라고 설명한다.

/// 따라잡을 수 없는 급속한 변화

이처럼 정세에 큰 변화가 일어나고 있는 현재, 최근의 주요 거버넌스 관련 뉴스를 보면 흐름이 거세졌음을 알 수 있다. 다음 페이지에서 그림으로 나타낸 주요 AI 거버넌스 관련 토픽을 보면, 과반수가 2025년에 들어선 후에 움직임을 보였음을 알 수 있다(2025년 5월까지의 뉴스를 바탕으로 한 것).

하부카 씨는 다음과 같이 AI 거버넌스에 대처하기 어려운 점을 이야기했다. "이처럼 AI 분야는 기술적 측면과 아울러 정책적 측면에서도 움직임이 매우 빨라졌습니다. 즉, 반년 전에 법령을 확인했다고 해서 절대 안심할 수 없다는 말입니다. 날마다 정책의 움직임도 확인하지 않으면 안 됩니다." 일본에서도 2025년 2월 정부의 AI 전략 회의에서 앞으로의 AI 정책을 총괄한 AI 제도연구회의 중간 요약 문서를 공개했다. "이 문서들은 분량이 너무 많아서 읽는데도 골머리를 앓는 상황입니다. AI 거버넌스 비전문가가 상황을 따라잡기란 어려운 데다, 전문가도 일상적인 움직임이 너무 많아대응하기 어려울 정도입니다. 전 세계를 뒤져 봐도 완벽하게 따라잡은 사람은 없지 않을까요." (하부카).

이에 어떤 태도로 AI 거버넌스에 대처해야 좋을지 물어보자 하

- 일본, 'AI 관련 기술의 연구 개발·활용 추진법' 성립 (2025.5.28)
- 미국, 주의 AI 규제를 10년 금지 조항을 포함한 '트럼프 감세법안'이 하원 통과 (2025.5.22)
- 유럽 위원회, 'AI 대륙 액션 플랜'에서 AI법의 운용 명확화를 약조 (2025.4.9)
- 미국 백악관, 연방정부의 AI 이용과 조달에 관한 지침을 공표 (2025.4.7)
- 디지털청, '생성형 AI의 조달·활용에 관한 가이드라인(안)' 공표 (2025.3.28)
- 경제산업성·총무성의 'AI 사업자 가이드라인' Ver 1.1을 공개 (2025.3.28)
- 프랑스에서 "AI Action Summit" 개최도, 미-영 공동성명에 서명 안 해 (2025.2.11)
- 유럽위원회, 'AI 민사 책임 지령' 검토를 중지 (2025.2.11)
- 일본과 캐나다, 유럽 평의회의 AI 조약에 서명 (2024.2.11)
- EU, 경쟁력 강화와 규제 간소화를 강조하는 "Competitive Compass" 보고서 공표 (2025.1.29)
- 트럼프 대통령의 대선 승리에 따라, 바이든 정권의 AI 대통령령 철회 (2024.1.23)
- 한국의 'AI 기본법'이 발효 (2025.1.8)
- 캐나다 AI·데이터법(AIDA)이 폐안되어 (2025.1.6)

부카 씨는 다음과 같이 답했다. "우선 모두 이해하고 따라잡지 못하는 것이 당연하다는 전제에서 시작하는 게 좋다고 생각합니다. 모르면 모르는 대로 AI 거버넌스 문제의 본질과 전모를 파악하는 것이 가장 중요한 일입니다."

/// AI 거버넌스의 본질

AI 거버넌스 문제의 전모와 개념을 이해할 때 AI란 무엇인가에 대해 정면으로 마주 보아야 한다. 하부카 씨는 "AI란 결국 주어진 데이터를 통계적으로 분석해서 가장 확률이 높은 대답을 내는, 초고성능 확률 통계 기계입니다."라고 말한다. 이것은 매우 중요한 말이다. 확률 통계 그 자체는 지금까지도 계속 비즈니스나 일상 생활

AI는 데이터를 통계적으로 분석하여 주어진 명령에 대해
가장 확률이 높은 답을 내놓는 '초고성능 확률 통계 기계'다.

왜 그런 전자 계산기의 거버넌스가 문제가 되는 것일까?

에서 판단이 필요할 때 사용해 온 접근 방식이다. "과거의 패턴을 학습하여 더 좋은 것 같은 아웃풋을 만드는 것이 확률 통계 기계이며, 그 부분만 빼면 인간과 AI는 비슷한 작업을 한다고 말할 수도 있습니다."(하부카).

한편, 실제로 AI가 처리하는 계산은 너무 복잡해서 실제로 인간이 종이와 연필을 들고 풀 만한 성질의 것이 아니다. 그래도 사고 실험이라면, 100만 명이나 200만 명처럼 많은 사람을 모아 몇 년에 걸쳐 계산하면 종이와 연필로도 AI와 같은 답을 낼 수 있을 것이다. AI는 그 확률 통계 계산을 고정밀도로 효율적으로 실현하는 기계다. 그러면 지금까지 계속 존재했던 확률 통계 기계에 대한 규제를 마련하거나 거버넌스 체제를 만들 필요가 있는 것일까. 이 질문에 확고히 대답하는 것이 AI 거버넌스 문제의 본질이다.

이 본질에 대해 생각하지 않은 채 AI에만 눈길을 돌려 정부가 투명성과 보안에 대해 무언가 규제한다고 해도 의미가 없다. 그래서는 '인간도 똑같은 점에서 문제가 될 것이다' 하고 한 소리만 듣게 될 뿐이다.

/// 인간과 AI의 공통점에서 생각하는 거버넌스 체제

여기서 하부카 씨는 실제로 인간과 AI의 공통점을 설명했다. "인간과 AI 모두 확률과 통계를 이용하여 데이터에서 최적의 답을 도출한다는 점에서 공통점이 있다고 앞서 이야기했습니다. 확률 통계의 출력 결과는 매우 폭넓고, 생명이나 기본적 인권과 관련된 리스크를 내포하고 있습니다. 그렇게 되면 AI 리스크로 여겨지는 것은 대부분 인간의 리스크이기도 합니다."

안타까운 교통사고 소식이 매일 보도된다. 이는 인간의 리스크지만, 이미 웨이모와 같은 자율주행 자동차는 인간의 평균적인 운전자보다 사고율이 낮은 수준에 이르렀다고도 한다. AI의 리스크가 인간의 리스크를 밑돌기 시작한 하나의 사례다. 반대로 생성형 AI가 보급되면서 종종 화제에 오르는 거짓 뉴스 문제가 있다. 역사를 보면 태곳적부터 인간은 거짓 뉴스를 퍼뜨려 왔음이 명백하다. 물론 딥페이크로 가짜 이미지나 가짜 동영상을 만드는 것은, 인간의 힘만으로 만들기는 어려웠을 테니 생성형 AI 시대만의 리스크라고 할 수 있다. 그래도 거짓 뉴스에 대응할 방법을 생각할 때, 이는 인간이 오래전부터 지녔던 리스크였음을 고려해야 한다.

"인종이나 소수자 차별도 AI 리스크 중 하나로 꼽힙니다. 확실히 이 역시 인간이 차별해 온 역사가 있고, 그것을 데이터에서 배우면서 AI가 차별하게 되는 것입니다. 그렇게 따지고 보면, AI의 리스크는 인간의 리스크와 매우 비슷하다는 것을 잘 알 수 있습니다."(하부카). 이러한 본질을 확실히 해 두면, AI의 리스크에 대해

인간과 AI의 공통점

- 주어진 데이터에 대해 통계와 확률을 사용하여 최적의 답을 도출한다
- 출력 결과를 다양한 상황에서 이용한다 : 제로 리스크부터 생명·기본적 인권에 대한 리스크까지
  → 실제로 'AI 리스크'로 여겨지는 것의 대부분은 '인간의 리스크'이기도 하다
  - 교통사고, 거짓 뉴스, 인종/소수자 차별, 오인 etc.
- 따라서 지금 있는 리스크 매니지먼트(내부 통제) 체계는 상당 부분 유효하다

지금 있는 각 조직의 리스크 매니지먼트(내부 통제) 체계가 상당 부분 유효할 것임을 알 수 있다. 반대로 AI의 맥락에 비추어 보면, 실제로 많은 상황에서 그동안의 리스크 관리가 인간에게 유효하지 않았음을 깨닫는 일도 있을 것이다.

한편, 인간과 AI에는 차이점도 있다. 예를 들면, 8.2절에서 설명한, 입력과 출력의 인과 관계를 설명할 수 없는 블랙박스성이나,

인간과 AI의 차이점

- 기계 학습 : 입력과 출력을 잇는 알고리즘을 기계가 자율적으로 구축(학습)한다
- 딥러닝 : 계층이 '깊기' 때문에 연산이 매우 복잡해진다
  - 입력과 출력의 인과 관계를 설명하기 어려움 (블랙박스성)
  - 아웃풋 예측이 곤란(예견 곤란성)
  - 아웃풋의 원인을 설명하기 어려움 (설명 곤란성)
- 아웃풋까지 관여하는 주체가 많음
  - 데이터 제공자, 기반 모델 개발자, 기반 모델을 활용한 서비스 제공자, 서비스 이용자 등
  - 클라우드 제공자, 통신 서비스 제공자, OS 제공자, 플랫폼 사업자 등
- 무수한 용도
- 기술 혁신·보급의 속도
- 신뢰 판단의 어려움
- 크로스 보더성

출력 예측이 어려운 예측 곤란성, 왜 그렇게 출력되었는지 원인을 알 수 없는 설명 곤란성 등도 들 수 있다. 더불어 아웃풋까지 관여하는 이해관계자가 많아서 누가 어디까지 책임을 져야 좋을지 알 수 없다는 문제도 있다. 그 밖에도 다양한 용도, 기술 혁신과 보급의 속도, 신뢰 판단의 어려움, 국경을 걸친 크로스 보더성 등 인간과 AI를 상대적으로 구별하는 특징이 있다.

/// AI 거버넌스의 전모와 세 가지 정리

AI 리스크의 대부분이 인간의 리스크와 겹치는 한편, 인간과 AI 사이에는 차이점도 있다는 사실을 고려했을 때, AI 거버넌스의 전모를 어떻게 정리하면 좋을까? 하부카 씨는 크게 세 개의 박스를 준비하여 생각하면 좋다고 한다. AI 거버넌스를 부감할 때는 'AI 리스크', 'AI 거버넌스의 목적', 'AI 시스템과 AI 사회의 거버넌스'의 세 가지로 정리할 수 있다.

AI 리스크

첫 번째가 AI 리스크다. AI가 초래하는 리스크로서 계속해서 논의해 온 내용인데, 하부카 씨는 여기에 '기술적 리스크'와 '사회적 리스크'의 분류를 추가하면 좋겠다고 한다.

"기술적 리스크라는 것은 AI가 확률 통계 기계인 이상 당연히 수반하는 기술적인 한계를 나타냅니다. 반드시 오판정이 나오며,

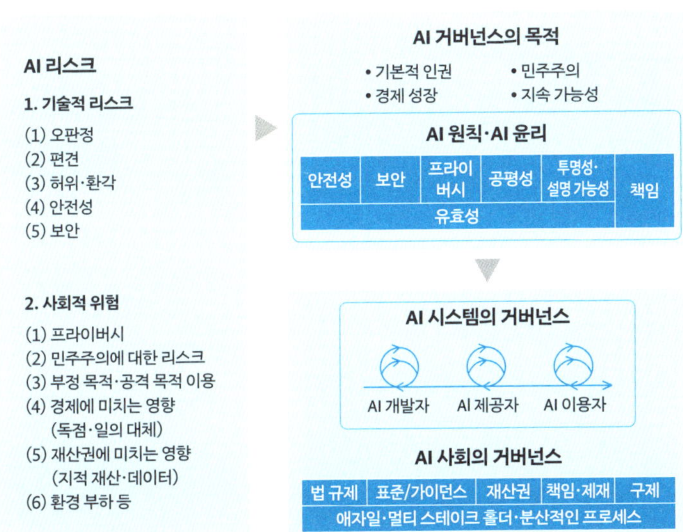

학습 데이터에 포함된 편견도 확실하게 출력에 반영됩니다. 이는 생성형 AI에서는 확각이라고 불리기도 하고, 자율주행 자동차나 드론에 결합하면 안전성이라고 불리기도 하죠. 게다가 AI도 IT 시스템이므로 공격을 받을 수 있으니 보안 관점에서도 불가결합니다.”(하부카).

다른 하나가 사회적 리스크다. 이는 AI의 기능이 부족해서 초래되는 리스크가 아니라, 오히려 AI가 너무 우수해서 사회에 파급되는 리스크를 가리킨다. 예를 들면 프라이버시가 그렇다. 지금까지는 어떤 인물의 데이터가 있다고 해도 그 사람이 다음에 무슨 일을 일으킬지, 어떤 정치적 의견을 가졌는지 등은 알 수 없었다. 그런데 AI를 사용하면 개인의 데이터에서 행동이나 신조 등을 놀라울 정도로 정확히 파악하게 된다. 민주주의의 리스크로서 딥페이크가 화제에 오르기도 하는데, 이것도 AI가 너무 우수해서 가짜 동영상을 손쉽게 만들 수 있기에 문제가 된 리스크다.

"보다 일반화해서 이야기하자면, 대단한 도구가 존재할 때 그것을 나쁜 사람이 사용하면 아주 나쁜 일이 일어난다는 것입니다. 부정적인 목적이나 공격적인 목적으로 사용되면 그만큼 피해가 커져버립니다. 다양한 리스크가 존재해서 이를 기술적 리스크인지 사회적 리스크인지 명확하게 분류하기 어려울 때도 있지만, 어느 쪽의 영향이 더 큰지 이해할 필요가 있습니다."(하부카). AI 모델의 성능을 향상시키거나, AI 모델 자체의 안전성을 확보하면 해결할 수 있는 기술적 리스크에 가까운지, 아니면 우리 사회로서 어떠한 규칙이 필요한지, 조직으로서 어떤 정책을 만드는 사회적 리스크에 가까운지, 맥락에 따라 생각하는 것이 매우 중요하다.

AI 거버넌스의 목적

맥락 기반으로 추출한 AI 리스크에 대해 어떠한 형태로든 AI 거버넌스를 적용한다. 이때 기업이나 조직, 국가 등은 AI 거버넌스의 목적을 명확히 해야 한다. 국가라면, 최상위층에 있는 목적은 기본적 인권이나 민주주의의 존중, 경제 성장이나 지속 가능성 실현 등일 것이다. 이를 기업으로 대체하면, 기업 미션이나 가치 등이며,

헌법처럼 AI 거버넌스의 목적의 가장 위에 오는 것이다. 여기서 알아두어야 할 점은 헌법적 수준의 AI 거버넌스의 목적은 AI를 쓰든 안 쓰든 영향을 받지 않는다는 것이다. "최종적으로 노리는 목표는 AI를 사용하게 되었다고 해서 바꿀 필요가 없다는 점이 하나의 핵심입니다." (하부카).

다음으로 목적을 AI 원칙이나 AI 윤리에 반영할 때, 실제로 주의해야 하는 중요 항목으로 '안전성', '보안', '프라이버시', '공평성', '투명성·지속 가능성', '책임', '유효성' 등이 있다. 이러한 목적에 관하여 국가나 조직의 AI 원칙, AI 윤리가 제정되는 가운데, 논의가 충분히 이루어진 단계에 거의 와 있다.

AI 시스템과 AI 사회의 거버넌스

마지막으로 각각의 AI 시스템이나 AI 서비스에 어떻게 적용해 나갈지를 결정하는 것이 'AI 시스템의 거버넌스'다. 일종의 비용이 굉장히 많이 드는 부분이다. 스타트업과 함께 소개한 서비스 등을 이용하면, 그에 상응하는 비용이 든다. 그만한 돈을 들여 AI 거버넌스에 임하려면 인센티브 설계가 제대로 되어 있어야 한다.

이처럼 AI 시스템의 거버넌스를 실현하는 데는 사실 'AI 사회의 거버넌스'와 밀접하게 연관되어 있다. 법 제도라든가, 표준 가이던스를 만드는 방법이라든가, 책임·제재의 제도 설계 등 사회 제도와 함께 제대로 개혁해 나가지 않으면 안 된다.

하부카 씨는 "책임·제재 맥락에서 양자의 관계성을 살펴봅시다. 기본적으로 지금의 법률은 문제를 일으키면 제재를 받는 식입니다. 그렇게 되면 문제를 일으켰을 때 아무도 정직하게 신고하고 싶지 않은 법입니다. 한편으로 AI 시스템의 거버넌스를 생각한다면, 문제가 생겼을 때 많은 이해관계자가 신속하게 연계하고 정보를 공유해야 합니다. 그런데 현재의 법 제도 아래서는 자신이 먼저 리스크를 지적하면, 불평을 듣거나 당국의 제재를 받기도 합니다. 이래서는 필요한 정보가 표면으로 나오지 않습니다. 따라서 문제를 일으켰더라도 제대로 보고하고 조사에 협조하여 개선안을 제시한다면, 형사적인 제재를 받지 않는 인센티브 설계를 할 필요가 있습니다."라고 설명한다. 입구 격인 법 규제의 규칙뿐만 아니라 출구 격인 책임과 제재 부분에서도 인센티브 설계를 제대로 만들어야 한다. 이는 사회 전체를 끌어들여 어떤 규칙을 만들 것인가를 생각해야 하는 중대한 이야기다.

/// 세계에서 주목받는 일본의 법 대응

여기서 실제 법 대응에 대해 눈길을 돌려 보자. AI 거버넌스의 역사를 살펴보았을 때, EU를 중심으로 한 유럽과 미국의 힘겨루기가 이어져 온 것은 분명하다. 인터넷부터 클라우드, 그리고 AI가 등장하면서 미국에 의한 디지털 식민지화가 점차 진행되고 있다. EU는 법 규제 등으로 견고하게 수비해 왔지만, 그만큼 개발이나 이용의 자유도가 떨어져 골치 아픈 문제가 되었다. 이러한 미국에 의한 디지털 식민지화는 일본과도 무관하지 않다. 이미 디지털 적자가 3조 엔에 이른다. 알기 쉽게 말하면, 일본 기업이 GAFAM이나 매그니피센트 7 등에 매년 3조 엔을 내는 셈이다. 그래도 아직 일본은 언어의 벽이 보호벽이 되어 주었지만, 유럽에서는 언어의 벽이 낮고 문제가 더욱 심각하다.

하부카 씨는 이러한 문제에 대한 각 지역의 법 대응에 먼저 메스를 가한다. "EU는 AI법에 따라 AI라는 기술에 대해 정면에서 규제를 가하고 있습니다. 본래 법 규제란 어디까지나 결과를 규제하는 것이지 결과를 달성하기 위한 기술이나 도구에 대해서는 규제가 개입해서는 안 됩니다. AI법은 AI라는 기술을 타깃으로 삼고 있어 상당히 독특한 접근법을 가진 규제입니다."

일본의 경우 EU처럼 법 규제로 확고히 하는 식도 아니고, 미국처럼 사전 개입 없이 문제가 생기면 소송으로 싸우는 식도 아니다. "기업과 정부가 대화를 나누고 여러 이해관계자들이 베스트 프랙티스(모범 사례)를 형성하면서 정말 기본적인 부분은 기존의 법률을 손봅니다. 그리고 정말로 심각한 리스크가 표면화되었을 때는 각각 개별적으로 대응합니다. 이러한 일본의 AI 거버넌스에 관한 법 규제의 스토리는 지극히 합리적입니다." (하부카).

이러한 스토리가 효과적으로 기능하고 있음은 2025년 1월의 딥시크 쇼크와 2월의 AI 액션 서밋 전후에도 법 규제의 방향성에 큰 변화가 없었기에 실증되었다. 예를 들면, 마침 그 시기에 걸쳐 작성하던 AI 제도연구회의 중간 요약 문서의 내용에 이러한 외적 요인은 전혀 영향을 미치지 않았다. "합리적인 노선으로, 게다가 무슨 일이 일어나도 기본적인 노선을 변경하지 않아도 되도록, 지금까지의 제도와 개념, 구조, 법률의 바람직한 자세와 AI 거버넌스를 나란히 맞춘 방법을 채택했다고 할 수 있습니다."(하부카). 이러한 중간적인 일본의 대처가 세계로부터 주목받고 있다. 일본이 AI 거버넌스에 대해 좋은 대응책을 제시할 수 있다면, 세계적으로도 효과를 거둘 수 있을 것이다.

▰▰▰ 구축의 어려움을 넘어 일본에서 세계로

AI 거버넌스는 기술부터 사회까지 폭넓게 영향을 미치기 때문에 구축이 매우 어려운 실정이기도 하다. 규제를 받는 기업이 오히려 더 큰 지식과 권력을 지니고 있어, 법과 제도가 힘의 균형에서 밀려 흡수될 위험이 있다. 반대로 리소스가 미흡한 상황에서 정부가 억지로 위에서 제어하려고 들면 혁신을 크게 위축시킬 수도 있다. 이 방향을 어떻게 해야 할지는 매우 어려운 문제다.

"정부와 업계 단체 등 AI 거버넌스의 공공 가치를 약속하는 쪽의 조직에 인적 리소스를 늘려 대응해야 할 것입니다. 정부에도 점점 기술 계열 사람과 경제학자, 심리학자 등 다양한 식견을 가진 인재를 등용하여 직접적 혹은 간접적으로 정책에 관계할 수 있는 체계가 필요합니다. 게다가 그러한 관계가 제대로 반영되어 대우도 받을 수 있는 사회로 만들어 가야한다고 생각합니다."(하부카).

모범 사례를 형성하면서, 정말 기본적인 부분은 기존의 법률을 손보고, 심각한 리스크가 표면화되었을 때는 개별적으로 대응해 나가는 아름다운 스토리로 운용하려면, 사회 측의 변용도 필요하지 않을까.

한편, 일본에서 글로벌로 진출하는 기업이나 AI 스타트업은 국제적인 전개를 어떻게 생각하면 좋을까. 법 규제의 차이에 따라 나라나 지역마다 요건이 달라진다면, AI 거버넌스에 대한 대응이 굉장히 어려워진다. 하부카 씨는 "결론적으로는 국가나 지역별로 법 규제의 To Do의 내용이 그렇게까지 달라질 일은 별로 없다고 생각합니다. 현재, 국가나 지역별로 다르게 대응하지만, 그것은 법률로 어느 정도까지 세세한 프로세스에 대해 의무를 지워야 하는가 하는 수준의 논의일 것입니다."라고 분석한다. 예를 들어, EU는 상당히 폭넓게 AI의 리스크 관리와 적합성 평가 시행을 의무화하고 있는데, 일본에서도 가이드라인에 비슷한 항목이 실려 있다. "메뉴에 오른 리스트 자체는 나라별로 크게 다르지 않습니다." (하부카)라고 말한다.

"일본 기업이 글로벌에 진출할 때도 일단 기본이 되는 리스크 관리를 제대로 구축해 두면, 상당 부분은 해외에서도 통용되리라고 생각합니다. 상세한 부분은 각 시스템이나, 이 AI에도 이 정도 수준의 거버넌스를 요구할 것인가는, 법 규제로 의무화할 수 있는 범위가 달라질 것입니다. 그렇다고는 해도 가장 엄격한 규제를 만든 EU조차도 AI 액션 서밋 이후에는 혁신을 저해하지 않도록 배려할 테니 나라에 따라 제도가 크게 다르다고 상정할 필요는 없다고 생각합니다."(하부카).

생성형 AI는 초가속되는 지식 폭발 직전에 와 있다. 그런 가운데, "일본에서는 수준 높은 정치가들도 기반 모델의 개발은 포기하고 유저로서 활용하는 모습을 보이지 않을까 하는 목소리가 들려옵니다. GAFAM 등에 기반 모델을 꽉 잡힌 가운데 경쟁이 붙으면, 규칙이나 거버넌스 영역에서 할 수 있는 일은 한정되어 있습니다. 만일 기반 모델을 GAFAM에서 꽉 잡고 있는 세상이 되었을 때, 일본 기업으로서, 일본이라는 나라로서, 어떻게 안전성을 보장하고 사회적 리스크를 줄일 것인가에 대해서는 지금의 틀의 연장선상에서 논의할 수 있을 것입니다."라고 하부카 씨는 향후를 전망한다. AI 거버넌스의 법 제도에 꼭 맞도록 합리적인 노선을 걷고 있는 일본이기에 미국의 테크 기업과 타협하면서 AI 거버넌스와 보안을 보장할 수 있는 미래가 있다고 지적한다.

Chapter 09

헬스케어

이 장의 포인트

---

❶ 생성형 AI가 의료 업무의 효율성과 품질을 동시에 높인다

'미국에서는 생성형 AI를 도입·검토한다고 한 의료 기관이 전체의 70%에 달한다.' '일본에서도 (중략) 진료 기록 카드의 내용을 요약하는 생성형 AI를 활용함으로써 해당 업무시간을 47%나 단축할 수 있었다고 보고했다.' → **p.338**

❷ 고정밀 진단·신약 개발 지원을 위한 멀티모달 대응과 전문 LLM 개발이 진행된다

'무엇이 건강과 결부되는가, 의료 행위를 어떻게 지원하는가와 같은 목적에서 일반적인 언어를 이용한 LLM과는 다른 의료 특화 LLM이 요구된다.' '이미지, 텍스트, 음성 등 여러 형식을 통합하여 고정밀 진단을 할 수 있기 때문이다.' → **p.341**

❸ 생성형 AI에 의한 신약 개발로 10년 이상 걸리는 프로세스를 단축하여 사회에 공헌할 수 있다

'탐색 연구부터 임상 시험 완료까지 10년에서 15년이라는 장기간에 걸친 프로세스가 필요했다.' 'AI의 적용으로 신약 개발의 사이클이 극적으로 고속화되고 있다.' → **p.351**

❹ 일본이 생성 AI×헬스케어로 글로벌 전개의 선도국이 될 가능성

'고령자를 위한 치료나 건강 관리, 예방 등에 AI를 병용함으로써, 사회 전체적으로 비용을 올리지 않고 만족스러운 의료를 제공할 수 있는 부분은 일본이 가장 앞서 있고 세계를 이길 수 있는 영역이다.' → **p.354**

제9장과 제10장에서는 업종에 특화된 AI 이후의 세계를 살펴보겠다. 제9장에서는 헬스케어×생성형 AI에 의한 혁신에 주목해 본다. 우리의 바이털 데이터에 따라 건강하게 이끌고, 새로운 약을 발견하고, 개발 시간을 단축하며, 명의의 분별력을 장소나 시간에 관계없이 가져다 주듯이, 생성형 AI는 역할을 다한다. 보안을 확보하면서 헬스케어 업계의 혁신을 추진하는 생성형 AI 활용의 최신 모습을 확인해 보자.

국가적 과제인 의료·건강에 생성형 AI가 기여

01

/// 업계 특화 애플리케이션이 진화한 두 영역

지금까지 8장에 걸쳐 AI 이후의 세계의 산업의 개혁에 대해 살펴보았다. 제1장, 제2장에서 개요를, 제3장부터 제8장까지는 여섯 가지 직종에 초점을 맞추어 업종과 업계에 상관없이 AI 이후의 세계가 어떻게 될지를 시각화해 보았다. 범용적인 애플리케이션에서 생성형 AI를 활용하는 것이다. 한편, 업계에 특화되어 발전한 생성형 AI 애플리케이션도 있다. 그중에서도 헬스케어와 핀테크 분야를 제9장과 제10장에서 각각 소개하겠다.

헬스케어와 핀테크는 왜 생성형 AI의 활용이 발달하였을까. 그것은 데이터의 고유성과 관련되어 있기 때문이다. 고객 서비스나 영업, 마케팅 등 범용적인 업무는 일반 언어로 고객과 마주하는 의사소통 중심이다. 생성형 AI가 학습하는 데이터도 범용적인 데이터다. 이에 반해 헬스케어는 인체 데이터, 핀테크는 재무 데이터 등 고유 데이터를 취급하며, 생성형 AI도 업계별로 특화된 출력을 한다. 헬스케어라면 건강하게 하는 것, 핀테크라면 재무 체질을 개선하는 것과 같이 목적도 명확하다. 이러한 각 업계에 특화되어 앞서가는 생성형 AI 애플리케이션을 통해, AI 이후 세계의 가능성을 보다 긍정적으로 조망할 수 있다.

/// 글로벌로 나아가는 생성형 AI×헬스케어

의료와 헬스케어 분야에서는 생성형 AI 애플리케이션의 개발과 이용이 이미 앞서있다. 미국에서는 생성형 AI를 도입 및 검토하겠다고 한 의료 기관이 전체의 70%에 달한다. 일본에서도 실제로 도호쿠대학병원에서 진료 기록 카드 내용을 요약하는 생성형 AI를 활용함으로써 해당 업무시간을 47%나 단축할 수 있었다고 보고했다.

먼저 생성형 AI×헬스케어 분야의 글로벌 동향을 살펴보겠다. 먼저 미국이다. 미국은 하의상달식으로 생성형 AI의 이용을 검토하고 있으며, 앞서 언급한 것처럼 의료 기관의 70%가 도입을 검토하는 데까지 진행되었다. 미국은 오래전부터 국가 전략으로서 AI 헬스케어에도 힘을 쏟고 있다. 2019년 대통령령인 '아메리칸 AI 이니셔티브'에서도 헬스케어는 우선 분야로 꼽혔고, 2023년 바이든 정권의 대통령령에서는 의료 분야에서의 프라이버시 보호, 편견 경감을 강화했다. 단, 국가가 상의하달식으로 도입을 요구하는 것이 아니라, 일본처럼 전 국민 보험 제도가 없는 미국의 의료비 급

Global Market Insights와 McKinsey, CLS 財聯社(차이롄서), NEC의 웹 보고서를 바탕으로 작성.

등 과제를 하의상달식으로 해결하자는 방향으로 흐르고 있다. 규제 차원에서 틀로는 식품의약국 FDA이 AI 이용기기의 승인 절차를 표준화하면서 2024년까지 수백 개의 AI 기반 의료기기가 승인되었다.

유럽에서는 유럽 AI법 등의 규제가 헬스케어 분야에도 적용되었으며, 엑스레이 사진 데이터가 개인 정보와 결부되지 않도록 익명화하는 등 엄격한 데이터 보호가 요구된다. 이러한 규제의 틀 속에서도 헬스케어 분야에서 생성형 AI의 활용은 착실히 진보하고 있다. 구체적으로는 독일에서 폐암의 조기 검출 프로그램이 도입되었고, 프랑스에서는 의료 사진 데이터의 협조 플랫폼이 구축되는 등 규제를 따르면서도 혁신적인 대처가 이루어지고 있다.

생성형 AI 분야에서 존재감을 드러내고 있는 중국은 미국과는 반대 방향으로 국가 계획 차원에서 AI 헬스케어의 진보를 도모하고 있다. 앞으로 저출산 고령화가 가속화될 중국에서는 2030년을 목표로 하는 건강 계획 내에서 헬스케어에 대한 생성형 AI 적용을 국가적으로 투자하며 추진하고 있다. 이 계획에 중국의 빅테크인 JD.com(징동닷컴)과 텐센트 등이 협력하는 형태다. 2023년 10월 시점에서 약 50개의 의료용 LLM이 공개되고, 제14차 5개년 계획에서는 AI와 바이오메디신을 중점 영역에 두고, 국가 AI 연구소의 설립과 의료 AI의 실용화를 추진하고 있다. 더불어 보험 등 핀테크와 AI 헬스케어를 결합한 데이터 구동형 보험 상품과 의료 금융 서비스의 개발에도 힘을 쏟고 있는 것이 특징이다.

/// 오픈 모델을 기반으로 한 독자적인 생성형 AI 모델 구축이 트렌드

다음으로 기술 관점에서 생성형 AI와 헬스케어의 특수성을 살펴보겠다. 의료와 헬스케어 분야에서 취급하는 것은 범용적인 업무와는 다른 특수한 데이터군이다. 무엇이 건강에 결부되는가, 의료 행위를 어떻게 지원하는가 하는 목적에서는 일반적인 언어를 이용한 LLM과는 다른 의료 특화 LLM이 필요하다.

의료에 특화된 LLM을 처음부터 개발하려는 움직임에 맞춰 구글은 의료 업계용 생성형 AI '메드-팜2 Med-PaLM2'을 공개했다. 미국의 의사 국가시험에 해당하는 USMLE에서 86% 이상의 정답을 실현하고, 임상 Q&A와 교육 등의 분야에서 이용된다. 생성형 AI의 멀티모달화도 의료와 헬스케어에서는 효과를 발휘한다. 이미지, 텍스트, 음성 등 여러 형식을 통합하여 고정밀 진단을 할 수 있기 때문이다. 대화 내용에서 치매의 경향을 발견하는 등의 용도로도 사용된다.

한편, 메타의 라마와 같은 오픈 모델의 발달로 독자적인 모델을 만들기 쉬워지고 있는 것도 트렌드로 꼽을 수 있다. 재학습을 통해 전문 모델을 오픈 모델로 만들 수 있다.

의료·헬스케어에서 이용하는 데이터는 폐쇄적인 프라이버시 데이터이며, 출력에 환각이 발생하면 생명에 지장을 줄 정도의 문제로 발전한다. 외부 지식 베이스를 검색하여 응답하는 RAG를 활

생성 AI×헬스케어의 기술적 포인트

항목	핵심 개념	대표 토픽
LLM	의료 특화 거대 언어 모델	Med-PaLM 2 (Google) 외
멀티모달	이미지×텍스트×음성 통합	3D 재구축, 병리 분석
RAG	Retrieval-Augmented Generation	환각 경감·근거 제시
EHR 통합	GPT-4×전자 진료 기록 카드	Epic In Basket Draft
가이드라인	법규·리스크 대책	JaDHA 2.0/FDA안

용함으로써 근거를 인용하여 환각 발생 확률을 낮추는 방법이 채택되었고, 해외에서는 성과를 거둔 사례도 등장했다. 동시에 실용화를 위해 전자 진료 기록 카드나 의료 정보 등의 ERP 시스템과 AI의 통합을 목표로 연구 개발이 진행되고 있다.

헬스케어 분야의 효율화에 생성형 AI를 활용하는 동시에 가드레일도 반드시 설계해야 한다. 일본에서는 일본 디지털 헬스 얼라이언스**JaDHA**가 '생성형 AI 활용 가이드' 제2.0판에서 운용 규칙을 명시했다. 미국에서는 FDA의 AI 의료 기기 프레임 안에서 지속적인 모니터링을 권장하며, 의무화가 초안에 들어 있거나, EU에서도 AI 법안으로 의료 AI가 '고위험'으로 분류되도록 국가와 지역으로서의 노력이 이어지고 있다.

/// 휴먼인더루프로 리스크 경감

실제로 어떤 서비스의 응용 사례가 있는지 간단히 살펴보자. 진료 기록 카드를 요약하거나, 진료 기록 초안을 작성함으로써 진단을 지원하고 문서를 생성하는 서비스나, 환자와의 챗봇으로 문진 등을 할 수 있는 서비스가 이미 등장했다. 효과가 큰 영역으로는 새로운 약을 만들어 내는 신약 개발 지원이 있다. 새로운 약의 임상 시험의 스크리닝이나 신청 프로세스의 실행에 생성형 AI를 활용하는 서비스도 있다.

이렇게 보면 임상부터 신약 개발, 의료 업무까지, 헬스케어 전 영역에서 임상 가치를 높이는 데에 생성형 AI가 활용된다는 것을 알 수 있다. 이용에 있어 가장 중요한 요소는 안전성이다. 특화형 LLM과 RAG를 활용해 환각을 줄이고 근거를 제시하는 한편, 인간이 과정에 개입하는 휴먼인더루프**Human-in-the-Loop**를 통해 안전성을 확보할 필요도 있다. 게다가 의료와 건강은 국가적인 과제이기도 하므로 기업의 독자적인 LLM을 활용하기보다는 오픈 이노베이션을 이용해야 할 것이다. 일본도 의료, 헬스케어 분야에서 생성형 AI 활용이 진행되고 있지만, 미국이나 중국 등 글로벌 제1 그룹의 움직임은 따라가지 못하고 있는 실정이다. 세계에 뒤처지지 않고 계속해서 대응해 나가야 하는 영역이다.

02

신약 개발부터 임상, 건강 관리까지 적용하며 확장

/// 여섯 가지 카테고리에서 AI 활용이 시작된다

실제로 헬스케어 영역에서는 주로 여섯 가지 분야에서 생성형 AI가 활용되고 있다고 생각하면 쉽게 이해된다. 바로 '단백질 설계·신약 개발', '진료 내용 요약', '환자 대응', '건강 관리·예방', '의료 데이터의 관리·처리', '진단·치료 지원'이다.

'단백질의 설계·신약 개발'은 신약 개발 등의 비용을 낮추는 목적이 아니라 치료법이 발견되지 않은 질병 등에 대응하는 방법을 생성형 AI를 이용하여 빠르게 찾는 공격적인 목적으로 활용되고 있다. '진료 내용 요약'에서는 의사와 환자의 진료 대화 내용을 AI가 듣고 요약해 준다. 의사들은 하루에 1.5시간에서 2시간 정도 전자 진료 기록 카드에 입력하는 데 시간을 할애한다는 보고가 있는데, 그러한 시간을 0에 가깝게 하는 것이 목적이다. 의사는 병원에서 가장 시급이 높기에 낭비를 줄여야 하기 때문이다.

'환자 대응'에서는 병원의 접수 등 간접 업무를 포함한 환자 대

단백질 설계·신약 개발	진료 내용의 요약	환자 대응
건강 관리·예방	의료 데이터 관리·처리	진단·치료 지원

응을 생성형 AI에 맡긴다. 의료 기관에 방문할 때의 절차를 AI가 대행함으로써, 의료 기관의 간접 업무를 개선하고 유저 경험을 좋게 할 뿐만 아니라, 의사에 접근하기 어려운 상황에 있는 사람에게 접근할 수 있도록 한다. '건강 관리·예방' 분야에서는 AI를 탑재한 앱 등이 "약은 드셨나요?" "혈압을 재셨나요?"와 같이 건강 관리를 위한 후속 조치를 수행한다. 건강이상 때문에 의사를 만나고 와도 일반적으로 그 후의 후속 조치는 없다. AI가 팔로업함으로써 의료 기관이 지속적으로 환자와 소통할 수 있고 환자가 건강을 유지할 수 있도록 한다.

의료 기관을 위해서는 어떻게 대응하고 있을까. 의료 관계자의 부담이 덜어지도록 생성형 AI를 활용하여 데이터 플랫폼을 제공하는 '의료 데이터 관리·처리' 분야의 스타트업도 있다. 복잡하고 민감한 의료 데이터를 플랫폼에서 통합하여 관리할 수 있도록 한다. 마지막이 '진단·치료 지원'이다. 엑스레이 사진과 CT(컴퓨터 단층 촬영), 초음파 검사 등에서 취득한 사진 데이터, 동영상 데이터를 바탕으로 AI가 질환을 찾아내는 식으로 지원한다. 인간 의사라도 제1인자가 아니면 알 수 없는 질환이 있다. 그러한 질환을 AI의 힘을 빌려 더 많은 의료 설비에서 찾을 수 있도록 한다.

제너레이트 바이오메디슨 Generate Biomedicines
단백질 기반의 신약 개발을 고속화

난치병에 관한 치료제를 설계할 때 지금까지는 감으로 찾는 개발 공정이 필요했다. 이 회사는 단백질의 생성, 구축, 측정, 학습 사이클을 완전히 자동화함으로써 인간의 개입이나 시행착오를 없애고 신약 개발 속도를 향상시키는 플랫폼을 제공한다. 신약 개발 스타트업은 평가액이 10억 달러가 넘는 유니콘이 적지 않다. 이 회사도 6억 9,300만 달러(약 1조 395억 원)의 자금 조달을 달성했다.

제너레이트 바이오메디슨

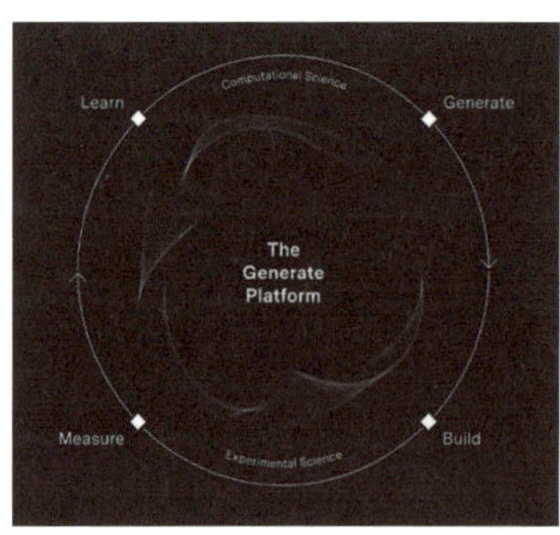

생성
최첨단 기계 학습 알고리즘은 난치병에 대응하기 위한 새로운 단백질 배열을 생성. 이때 자연어를 사용하여 기능이나 형태를 표현 가능.

구축
생성한 단백질 배열을 바탕으로 실제 단백질을 합성 혹은 생성

측정
단백질의 분자 특성과 기능 측정

학습
측정한 데이터를 이용하여 학습하여 이후의 분자 데이터에 피드백

https://generatebiomedicines.com/platform에서 인용.

소드 헬스 Sword Health

개인화된 물리 치료를 AI가 지원

소드 헬스는 건강 관리·예방 분야의 스타트업이다. AI와 물리 치료사를 조합하여 개인화된 물리치료 프로그램을 제공한다. 모션 캡처 기술을 이용하여 카메라 이미지로부터 재활을 올바르게 하고 있는지를 AI가 평가하거나, 피드백을 주기도 한다. 이를 통해 만성 통증에 대한 대응이나, 수술 후, 산후 등의 재활을 집에서 할 수 있게 된다. FDA의 인가를 받은 서비스여서 신뢰성, 안전성을 담보하고 있는 점도 좋은 평가로 이어지고 있다. 자금 조달액은 3억 2,350만 달러(약 4,852억 원)로 크며, 사파이어 벤처스, 파운더스 펀드 Founders Fund 등이 투자하고 있다.

소드 헬스

Thrive	Bloom	Move

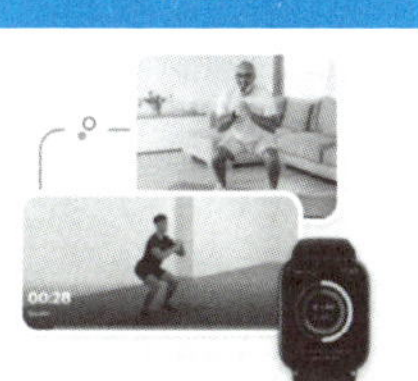

관절통과 요통 같은 만성 통증에 대응, 유저마다 개인화된 디지털 물리치료 프로그램을 받으며 AI에 의해 바른 자세 유지 여부 확인 및 자세 수정 피드백이 가능

FDA 인가를 받은 Bloom Pod를 사용하여, 임신/산후/갱년기와 같은 인생 단계에서 여성의 골반 저근 문제에 특화하여 실시간으로 수축력, 지속력 등을 감지/분석

상대적으로 경미한 만성 통증을 케어하고, 운동 습관 구축을 돕는 프로그램

사진은 https://swordhealth.com/에서 인용.

제네시스 테라퓨틱스 Genesis Therapeutics
신약 개발 AI 활용 플랫폼을 제공

AI를 사용하여 신약 개발 시 기계 학습 플랫폼을 제공하는 회사다. 새로운 약을 만들고 싶은 회사는 이 서비스를 이용하여 AI로 신약 후보를 만든다. 약에 알맞은 화합물을 탐색하는 단계에서 프롬프트를 이용하여 특정 화학 공간을 더욱 효율적으로 탐색하는 '언어 모델', 3D 구조를 효율적으로 샘플링하여 예측 정밀도를 높이는 '확산 모델'이 있다. 더불어 이러한 모델과 물리 시뮬레이션을 조합함으로써 신약의 효력이나 선택성도 예측할 수 있다. 자금 조달액은 2억 5,600만 달러(약 3,840억 원)이고, 투자자로 안드레센 호로위츠, 멘로 벤처스 Menlo Ventures가 참여했다.

수키 Suki
환자와 의사의 대화에서 진단 내용을 요약하는 AI 어시스턴트

진료 내용 요약 분야의 AI 스타트업이다. 환자와 의사의 대화를 듣고 전자 진료 기록 카드에 진찰 노트 초안을 작성한다. 의사가 편집하고 싶을 때는 음성으로 프롬프트를 지시하기만 하면 편집이 가능하다. 의사가 키보드를 두드려 전자 진료 기록 카드에 정보를 입력하는 시간을 줄여 준다. 수키는 1억 달러에 육박하는 9,500만 달러(약 1,425억 원)의 자금을 조달했다.

액티브 서지컬 Activ Surgical
안전한 수술을 실현하는 수술 지원 도구

액티브 서지컬은 진단과 치료 지원 분야의 스타트업이다. 외과 수술을 할 때 실시간으로 AI가 고정밀 카메라로 수술 부위를 감시하고, 생리학적 구조나 기능을 시각화함으로써 인간의 눈에 보이지 않는 환부의 상황을 파악할 수 있도록 한다. 이러한 수술 지원 영역에서는 멀티모달화가 진행되고 있다. 학습 데이터가 대량으로 축적됨으로써 미래에는 그 분야의 권위자라고 불리는 의사와 똑같은 의사 결정을 AI 도구도 할 수 있게 될 것이다. 자금 조달액은 1억 달러(약 1,500억 원)에 달한다.

큐라이 헬스 Curai Health
외진 곳에 거주하는 환자에 대한 예방 의료 제공 등을 AI가 지원

큐라이 헬스는 환자 대응 분야의 스타트업이다. 환자와 의료 제공자를 연결하여 초기 치료에 대한 접근을 확대한다. 특히 큰 병원과 떨어진 곳에 사는 사람에게 예방 의료를 제공할 때 이용한다. 좀처럼 병원에 갈 수 없는 경우에도 AI가 사이에 끼어 병원과의 연계와 후속 조치를 자주 할 수 있게 된다. 코슬라 벤처스 Khosla Ventures 등의 투자자가 3,820만 달러(약 57억 엔)의 자금을 제공했다.

히포크라틱 AI Hippocratic AI
의료 종사자의 업무 부담을 AI 활용으로 경감

병원에서 일하는 사람들을 위한 서비스를 의료용 플랫폼으로 제공하는 회사다. 생성형 AI를 사용하여 의사와 환자의 대화를 지원하고 건강 상태를 모니터링할 수 있게 한다. 더불어 검사, 투약 관리 시스템, 다국어 대화 플랫폼도 제공한다. 병원은 의료 종사자에게 블랙 기업 같은 직장이 되기 쉬운데, 이를 회피하는 것을 목표로 한다. 안드레센 호로위츠, 제너럴 카탈리스트General Catalyst 등이 투자하고 있으며, 자금 조달액도 6,500만 달러(약 975억 원)로 규모가 커지고 있다.

03 고령화사회와 헬스케어 생성형 AI 활용의 유효성

/// 신약 개발 시간 단축에 의한 사회 공헌이 큰 효과

헬스케어 영역에서는 규모가 크거나 규모를 키울 시기에 접어든 스타트업이 적지 않다. 특히 신약 개발 분야에서는 암 등 난치병 치료에 효과가 있는 약을 개발하게 되면, 수익은 헤아릴 수 없으며, 자금 조달액도 평가액도 커진다. 그러한 한 방을 노리겠다는 자세뿐만 아니라, 생성형 AI를 신약 개발에 적용하는 일은 사회 공헌 측면에서도 큰 의미가 있다.

지금까지의 신약 개발은 탐색 연구에서 시험 완료까지 10년에서 15년이라는 장기간에 걸친 프로세스가 필요했다. 따라서 하나의 화합물 개발에 거액의 투자와 리스크가 집중된다는 측면도 있었다. 그런데 AI의 적용으로 신약 개발의 사이클이 극적으로 고속화되고 있다. 생체나 시험관 내에서 실험하는 대신 컴퓨터상에서 시뮬레이션하는 '인실리코[In silico]'에 의한 신약 개발이 활발해지며, 수 개월이라는 기간에 여러 후보를 동시 진행으로 검증할 수 있게 되었다. 이에 따라 동일 예산 내에서도 시행 횟수가 늘어나 성공 확률이 기하급수적으로 높아진다. 제약 회사에 있어서도 비즈니스의 확대로 이어지고, 지금까지 치유가 어려웠던 질병으로부터 생명을 구할 가능성도 커진다. 사회적 의의가 높다.

일본의 제약 업계는 지금까지 신약 개발에 강하다는 이미지가 있었다. 저분자 의약에서는 역사적으로 강점이 있었던 것은 분명하다. 그러나 코로나 사태 무렵을 경계로 재조합 단백질이나 항체 의약으로 중심이 옮겨 가는 가운데, 일본의 신약 개발은 세계의 흐름에 뒤처지기 시작했다. 재조합 단백질 분야에서는 AI가 강점을 발휘하므로 AI화가 급격히 진행되면 일본은 더욱 눈에 띄게 뒤처질 것이다. 그 외중에도 신약 개발 연구에 관련되는 분자 계산을 고정밀도로 실현하는 독자적인 AI 소프트웨어를 슈퍼 컴퓨터상에서 움직이는 프리퍼드 네트웍스 서비스 등도 등장하고 있다. 혁신적인 신약이 하나라도 승인을 받게 되면 시장 판도에 변화가 생길 것이다. 일본은 AI를 활용한 신약 개발로 다시 세계를 선도할 수 있는 시대를 열 수 있으리라고 기대하고 싶다.

/// 명의의 기술을 널리 두루 제공

신약 개발을 위한 연구 개발과 같은 공격적인 AI 활용뿐만 아니라 임상 현장을 뒷받침하는 수비적인 AI 활용도 더욱 필요해진다. 진단이나 치료, 수술 지원 등에 생성형 AI가 관계하게 되면, 지금 있는 의료 업계의 최고 지식을 많은 의사들이 활용할 수 있게 된다. 자신이 수술을 받게 된다면 일본 제일의 명의에게 부탁하고 싶은 것이 인지상정이지만, 실제로는 그러한 명의가 많지 않다. 생성형 AI를 활용하여 전국 어느 병원에서나 명의와 같은 진단과 치료, 수술을 할 수 있게 되면 의료의 고도화와 균질화가 실현될 수 있다.

한편, 일본의 의료비는 연간 50조 엔에 이르며, 약 20년 만에 배로 늘었다. 앞으로도 고령화가 진행되면 의료비 증가는 불가피하다. 비용면에서 사회적 과제를 반드시 해결해야 할 뿐만 아니라 의료 현장의 노동 부하의 증가에도 대응해야 한다. 비록 의사의 일이 힘들지만, 사회적 존경과 고수입이라는 매력 때문에 이를 선택하려는 이들이 적지 않았다. 의료 현장이 블랙 기업화되어 힘든데 돈도 벌지 못한다면 의사가 되려는 사람이 줄어들어 더 악순환에 빠진다. AI로 효율화를 추진하면서, 의사는 휴먼케어에 집중해 가는 방책이 반드시 있어야 한다.

📶 고령화 사회 선진국이기에 그릴 수 있는 헬스케어 모델

미국의 의료 기술이 선진적이라는 것은 세계가 인정하는 바일 것이다. 그러나 한편으로 오바마케어에 따라 보험 가입이 의무화되었다고는 하지만, 민간 의료보험에 가입하지 않으면 고액의 의료비를 감당할 수 없거나, 보험이 없는 사람도 존재하는 등 의료보험 제도가 복잡하고 모든 사람을 아우르지도 못한다. 의료 시스템 측면에서 보면 복잡하고 낭비가 많다. 그에 반해 일본에는 세계에서도 몇 안 되는 전 국민 보험 제도가 있다. 누구나 안심하고 의료혜택을 받을 수 있고, 의료 시스템에도 낭비가 적다는 강점이 있다.

일본은 고령화 사회의 도래도 세계 1위를 달리고 있어서 고령자를 위한 만성 질환 등에 대한 의료, 헬스케어의 수요도 세계에서 가장 먼저 높아진다. 생성형 AI는 신약 개발이나 고도 의료에 대해 적용할 수도 있지만, 환자 대응이나 만성 질환의 후속 조치 등의 측면에서도 활용할 수 있다고 앞서 설명했다. 고령자를 위한 치료나 건강 관리, 예방 등에서 AI를 병용함으로써, 사회 전체적으로 비용을 늘리지 않고 충분한 의료를 제공하는 부분은 일본이 가장 앞서갈 수 있는 영역이다. 생성형 AI×헬스케어는 일본이 세계를 선도할 수 있는 분야가 될 것이다.

예를 들면, 인간이 의사에게 진찰을 받는 것보다 AI에 진찰을 받는 편이 의료비가 적게 든다면, AI를 통한 진찰과 치료에 탄력을 받게 된다. 이러한 국가 주도의 유도 방안도 필요할 것이다. 게다가 미국 등 다른 나라의 AI 스타트업을 봐도 일본은 저출산 고령화를 포함한 과제 선진국이기 때문에 일본에서 성공하게 되면, 향후의 저출산 고령화에 대응해야 하는 많은 나라와도 연계하여 전개할 수 있다. 헬스케어 영역은 AI 이후의 시대에 일본과 같은 나라가 존재감을 높일 가능성이 크며, 그에 대비한 환경을 갖추어야 한다.

Chapter 10

핀테크

이 장의 포인트

❶ 인생 설계에 맞추는 제안 능력과 높은 보안 대응의 양립

'즉 핀테크에서 활용하는 AI는 단순히 금융 지식만 갖출 것이 아니라, 고객의 삶에 다가가는 것이 필수다.' '만일 트러블이나 보안 사고 등이 발생했을 때의 피해가 엄청난 금액에 이를 위험이 있다.' → **p.357**

❷ 수비의 견고함과 진화의 유연성을 유지하기 위한 다섯 가지 포인트

'핀테크 영역에서의 생성형 AI의 활용을 기술 관점에서 살펴보겠다. "LLM 통합", "RAG", "API 보안", "프라이버시 대책", "설명 가능성"의 다섯 가지 포인트로 정리했다.' → **p.359**

❸ 다방면에 걸친 핀테크 스타트업의 생성형 AI의 활용

'핀테크에 대한 AI의 응용은 데이터 분석, 숫자 분석과 같은 이과적 업무뿐만 아니라, 인생 설계에 맞춘 개인화된 제안을 하는 문과적 업무로도 확대된다.' → **p.364**

❹ 누구나 금융 서비스를 활용할 수 있는 사회 실현에 생성형 AI가 공헌

'전문 지식이 필요한 금융 영역에 생성형 AI의 "지식의 민주화" 특성이 결합되는 것은 금융 서비스 자체의 민주화 실현으로도 이어진다.' → **p.373**

핀테크는 특화형 AI를 활용해 가장 빠르게 진화하는 산업 중 하나다. 금융 기관의 디지털 전환부터 기업의 재무, 개인의 인생 설계까지, 생성형 AI는 이미 다양한 대응의 성과를 보여주고 있다. 동시에 리스크에 민감한 업종이기도 하며, 생성형 AI를 활용할 때는 보안 설계가 필수적이다. 금융 세계에서 새로운 가치를 창출하면서, 안전을 지키는 AI 이후 시대의 핀테크 세계를 들여다보자.

01

보안과 유효성 확보에 다양한 기술로 도전

/// 핀테크의 특수성에 대한 대응은 필수적

제9장에서 살펴본 헬스케어 영역과 마찬가지로, 핀테크도 금융 정보를 다루는 특수한 업무 영역이다. 고객 지원이나 영업, 마케팅과 같은 업종과 관계없이 범용적인 직종에서의 생성형 AI 활용과 비교하면 특징적인 사용법을 구사하며, 생성형 AI를 이용할 때도 독자적인 모델을 이용하는 경우가 많다.

핀테크는 기술을 사용하여 고객의 금융 리터러시를 높여가는 것이 하나의 목적이다. 개인이든 법인이든 고객의 금융 사정을 파고들어 인생과 미래 설계로부터 역산하여 제안해야 한다. 즉 핀테크에서 활용하는 AI는 단순히 금융 지식을 갖추고 있을 뿐만 아니라, 고객의 인생에 반드시 다가서야 한다.

핀테크 영역의 서비스에서 주의해야 할 점은 혹시 모를 트러블이나 보안 사고 등이 발생했을 때의 피해가 엄청난 금액에 이를 위험이 있다는 것이다. 생성형 AI를 적용하여 신규 서비스를 제공할 때 다른 업무 영역의 애플리케이션에 비해 월등히 견고한 리스크 대책이 요구된다.

/// 글로벌 핀테크 산업에서의 진보적인 AI활용

그렇다면 실제로 핀테크 영역에서 AI는 어떤 입지에서 활용되고 있을까. 우선 미국은 특히 부유층을 위한 금융 빅테크가 AI를 활용한 핀테크 서비스 도입을 추진하고 있다. 대형 투자은행인 골드만삭스는 이미 GSAI^{Goldman Sachs AI} 어시스턴트라는 프로그램을 1만 명의 사원에게 제공했다. 은행원이나 트레이더, 자산 운용 담당자를 위한 생성형 AI 어시스턴트로, 동 회사의 사원과 이야기를 나누듯이 업무를 지원한다. 모건 스탠리도 생성형 AI를 도입하여 연간 수만 건의 보고서 검색을 자동화하고 있다.

중국에서도 빅테크 기업들이 핀테크 영역의 서비스 개발을 추진하고 있다. 대형 스마트폰 결제 앱 알리페이는 AI 에이전트 기능(支小宝, 즈샤오바오)을 제공한다. 텍스트나 음성으로 AI 에이전트에게 지시만 하면 호텔이나 교통 예약, 음식점 검색 등을 할 수 있어 결제까지 음성이나 채팅으로 AI를 통해 완료할 수 있게 되었다. 텐센트도 메신저 서비스 위챗^{WeChat}으로 다양한 미니 앱을 연계할 수 있는 AI 에이전트 기능을 제공하고, 핀테크와도 연계하여 적용 범위를 확대할 계획이다. 일본은 금융 디지털 전환에 AI를 결합하는 기초 단계다. 메가뱅크뿐만 아니라 지방은행 등에서도 생성형 AI

를 활용하는 사내 PoC(개념 증명)가 증가하고 있다.

리스크 대책 측면에서는 EU가 AI 법안**AI Act** 초안에서 생성형 AI
에 투명성을 의무화하고 설명 책임에 대한 노력을 의무화하고 있
다. 중국은 정책적으로 자국 LLM을 오픈웨이트 등 일정한 조건 아
래 공개하고 활용하는 방향을 권장하고 있다.

한편, 데이터 거버넌스에 대해서는 핵심적 가치 준수가 요구되
어 핵심 데이터의 국외 이전을 원칙적으로 금지하는 등 국가 안전
과 공공 이익을 축으로 한 리스크 기반 규제로 운용하고 있다.

/// 수비의 완강함과 진화의 유연성을 나란히

핀테크 영역에서 생성형 AI의 활용을 기술 관점에서 살펴보겠다.
주로 'LLM 통합', 'RAG', 'API 보안', '프라이버시 대책', '설명 가능
성'의 다섯 가지 포인트로 정리했다.

첫 번째가 LLM 통합이다. 핀테크 용도에 맞게 독자적으로 학습
시킨 LLM을 사용하는 방법도 있지만, 여러 AI 모델에서 가장 적합
한 것을 골라 사용하는 방법이 더 적합하겠다. API를 경유하여 여
러 AI 모델을 통합하여 사용하는 형태다. 핀테크에서는 시스템에
견고함이 요구되지만, 한편으로 진화에 유연하게 대응할 수 있는
전체 설계도 필요하다. 그러한 전체 설계에서는 독자적인 LLM을
만들어 넣는 것이 아니라, 일취월장하는 LLM 중에서 최적의 모델
을 선택하여 이용할 수 있는 LLM 통합이 적합하다.

두 번째가 RAG의 활용이다. 핀테크에서 생성형 AI를 이용할 때에는 특히 최신의 정확한 답변이 요구된다. 이를 위해서는 기업 내 정보를 검색하여 관련 정보를 추출하고서 LLM이 답변을 생성하는 RAG 이용이 필수다. RAG로 보안 정보를 확인하면서 환각 리스크를 줄여 나가는 것이다. 게다가 해치웍스 HatchWorks AI의 RAG 액셀러레이터 Accelerator로 규정 계열의 조회 업무 시간을 75% 단축하는 효과도 보였다.

한편 사내 데이터는 접속 횟수가 많으므로 RAG의 단독 이용에 그치지 않는 방법도 검토해야 한다. 사내 데이터를 사용하여 파인 튜닝을 함으로써 RAG보다 효율을 높일 수 있다. 계속해서 파인 튜닝을 하는 비용과 RAG를 웃도는 효과의 밸런스를 고려하여 도입 여부를 판단해야 한다.

세 번째가 API 보안이다. 핀테크 시스템은 내부뿐만 아니라 외부와의 연계가 강하기 때문에 API 주변의 보안을 단단히 확보해야 한다. 웹 애플리케이션과 접속할 때의 방화벽 WAF이나, 하드웨어로서 보안 모듈의 도입, 데이터를 학습에 사용하지 않는 모드를 사용하여 데이터 격리 등의 대책이 요구된다.

네 번째가 프라이버시 대책이다. 핀테크가 진보되어 가는 가운데 데이터는 단순히 보호하면 끝이 아닌 것이 되었다. 다양한 트랜잭션 데이터를 교차시키면 개인을 식별할 수 있기 때문이다. 개인 정보를 특정할 수 없도록 기밀 정보를 은폐하는 마스킹이나, 데이터를 도난당하지 않도록 하기 위한 데이터의 토큰화를 검토해야

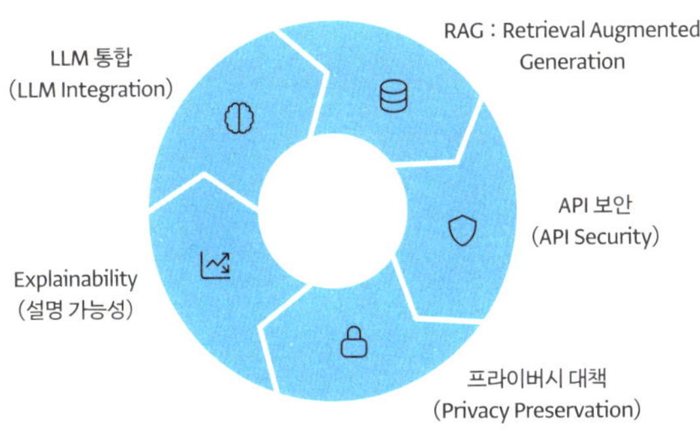

생성형 AI 서비스 'Gamma'를 사용하여 작성.

한다. 또한 데이터의 주권을 유지하기 위해 클라우드 상에서 움직이는 것이 주류인 LLM을 소형화하고 하드웨어화하여 자사의 리소스로써 이용하는 온프레미스 LLM도 염두에 두도록 하자.

마지막이 설명성이다. EU는 설명 가능한 AI eXplainable AI, XAI를 주도하고 있다. XAI 실현에서는 어떤 특성값이 예측에 어떻게 기여했는지를 시각화하는 'SHAP SHapley Additive exPlanations'를 활용하는 것이 하나의 방법이다. 더불어 리스크 관리의 모델화에 따라 시스템과의 연계를 실현하는 머신러닝 자동화, 거대 언어모델 운영 통합, 규제에 대한 대응, 감사 대응 등이 요구된다.

/// 비용 절감뿐만 아니라 수익과 브랜드 가치의 창출도

생성형 AI×핀테크의 구체적인 사례를 소개하겠다. 하나가 자산 운용이다. 투자 이력을 AI가 해석하여 개인 맞춤형 제안을 한다. 고객과의 면담을 진행한 경우에는 면담 노트를 자동으로 작성한다. 또한 고객의 데이터를 분석한 후, 새로운 투자 패키지 상품의 설계를 제안한다. 두 번째가 대출 판단이다. 자금을 대출할 때 챗봇을 통한 AI의 즉시 심사뿐만 아니라 음성 대화 등 비정형 데이터로부터 보완적인 점수를 산출해 인간과 AI 2단계로 심사를 승인하는 서비스가 등장했다. 세 번째가 본인 인증이다. 계좌 개설 시의 본인 확인을 위한 KYC**Know Your Customer**에 AI의 멀티모달 기능을 활용하여, 정보의 진위 확인 시간의 단축과 정밀도 향상을 목표로 한다.

핀테크 영역의 AI 활용은 '비용 절감'뿐만 아니라 '새로운 수익 창출', '리스크 경감', '브랜드 가치의 창출'이라는 비즈니스 효과가 있다. 고객에게 적확한 조언을 할 수 있는 AI 컨시어지를 채용하면 새로운 수익을 창출할 수 있을 것이다. AI를 활용해 부정 감지의 정밀도를 높이면 금융 서비스 자체의 리스크 경감을 고객 가치 향상으로 연결할 수 있다. 또한 인간에 의존하는 시간 소모적인 고객 대응뿐 아니라, 보다 개인화된 장기간의 접근이 가능하고 24시간 언제든지 대응 가능한 AI 챗봇을 채용하면, 금융 기관의 새로운 브랜드 가치를 창출과 함께 새로운 금융을 만들어가는 것이 가능해진다.

핀테크에 AI를 도입할 때의 프레임워크로는 '과제 특정', '데이터 기반 정비', 'PoC/파일럿', '스케일 전개', '지속적인 개선'을 들

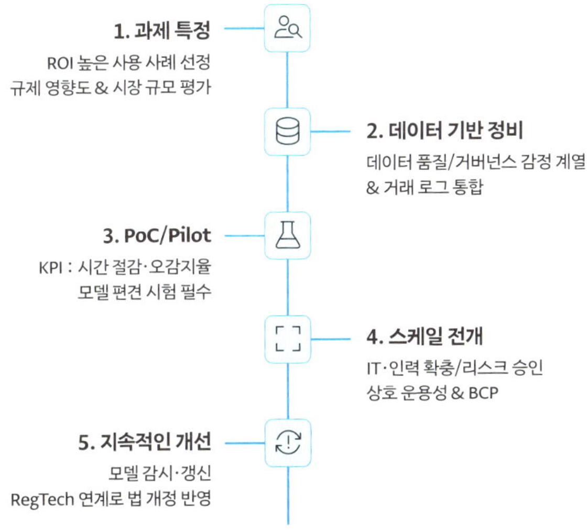

Gartner Hype Cycle 2024, McKinsey gen AI Banking 2024를 바탕으로 생성형 AI 서비스 'Gamma'를 사용하여 작성.

수 있다. 이러한 목적이나 주요한 액션, 유의점 등에 대해서 도표로 정리했다.

02 AI 이용의 기술적 리스크를 회피하고 금융의 가치 향상에 공헌

/// 숫자에 관련된 업무뿐만 아니라 문과적인 요소도

실제로 어떠한 비즈니스가 생성형 AI×핀테크 분야에서 번성하고 있는지 살펴보자. 여기서 핀테크 분야의 스타트업으로 소개하는 것은 개인용 서비스 제공 기업이 아니라 B2B 영역의 기업이다. 핀테크에 대한 AI의 응용은 데이터 분석, 숫자 분석과 같은 이과적인 일뿐만 아니라 인생 설계에 맞추어 개인적인 제안을 하는 문과적인 일로도 확대된다. 핀테크라고 해서 숫자에 대한 대응만이 요구되는 것은 아니다. 여기서는 생성형 AI×핀테크의 적용 영역을 여섯 가지로 나누어 소개하겠다.

첫 번째가 '고객 지원'이다. 은행이나 증권 회사 등의 고객에 대한 지원에 생성형 AI를 이용한다. 일반 소비자를 위한 경우도 있고, 사내 직원을 대상으로 한 고객 지원도 있다. 모바일 신분증을 통한 고객 확인KYC 등의 본인 확인에 생성형 AI가 사용되기도 한다. 두 번째가 '규정·리스크 관리'다. 금융업계는 규제가 강하기 때문에 규제에 대응하기 위해 생성형 AI가 사용되는 경우다. 규제 준수 여부를 체크하는 프로세스를 AI가 지원하거나, 규제에 대응하기 위한 문서를 AI가 초안을 작성하는 것도 가능하다.

세 번째가 '회계 관리·재무 관리·분석'이다. 회계상의 분류를 AI가 실시한다, 재무 데이터를 AI가 분석하여 요약본을 작성한다, 과거의 재무 데이터를 바탕으로 AI가 미래를 예측하는 등이다. 네 번째가 '자산 관리'다. 자산 관리에서는 투자 전략을 생성형 AI가 고안하거나 개인화된 영업을 위한 제안을 생성형 AI가 고안하는 경우가 있다. 다섯 번째는 '투자처 조사·감정 평가'로, 이 분야의 스타트업은 이미 많이 있다. 여섯 번째는 '보험'이다. 생성형 AI를 통해 다양한 데이터를 분석할 수 있게 됨으로써 보험 사업의 핵심인 언더라이팅Underwriting•을 보다 정교화하거나 보험 신청 내용의 평가를 AI가 지원하는 등 기존 보험서비스에서는 할 수 없었던 가

• 보험 가입자의 위험 수준을 평가해 보험료와 보장 조건을 결정하는 인수 심사 과정

치를 제공할 수 있게 된다.

비아나이 Vianai
사내용 고객 지원 챗봇

비아나이는 잘못된 정보를 최소화하는 데이터 분석에 특화된 LLM 개발 플랫폼을 제공한다. 사내에 이미 있는 재무 데이터나 시간순 데이터 등의 문서를 분석해서, 채팅으로 질문하면 답변해 주는 금융용 LLM을 개발할 수 있다. PDF 문서 등의 데이터에서 정확한 수치를 추출하여 잘못된 정보를 최소화한 답변을 가능하게 한다. 소프트뱅크 비전 펀드가 투자자로 이름을 올려 1억 9,000만 달러(약 2,850억 원)의 자금을 조달했다.

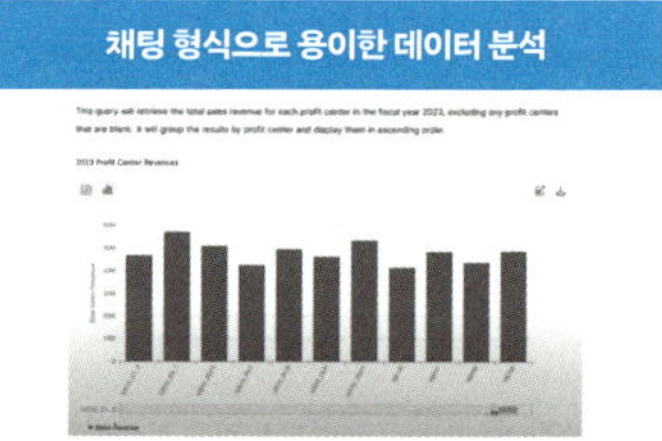

<table>
<tr><th colspan="2">비아나이</th></tr>
<tr><th>환각을 경감하는 설계</th><th>채팅 형식으로 용이한 데이터 분석</th></tr>
<tr><td>PDF 등의 데이터에서 정확하게 수치를 추출하여 잘못된 정보를 최소화한 답변이 가능
ChatGPT에서 답변할 수 없는 질문에도 정확하게 답변</td><td>PDF/CRM/CSV 등 다양한 파일 형식에 대응 가능하여 분석 대상 데이터와 접속함으로써 잘못된 정보를 최소화하는 데이터 분석이 채팅 형식으로 가능</td></tr>
</table>

사진은 https://www.youtube.com/watch?v=s8Chqjlr1m8, https://www.youtube.com/watch?v=eqVD_REIFnw에서 인용.

차량·부동산 손상 평가 등을 AI 이미지 분석으로 효율화

보험 청구로 손상된 차량이나 부동산 이미지를 보내 견적을 낼 때 보험사 측 프로세스를 AI에 맡기는 서비스를 제공하여, 보험 운영을 효율화할 수 있다. 이미지에 내장된 독자적인 데이터 보호 기술에 의해 AI 모델에 사용되는 정보는 익명화되므로, 이미지를 업로드한 계약자의 안전성을 확보하는 기능도 갖추고 있다. 생성형 AI의 멀티모달 성능을 활용한 솔루션이다. 자금 조달액은 1억 8,490만 달러(약 2,774억 원)로, 소프트뱅크 비전 펀드와 인사이트 파트너스 등이 투자하고 있다.

트랙터블

차량의 신속한 손상 평가로 원활한 청구 처리를 실현하는 워크플로

사진 촬영	AI를 통한 견적 작성	청구 완료

계약자가 스마트폰으로 손상을 입은 곳이 사진을 촬영하고, 자동 견적 시스템에 업로드

사진은 AI를 통해 즉시 분석되며 실시간으로 견적 작성

청구 프로세스는, 최초 손해 신고부터 해결까지의 모든 단계에서 신속화

사진은 Tractable의 웹사이트에서 인용.

제니 Zeni
회계 관리, 재무 관리 등의 분석을 일원화

재무 관리 자동화를 위한 AI 에이전트를 만들고 있는 스타트업이다. 재무 관리에서 세무, 급여 지불 등, 회계·재무의 업무는 기업 규모가 커지면 더 복잡해지고, 일손의 부담이 많아지는 경향이 있다. 예를 들어 지출 관리 업무에서는 경리·재무 업무를 일원 관리하여, AI와 인간의 판단을 조합함으로써 기존 대비 10배의 처리를 실현할 수 있다고 한다. 회계 소프트웨어 QBO Pro, 세무 서비스를 제공하는 아발라라**Avalara**, 금융 기관 데이터 연계를 안전하게 실현하는 플레이드**Plaid** 등과 API 연계가 가능한 점도 특징이다. 자금 조달액은 4,750만 달러(약 713억 원)이다.

부스트드 AI Boosted.ai
투자 효율화와 의사 결정을 AI가 지원

자산 관리의 AI 솔루션을 제공한다. 투자할 때는 포트폴리오 짜기에 대해 다양한 조사를 하여 가설을 만들어간다. 이 회사의 서비스는 자산 관리 프로세스를 AI로 지원하고 자동화한다. 뉴스나 결제 등 대량의 정보를 불러와 AI가 자동으로 리서치한 뒤 사야 할 종목, 팔아야 할 종목의 의사 결정을 지원한다. 헤지펀드나 자산 운용 회사가 주요 고객으로, 투자자별 투자 스타일에 맞는 제안을 할 수 있다. 자금 조달액은 4,450만 달러(약 668억 원)이다.

에볼루션아이큐 EvolutionIQ
장애·산재·소득 보상 보험의 청구 처리를 효율화

상해보험, 산재보험 등의 처리 청구 업무는 일반적인 보험 업무에 비해 높은 전문성이 요구되기 때문에, 일손 부족이 현저하다. 이러한 보험 전문 업무를 AI로 커버함으로써 업무를 효율화하는 솔루션을 제공하고 있다. 실제로 제출된 보험 청구 데이터를 간단한 스토리로 변환함으로써 중요한 문제를 특정해 담당자가 전모를 파악하기 쉽게 한다. 또 문제가 심각해지기 전에 자원 배분의 최적화 등도 제안한다. 퍼스트 라운드 캐피탈 등이 투자하여 4,330만 달러(약 650억 원)의 자금을 모았다.

포트레이트 애널리틱스 PORTRAIT ANALYTICS
투자처 조사 및 실사를 위한 서비스를 제공

새로운 투자처 발굴이나 투자 판단을 할 때 자신의 투자 스타일을 입력해 둠으로써 AI가 적절한 투자처 기업을 찾아주는 서비스를 제공한다. 그뿐만 아니라 어느 회사의 스토리를 요약하거나 경쟁사, 업계의 지식을 깊이 파고드는 기능도 있다. 채팅으로 질문하는 것만으로도, 투자처의 정보를 간편하게 수집, 분석할 수 있게 된다. 1,000만 달러(약 150억 원)의 자금을 조달했다.

금융은 규제 산업으로, 각국에서 다양한 규제가 걸려 있다. 이 회사는 미국의 금융, 투자와 관련된 규정 룰을 충족시키기 위한 프로세스를 일괄 관리한다. 기존에는 인간이 규정 대응을 해 왔지만, AI에 맡김으로써 이상을 감지하면 수석 규정 업무 담당자 등에게 바로 통지를 보낸다. 게다가 뉴스 보도자료 등의 작성에서는, 규정 위반의 지적이나 해당 부분을 수정하는 기능도 있다. 자금 조달액은 250만 달러(약 38억 원)로 아직 작지만 시장이 규정을 중시하는 경향이 높아짐에 따라 평가가 높아질 가능성이 있다.

03

생성형 AI
'지식의 민주화'가
금융 DX를 끌어올린다

/// 금융 앱이 컨시어지가 된다

핀테크에서 생성형 AI 활용 영역과 대표적인 스타트업 상황을 살펴보았다. B2B 영역의 솔루션이 많지만, 최종적으로는 B2C도 포함하여 금융이 전부 API화되어 가는 큰 흐름이 있다고 생각된다. 이미 중국처럼 디지털 결제가 널리 녹아든 사회에서는, 금융 앱이 생성형 AI와 조합됨으로써 생활자를 위한 컨시어지의 역할을 하기 시작했다. 중국은 신용카드 등 기존 결제 인프라가 갖춰지지 않았기 때문에 QR코드 결제가 단기간에 침투했다. 즉 핀테크의 인프라가 가장 현대적인 나라 중 하나가 된 것이다.

이미 중국에서는 현실의 행동과 얽힌 결제가 알리페이와 위챗페이 양대 스마트폰 결제로 완결된다. 이것은 현실 세계의 예약부터 결제와 같은 행동이 API화 되고 있음을 보여준다. 그 너머에는 AI 에이전트가 각각의 서비스와 API로 접속할 수 있는 세계가 보이기 시작한다. 즉, AI 에이전트에게 자연어로 현실 세계의 예정 등을 의뢰하면, 그것을 개별 명령으로 분해하여 API를 통해 각종 서비스와 연계할 수 있게 된다. 여행지의 1일 여정을 생각해 보면, 일기예보를 참고한 관광 계획의 입안부터 호텔이나 교통 기관의 예약, 결제까지 AI가 해 주는 세계가 도래하는 것이다.

일본에서도 페이페이**PayPay**에 의한 라인페이**LINE Pay**의 통합이라는 큰 움직임이 있었다. 이 통합은 다기능을 겸비한 수퍼 앱 등장의 계기가 될 것으로 보이며, AI 에이전트가 활약하는 플랫폼의 가장 유력한 후보가 될 것이다. 여기에서 일본 독자적인 핀테크로의 확산을 볼 수 있을지도 모른다.

관점을 넓게 잡았을 때 챗GPT와 같은 생성형 AI가 광고 모델로 사업화될 수 있는가 하는 과제가 있다. 그런데 생성형 AI와 핀테크가 연계되면, 광고 모델을 건너뛰고 성과 보수나 제휴형에 가까운 수익화 형태가 나타날 수 있다. 실제 행동과 결제 데이터가 축적되면 고객 생애 가치를 분석하여 가치가 높은 사람에게는 더 좋은 제안을 하는 등의 액션을 일으킬 수 있게 된다. AI 에이전트에 의한 행동부터 결제 오퍼에 대해서 수익 모델이 통합되어 가는 형태를 생각할 수 있다. 큰손 고객이 되었을 경우에는 좋은 운전자나 레스토랑의 좋은 자리를 제안하여 또 다른 큰손 고객을 소개해 주기를 노리는 형태다. 핀테크의 API화가 진행되고 AI 에이전트가 컨시어지로 기능하게 되면 고객 생애 가치를 극대화하는 수익 모델에 가까워질 것이라는 하나의 전망이다.

/// 생성형 AI에 의한 지식 혁명으로 금융 디지털 전환 가속화

핀테크 영역에서 생성형 AI가 하는 역할은 크다. 기존 핀테크에서는 주로 규칙 기반의 기계 학습이나 RPA를 이용하여 업무의 디지털화를 통한 효율화를 실현해 왔는데, 이는 주로 단순 작업이나 반복 업무의 자동화가 중심이었다. 한편으로 생성형 AI는 지식에 대한 혁명을 가져온다. 금융 기관의 지식 노동 자체를 개혁하는 힘을 가지고 있는 것이다.

금융 업무는 일반적으로 전문 지식이 요구되는 영역이 많다고 여겨진다. 예를 들어, 보험금의 지급 판단이나 재무 예측의 책정 등은, 고도의 전문성과 경험을 필요로 하는 업무이다. 이는 한정된 인재가 처리하는 일로, 인건비 급등이나 인재 부족 문제를 초래한다. 그런데 생성형 AI가 전문 지식을 획득하고 판단이나 절차를 맡게 되면 양상이 크게 바뀔 것이다. 이러한 변화는 단순한 인재 부족 해소나 비용 절감에 그치지 않고, 지금까지라면 사람 손에 의해 며칠씩 걸리던 처리가 생성형 AI로 몇 시간, 몇 분 만에 완료되어 서비스의 품질 향상도 가져온다. 정확하고 신속한 대응을 24시간 365일 제공할 수 있게 되면, 금융 서비스 그 자체의 향상이 실현된다.

전문 지식이 필요한 금융 영역에 생성형 AI의 '지식의 민주화' 특성이 결합되는 것은 금융 서비스 자체의 민주화 실현으로도 이어진다. 그동안 전문가밖에 얻을 수 없었던 지식을 누구나 이해하고 활용할 수 있게 되면, 금융 서비스를 접하지 못했던 사람들도 스스로의 판단으로 자신에게 적합한 서비스를 선택해 이용할 수 있게 된다. 이러한 민주화의 효과는, 일반 소비자뿐만이 아니라 기업의 내부 업무에도 파급된다. 재무 부문에서 이루어지는 예산 책정 및 투자 계획의 입안과 같은 업무는 생성형 AI의 지원에 의해 전문 지식이 없는 사원이라도 일정 수준의 판단을 할 수 있게 될 가능성이 있다. 젊은 사원이 베테랑 사원과 동등한 성과를 발휘하게 되면 조직 전체의 유연성과 대응력이 비약적으로 향상되는 것이다.

AI 이후를 마주하다

/// AI 이후 세계이기에 더욱 빛나는, 인간의 암묵지

10장에 걸쳐 AI 이후 세계의 모습을 예견했다. 세상은 AI가 없던 세상에서 AI 후의 세계로 반드시 이행하므로 그 '중력보다 먼저 착지하는' 것이 우리가 살아남는 길이다. 생성형 AI는 지식 혁명을 일으키고 누구나 전문 지식을 가질 수 있게 된다. 하지만 여기에 큰 기회가 숨겨져 있다.

AI 이후 세계에서 진정으로 가치를 가지는 것은 언어화할 수 없는 암묵지다. 오랜 경험을 쌓은 장인이 순식간에 알아보는 품질의 차이, 숙련자만이 느낄 수 있는 미묘한 변화, 그리고 무엇보다 '이건 아니다'라고 직감적으로 판단할 수 있는 능력. 이들은 기업 내부에 축적되어 있던 지혜들로, 외부에서는 쉽게 접근할 수 없고 AI에 대한 입력이 쉽지 않기에 경쟁에서 우위에 설 원천이 되는 것이다.

생각해 보라. 15년의 경험을 쌓은 베테랑이 가진 통찰은 단순한 지식의 축적이 아니다. 그것은 무수한 경험에서 생겨난 말로 표현할 수 없는 감각의 집적이다. 일본의 제조업이 세계에 자랑하는 '현장력', 서비스업에서의 '대접' 정신, 이것들은 모두 암묵지의 결정체다.

생성형 AI는 확실히 지식을 조합하여 새로운 지식을 만들 수 있다. 그러나 현실 세계의 무한한 파라미터에서 새로운 통찰을 찾아내는 것은 여전히 인간밖에 할 수 없다. 일본의 직능형 고용 시스템은, 이러한 암묵지를 조직에 계속 축적하는 구조로서 AI 이후의 세계에서 더욱 진가를 발휘한다. 장인의 나라, 일본의 강점을 AI와 융합시킴으로써, 세계 어디에도 없는 가치를 창출할 수 있다.

▰▰▰ 현실적인 현장이 가진 무한한 잠재력

현실 세계에 있는 '현장'은, 지금까지 비즈니스의 변혁에 있어서 족쇄로 여겨지기 쉬웠다. 그러나, AI 이후의 세계에서는 이 현장이야말로 최강의 무기가 된다. 현장에는 방대한 학습 데이터가 날마다 생겨나고 있고, 이는 GAFAM조차도 손을 댈 수 없는 '보석 상자'이기 때문이다.

기업 현장에서 날마다 축적되는 전문적인 운영 데이터, 숙련자의 판단 패턴, 고객과의 세심한 대화. 이것들은 웹상에는 없고, 크롤링도 할 수 없다. 게다가 그 토지의 규제, 상업 습관, 사람들의 사고방식, 문화에 깊이 뿌리를 두고 있다.

지금까지의 IT의 싸움이, 디지털 공간에서의 '공중전'이었다면, AI 이후의 세계는 현지 현물과 관련되는 '지상전'이다. 우버^{Uber}와 같은 서비스조차 전 세계 각지의 현지 기업이 살아남는 것은 현실 세계의 도입에는 현장의 깊은 이해가 필수적이기 때문이다.

중요한 것은 이 보석 상자를 가진 일본 기업들이 외부 AI 스타트업과 연계할 수 있도록 API 등의 접속성을 준비하는 것이다. 현장을 계속 심화시키면서 동시에 외부와의 접속성을 유지한다. 이 전략이야말로, 자국 기업이 AI 이후의 세계에서 빛나기 위한 열쇠가 된다.

/// AI-DX가 향하는 곳 ― 이노베이션은 필요 없다

여기서 중요한 메시지를 전달한다. 일본 기업은 스스로 이노베이션을 일으킬 필요는 없다.

'양손잡이의 경영'이라는 개념에서는 기존 사업을 연마하는 '지식의 심화'와 새로운 방향을 발견하는 '지식의 탐색'의 양립을 설명한다. 지금까지 일본 기업은 스스로 이노베이션을 만들어 내는 것보다 기존 사업의 심화(갈고 닦기)에 압도적인 강점을 가지고 있었다. 그리고 AI 이후의 세계에서는, 이 특성이야말로 최대의 무기가 된다.

AI의 진화로 인해 전 세계의 이노베이션을 가진 기업을 언어의 벽을 넘어 쉽게 탐색할 수 있게 되었기 때문이다. 일본 기업이 철저하게 갈고 닦은 현장의 지혜, 운영의 정밀도, 품질에 대한 고집. 이것들은 이노베이션을 가지는 해외 기업에 있어서, 몹시도 갖고 싶어 하는 자산이다. 즉, 스스로 새로운 것을 만들어 내지 않아도 극한까지 심화를 추구함으로써, 이노베이션을 가지는 파트너를 탐색하고 협업할 수 있는 시대가 된 것이다.

B2B의 생성형 AI 서비스가 주 전장이 된 지금, 현실 세계에서의 도입 능력을 갖춘 일본 기업은 전 세계의 이노베이터로부터 선택되는 파트너가 될 수 있다. 직접 이노베이션을 만들어 내지 않아도, 심화를 극한까지 다함으로써 이노베이션을 가진 파트너가 저쪽으로부터 온다. 그리고, AI를 사용하면, 이쪽에서도 최적의 파트너를 탐색할 수 있다. 이것이 AI-DX(AI 기반 디지털 전환)의 본질이다.

그리고 B2C 기업에서도 AI 이후의 세계는 큰 기회다. AI가 진화하면 할수록 인간만이 할 수 있는 가치가 두드러지기 때문이다. 일본이 세계에 자랑하는 '대접' 정신, 세심한 배려, 상대의 마음을 읽는 힘. 이것들은 아무리 고도의 AI라도 쉽게 대체할 수 없다.

생각해 보라. AI 챗봇이 아무리 똑똑해져도 오래된 여관의 여주인이 보여주는 한순간의 표정을 보고 헤아리는 배려는 흉내 낼 수 없다. AI 추천이 아무리 정밀도를 높여도 단골 손님의 '항상 시키던 거'를 기억하고 있는 점주의 따뜻함에는 미치지 못한다. AI가 효율화가 되면 될수록 인간끼리의 유대, 마음의 유대, 감동 경험의 가치는 높아져 간다.

일본의 B2C 기업은, 이 '인간력'을 계속 연마해 왔다. 그것은 단순한 서비스가 아니라, 상대방을 배려하는 문화 그 자체이다. AI를 활용해 업무를 효율화하면서 생긴 시간에 인간만이 할 수 있는 가치 제공에 주력한다. 이것이야말로, 일본의 B2C 기업이 AI 이후의 세계에서 빛날 길이다.

챗GPT나 클로드와 같은 최첨단 AI 모델도 미래에는 모듈로써 쉽게 제 것으로 할 수 있을 것이다. 중요한 것은 AI의 최첨단 기술을 따라잡는 것이 아니라 자신들의 현장력과 인간력을 계속 심화시키는 것이다.

AI의 진화 구조를 이해하고 자기 나름의 미래 지도를 그린다. 자신들의 강점을 자각하고, 그것을 철저하게 연마한다. 그렇게 함으로써, 이노베이션을 가진 파트너가 자연스럽게 모여, 당신의 조직은 자신다움 속에서 빛날 수 있다.

<h1 align="center">감사의 인사</h1>

이 책은 온라인 강좌에서 다루었던 내용을 책으로 엮은 것입니다. 아래 게스트 강사님들의 협조 덕분에 생성형 AI의 현주소와 앞으로의 해결책을 자세하게 해설할 수 있었습니다. 다시 한번 감사드립니다.

Chapter 1 생성형 AI의 전모

일본 IBM주식회사 이사 겸 부사장 집행임원, 최고기술책임자 모리모토 노리시게

Chapter 2 AI 에이전트

주식회사 시나몬 공동창업자 홋타 하지메

Chapter 3 고객 대응·고객 지원

제낙스 주식회사 CEO 이사고 신이치로

Chapter 4 마케팅·크리에이티브

어도비 주식회사 디지털 스트래티지 & 솔루션즈 본부 수석 비즈니스 개발 매니저 아베 시게유키

Chapter 5 영업·판매

주식회사 놀리지워크 집행임원 CAIO, 구 주식회사 포에틱스 대표이사 야마자키 하즈무

Chapter 6 조직·HR 테크

주식회사 리크루트 기업개발 부문 수석 시스템 아키텍트 구마자와 고헤이

Chapter 7 모빌리티·로봇

나고야대학 모빌리티 사회연구소 객원교수 노베 쓰구오

Chapter 8 거버넌스·보안

교토대학 대학원 법학연구과 특임교수, 변호사(일본·NY주), 스마트 거버넌스 주식회사 대표이사 CEO 하부카 히로키

저자 소개

시바타 나오키(シバタ ナオキ)

실리콘밸리를 기반으로 활동하는 벤처투자자이자 기술 전략 전문가. 도쿄대학교 대학원 공학계 연구과에서 기술경영전략학을 전공, 박사과정을 수료하고 공학박사 학위를 취득했다. 도쿄대학교에서 조교로 재직 후, 미국으로 건너가 스탠퍼드대학교 객원 연구원으로 활동했다. 실리콘밸리에서 스타트업 앱그루브^{AppGrooves}를 창업해 사업을 이끌었으며, 일본의 대표 IT 기업 라쿠텐에서 집행임원을 역임했다. 현재는 벤처 캐피털 NSV 울프 캐피털^{Wolf Capital}의 매니징 파트너로 활동하고 있다. 스타트업 직접 투자와 성장 전략 자문을 중심으로 활약하며 엔젤투자자로서 50개 이상의 스타트업에 초기 투자했다.

기술과 비즈니스를 연결하는 실무 중심의 통찰과 복잡한 기술 변화를 경영 관점에서 쉽게 풀어내는 것이 강점이다. 저서로는 『MBA보다 쉽고 영어보다 중요한 결산을 읽는 습관』(닛케이BP), 『테크놀로지 지정학』(공저)(매일경제신문사)이 있다.

게스트 강사

Chapter 1 • 모리모토 노리시게(森本 典繁)

일본 IBM 이사 겸 부사장 집행임원, 최고기술책임자

Chapter 2 • 홋타 하지메(堀田 創)

시나몬 공동창업자

Chapter 3 • 이사고 신이치로(砂金 信一郎)

제낙스 CEO

Chapter 4 • 아베 시게유키(阿部 成行)

어도비 주식회사 디지털 스트래티지 & 솔루션즈 본부 수석 비즈

니스 개발 매니저

Chapter 5 • 야마자키 하즈무(山崎 はずむ)

주식회사 놀리지워크 집행임원 CAIO, 구 주식회사 포에틱스 대표

이사

Chapter 6 • 구마자와 고헤이(熊澤 公平)

리크루트 기업개발 부문 수석 시스템 아키텍트

Chapter 7 • 노베 쓰구오(野辺 継男)

나고야대학 모빌리티 사회연구소 객원교수

Chapter 8 • 하부카 히로키(羽深 宏樹)

교토대학 대학원 법학연구과 특임교수, 변호사(일본·NY주), 스마트

거버넌스 대표이사 CEO

집필 협력

이와모토 나오히사(岩元 直久)

AI 이후 일의 미래

1판 1쇄 인쇄 2026년 4월 24일
1판 1쇄 발행 2026년 5월 1일

지은이 시바타 나오키
옮긴이 박수현

발행인 양원석 **편집장** 권오준
디자인 조윤주, 김미선
영업마케팅 조아라, 박소정, 김유진, 원하경, 정민지
해외저작권 임이안, 안효주

펴낸 곳 ㈜알에이치코리아
주소 서울시 금천구 가산디지털2로 53, 20층 (가산동, 한라시그마밸리)
편집문의 02-6443-8830   **도서문의** 02-6443-8800
홈페이지 http://rhk.co.kr
등록 2004년 1월 15일 제2-3726호

ISBN 978-89-255-6940-6 (03320)